“一带一路”热带国家农业发展与合作研究丛书

◎黄贵修　总主编

菲律宾热带农业发展

Tropical Agriculture Development in Philippines

◎曾小红　杜中军　主编著

中国农业科学技术出版社

图书在版编目（CIP）数据

菲律宾热带农业发展 / 曾小红，杜中军主编著 .—北京：中国农业科学技术出版社，2020. 8

（“一带一路”热带国家农业发展与合作研究丛书/黄贵修主编）

ISBN 978-7-5116-4946-1

Ⅰ. ①菲… Ⅱ. ①曾…②杜… Ⅲ. ①热带作物-农业发展-研究-菲律宾 Ⅳ. ①F334. 13

中国版本图书馆 CIP 数据核字（2020）第 152696 号

责任编辑 姚 欢
责任校对 马广洋

出 版 者 中国农业科学技术出版社
北京市中关村南大街 12 号 邮编：100081
电 话 (010)82106630(编辑室) (010)82109702(发行部)
(010)82109709(读者服务部)
传 真 (010)82106636
网 址 http://www.castp.cn
经 销 者 各地新华书店
印 刷 者 北京建宏印刷有限公司
开 本 710mm×1 000mm 1/16
印 张 13. 5
字 数 250 千字
版 次 2020 年 8 月第 1 版 2020 年 8 月第 1 次印刷
定 价 68. 00 元

《菲律宾热带农业发展》
编 委 会

主 编 著 曾小红 杜中军

副主编著 汪佳滨 李光辉 刘晓光 李 媛

编著成员 (按姓氏拼音为序)

杜中军 胡 杰 李光辉 李 娜

李 媛 刘晓光 汪佳滨 王小芳

魏 燕 徐丹璐 徐磊磊 曾小红

前　言

在“一带一路”倡议、农业走出去战略、国家自贸区战略和改革开放新格局下，世界热区和热作农业成为我国农业走出去的重点区域和产业。世界热区面积约 5 300 万千米^2，有 138 个热区国家，分布在东南亚、南亚、非洲、拉丁美洲和南太岛国，且多为不发达国家。十八大以来，我国提出并积极推进全球农业共同发展，“中国与世界热作农业的相互了解、互相融合和共同发展”成为新时代我国热作农业发展的主旋律。

菲律宾位于赤道与北回归线之间，在亚洲东南部，以热带海洋性气候和热带雨林气候为主，是典型的热带地区国家；其自然资源条件优越，高产值热带作物出口量大，农副产品价格较高，是传统的农业大国。截至 2018 年年底，菲律宾 1.06 亿人口中仍有约 2 669 万劳动力（占比 25.18%）就业于农业。随着菲律宾国内工业、服务业等其他产业的发展，农业在其国民经济中的占比逐渐下降，2018 年其农业产值占 GDP 比重不到 10%（为 9.28%），但其农业仍是国家的重要产业，支撑着其他行业的健康发展。

中国与菲律宾两国农业互补性强，合作潜力大，农业是两国经贸合作的重点领域之一。中菲两国自 1975 年建交以来，农业交流合作不断增多。2016 年，中菲两国签署了《中华人民共和国农业部*与菲律宾农业部农业合作行动计划（2017—2019）》，并于 2017 年开始正式实施。随着“一带一路”倡议的深入推进，2019 年 7 月召开了中国-菲律宾农业联合工作组第六次会议，中菲双方一致认为两国农业合作行动计划的执行，务实地促进了两国农业交流，取得了较好的社会效益和经济效益，推动了两国农业和经济发展。双方同意进一步发挥中菲农业合作联委会的指导作用，在工作层面磋商制定《中华人民共和国农业农村部与菲律宾农业部农业合作行动计划（2020—2022）》，拟在能力建设、农业科技合作、农业贸易与投资合作、农产品精深加工与特种农业机械、橡胶研究 5 个领域展开进一步合作，引导中菲农业合作项目有序开展。

* 2018 年 3 月，中华人民共和国农业部正式改组，现称中华人民共和国农业农村部。

本书重点阐述了菲律宾的农业发展情况、农业科技水平，系统评估了菲律宾农业自然资源、农业发展地位、农业市场环境和农业政策等，分析了中菲两国在农产品贸易、农业科技等方面的合作情况，并对未来两国农业合作趋势及走向进行了分析，期望能为“一带一路”倡议下的两国农业新合作提供基础参考。本书可为读者提供菲律宾热带农业发展的全面情况，为广大农业工作者和科技工作者提供了解和研究世界热带农业发展的宝贵资料，也可以为包括农业工作者在内的各方人士提供有价值的参考。

本书的出版得到了中国热带农业科学院基本科研业务费专项资金（No. 1630072018001）的资助。本书在编写过程中也得到了热带农业研究领域专家的指导和帮助，在此一并表示感谢！除所列参考文献外，还有其他参考文献未一一列出，谨向有关作者表示歉意。受资料收集和学术水平等诸多因素的限制，书中的表述难免有疏漏和不当之处，敬请同行专家和学者批评指正。

编著者

2020 年 3 月

目　录

第一章　菲律宾概况

第一节　总体概览

一、地理简况

菲律宾共和国（Republic of the Philippines，简称菲律宾）位于赤道与北回归线之间，在西太平洋，亚洲东南部，北隔巴士海峡与中国台湾遥遥相对，南、西南隔苏拉威西海、巴拉巴克海峡与印度尼西亚、马来西亚相望，西濒南中国海，东临太平洋。菲律宾国土总面积为 29.97 万千米^2，陆地面积 298 170 千米^2，水域面积 1 830 千米^2，海岸线长约 18 533 千米；共有大小岛屿 7 000 多个，其中吕宋岛、棉兰老岛、内盖罗群岛、萨马岛、巴拉望岛、帕内岛、明多罗岛、莱特岛、宿务、博和马斯贝特 11 个主要岛屿占全国总面积的 96%。吕宋岛最大，约占全国总面积的 35%；其次是棉兰老岛，约占全国总面积的 32%。菲律宾群岛的萨马岛和棉兰老岛以东 80 千米的“菲律宾海沟”深度超过 7 000 米，是世界上最深的海沟之一。境内棉兰老河全长 400 千米，是菲律宾第一大河海岸线。

二、社会组成

（一）行政区划

菲律宾全国划分为吕宋（Luzon）、维萨亚（Visayas）和棉兰老（Mindanao）三大部分。全国设有首都地区、科迪勒拉行政区、棉兰老穆斯林自治区等 17 个区，下设 81 个省、146 个市、1 488 个镇和 42 045 个村或社（截至 2019 年 12 月 31 日）①。

菲律宾的首都是大马尼拉（Metro Manila），由 16 个市（区）组成，总

① 菲律宾统计局（Philipine Statistics Authority）网站，https：//psa. gov. ph/classification/psgc/.

面积638千米^2，人口1 500万（2016年）；第二大城市为宿务（Cebu），位于维萨亚群岛中部，人口500万（2016年）。

（二）人口情况

菲律宾全国人口约1.02亿。马来族占全国人口的85%以上，其他还包括他加禄人、伊洛人、邦邦牙人、维萨亚人和比科尔人等；少数民族及外来后裔有华人、阿拉伯人、印度人、西班牙人和美国人；还有为数不多的原住民。菲律宾有70多种语言；国语是以他加禄语为基础的菲律宾语，英语为官方语言。国民约85%信奉天主教，4.9%信奉伊斯兰教，少数人信奉独立教和基督教新教，华人多信奉佛教，原住民多信奉原始宗教。据不完全统计，居住在菲律宾的华侨华人约有250万，占总人口的2%~3%。

三、政治与司法制度

菲律宾实行总统制。总统是国家元首、政府首脑兼武装部队总司令。杜特尔特就任总统以来，对毒品和基地犯罪活动强力打击，惩治腐败，推动全国和解的和平进程，大力发展经济，推行独立自主的外交政策，已同126个国家建交。对外政策目标是：确保国家安全、主权和领土完整；推动社会发展，保持菲律宾在全球的竞争力；保障菲律宾海外公民权益；提升菲律宾国际形象；与各国发展互利关系①。

菲律宾现行宪法于1987年2月由全民投票通过。该宪法规定国家实行行政、立法、司法三权分立整体；实行总统制，总统是国家元首、政府首脑兼武装部队总司令。总统拥有行政权，由选民直接选举产生，任期6年，不得连选连任，总统无权实施《戒严法》，无权解散国会，不得任意拘捕反对派，禁止军人干预政治；保障人权，取缔个人独裁统治；进行土地改革②。

菲律宾国会为最高立法机构，由参议院、众议院两院组成。参议院由24名议员组成，由全国直接选举产生，任期6年，每3年改选1/2，可连任两届。众议院由250名议员组成，其中200名由各省、市按人口比例分配，从全国各选区选出，25名由参选获胜政党委派，25名由总统任命。众议员任期3年，可连任3届。司法最高机关为高等法院，下设14个分院，首席大

---

① 商务部国际贸易经济合作研究院，中国驻菲律宾大使馆经济商务参赞处，商务部对外投资和经济合作司．对外投资合作国别（地区）指南——菲律宾（2017年版）：4.

② 商务部国际贸易经济合作研究院，中国驻菲律宾大使馆经济商务参赞处，商务部对外投资和经济合作司．对外投资合作国别（地区）指南——菲律宾（2017年版）：4.

法官及院长均由总统根据法律委员会提名任命，但独立行使司法权。菲律宾有100余个大小政党，大多数为地方性小党，主要政党有：执政党，菲律宾民主党；自由党，菲律宾第15任总统阿基诺三世即为自由党人；民族主义人民联盟；联合民主主义联盟等①。

第二节　国民经济基本状况

一、国民经济概况

菲律宾1565年被西班牙占为殖民地。1896年6月12日，菲律宾人民摆脱西班牙统治，成立了菲律宾共和国。1898年，美国通过美西战争占领了菲律宾。1942年，菲律宾被日本占领。1945年，美国又重新统治了菲律宾。1946年，菲律宾宣布完全独立。菲律宾经济在第二次世界大战期间遭到严重的破坏，于1946—1950年开始恢复经济。1950年，菲律宾的工业、农业、矿业生产开始恢复到战前的水平。1950年以后，菲律宾政府开始限制消费品的进口，实行外汇汇兑管制，鼓励发展代替进口商品的工业，工业在20世纪50年代有了较为迅速的发展。1960年以后，菲律宾政府解除了进口贸易和外汇的限制。1967年，菲律宾颁布了鼓励外资投资条例，20世纪60年代期间外国垄断资本对菲律宾的经济控制和外国商品对菲律宾市场的渗透进一步加强了。1972年7—8月，菲律宾吕宋岛遭受到严重水灾，接着菲律宾南部地区又遭受严重干旱，经济上遭到严重损失，物价上涨、经济不稳定。1972年底，菲律宾政府宣布实施所谓“新经济政策”配合军事管制法令，企图用强制的办法和大量吸引外资来“稳定”经济。1973年，由于出口原料国际市场价格上涨，菲律宾经济情况有所好转，国民生产总值（GNP）增加到716.16亿比索（按当年价格计算）②③。

菲律宾自20世纪80年代中期由阿基诺夫人（第11任菲律宾总统，1986—1992年）执政以来，虽然政治斗争仍复杂、尖锐，但政府尚能控制政局，在实施了一系列改革之后，经济一度呈现出少有的活力。1986年GNP

① 商务部国际贸易经济合作研究院，中国驻菲律宾大使馆经济商务参赞处，商务部对外投资和经济合作司．对外投资合作国别（地区）指南——菲律宾（2017年版）：5.

② 沈红芳，汪慕恒．一九七七年菲律宾经济概况［J］．南洋问题研究，1978（3）：141-151.

③ 佚名．独立后菲律宾经济发展概况［J］．南洋经济研究，1974（3）：1-2.

摆脱了负增长局面，达到 1.8%，1987 年达 5.1%，1988 年高达 6.7%[①]，但 1991 年和 1992 年呈负增长。到了拉莫斯（菲律宾第 12 任总统，1992 年 6 月至 1998 年 6 月）执政时期，政府在金融、贸易、投资、产业等领域实施了放宽经济管制的政策，在这种经济自由化政策下，菲律宾的经济增长率从 1993 年下半年起不断趋于提高。但是，受 1997 年泰国肇起的货币贬值的影响，菲律宾利率上升，以内需为中心的 1997 年经济增长率下降[②]。1999 年埃斯特拉达执政时，由于国内工业产值增长率仅 0.5%，虽然农业生产有了强有力的恢复，已经从 1998 年严重干旱中恢复过来，增长达 6.6%，但整个国内生产总值（GDP）增长率仅 3.2%[③]。

进入 21 世纪，菲律宾将发展经济、消除贫困作为核心，加大对农业和基础设施建设的投入，扩大内需和出口，国际收支得到改善，经济保持平稳增长。2000 年，尽管政治与经济形势并不稳定，但实际国内生产总值增长率仍从 1999 年的 3.3%提高到 3.9%[④]。

阿罗约执政（2001—2010 年）后的 2001 年，虽然菲律宾国内经历了近半年的政治动荡，整个国际经济也因受美国“9·11”事件的影响而增长放缓，但菲律宾国内经济却呈现相对旺盛的增长态势，GDP 年增长率为 3.72%，这一增长率在亚洲可谓引人瞩目（同时期，新加坡-1.15%、日本 0.36%、马来西亚 0.52%、泰国 2.17%、印度尼西亚 3.64%、韩国 3.97%、中国 8.3%）[⑤]。菲律宾经济从 2003 年起，呈现起起落落的状态，但年均增长率仍达 5% 以上（表 1-1）。2009 年，受 2008 年的全球金融危机影响，GDP 仅增长 1.15%。2010 年，由于全球经济复苏带动其出口增长及选举支出的拉动，GDP 增长率达 7.63%，创 35 年来最高纪录。

阿基诺三世（菲律宾第 13 任总统，2010—2016 年）执政时，提出了“实现持续、产生大规模就业和贫困缓解”的包容性经济增长发展战略[⑥]，国内经济整体保持比较高的增长态势，在经历了 2010 年由选举推动 7.63%

---

① 王威．逐步好转的菲律宾经济［J］．世界知识，1989（18）：21-22.

② 杨维中．1997—1998 年菲律宾的经济形势与展望［J］．东南亚研究，1998（6）：14-18.

③ 杨维中．1999—2000 年菲律宾经济的发展与展望［J］．南洋资料译丛，2000（4）：60-64.

④ 杨维中．1999—2000 年菲律宾经济的发展与展望［J］．南洋资料译丛，2000（4）：60-64.

⑤ 王子昌．“橱窗”的色彩：2001 年菲律宾的政治经济形势与菲律宾研究［J］．东南亚研究，2002（1）：25-31.

⑥ 沈红芳．改朝换代后的菲律宾经济：2011 年回顾与展望［J］．南洋问题研究，2012（2）：1-10.

的 GDP 增长率后，2011 年仅为 3.72%，但 2012 年再次达到 6.81%，遥遥领先于东南亚其他国家①。2013 年，菲律宾 GDP 增长率达到 7.16%，2014 年回落到 6.1%。2015 年，面对全球经济不景气，金融市场动荡、新兴市场与发展中经济体增速下滑，厄尔尼诺气候及台风等自然灾害侵袭等挑战，在私人消费、服务业的强劲带动下，菲律宾经济仍保持快速增长势头，当年 GDP 增长率为 5.8%，总值达 2 919.7 亿美元，其中私人消费占比高达 69.3%，强劲拉动菲律宾经济增长；从供给层面看，服务业占比 57%，是菲律宾经济的支柱产业。

2016 年菲律宾进入杜特尔特执政时期，在经济方面，新政府保持了原有稳定的宏观经济基本政策，并为确保经济实现包容性增长提出了多项计划。在 2016 年前两个季度，强劲的内需、旺盛的基建投资及选举导致 IDE 政府开支扩大对冲了全球经济疲软对菲律宾经济的影响，推动其 GDP 增长率达到 6.9%。这一增长速度在亚洲主要经济体中排名第一，并首次超过了中国（2016 年中国 GDP 增长率为 6.7%）②。据菲律宾统计署公布的统计数据显示，菲律宾 2017 年 GDP 增长 6.7%，继续保持了强劲稳健的经济发展势头③。横向比较来看（表 1-2），在亚洲主要经济体中，2016 年菲律宾的经济增速仅低于印度，超越中国（6.7%）和越南（6.21%），在亚洲范围内仍属第一方阵，远高于印度尼西亚、马来西亚、新加坡、泰国等其他东盟国家。

表 1-1　菲律宾 2008—2016 年国内经济统计

指标	2008 年	2009 年	2010 年	2011 年	2012 年	2013 年	2014 年	2015 年	2016 年
GDP 年增长率（%）	4.15	1.15	7.63	3.72	6.81	7.16	6.10	5.81	6.92
GDP（亿美元）	1 736.03	1 683.34	1 995.89	2 247.54	2 501.82	2 720.17	2 845.82	2 919.65	3 049.05
人均 GDP（美元）	1 925.21	1 835.64	2 140.12	2 369.52	2 587.02	2 764.58	2 870.54	2 899.38	2 951.07

数据来源：新浪网 全球宏观经济数据，2018

① 吴金平，鞠海龙 . 2012 年菲律宾政治、经济与外交形势回顾［J］. 东南亚研究，2013（2）：23-28.

② 黄韬，黄耀东 . 菲律宾：2016 年回顾与 2017 年展望［J］. 东南亚纵横，2017（2）：37-41. 邓云斐 . 杜特尔特上台以来菲律宾政治、经济政策的新变化［J］. 东南亚南亚研究，2016（4）：12-18，106.

③ 佚名 . 菲律宾 2017 年经济增长 6.7%［EB/OL］.［2018-1-23］. http：//baijiahao.baidu.com/s? id=1590396822869531567&wfr=spider&for=pc

表 1-2　2010—2016 年亚洲主要经济体 GDP 年增长率前十位排名

（单位:%）

名次	2010 年		2011 年		2012 年		2013 年		2014 年		2015 年		2016 年	
	国别	增长率	国别	增长率	国别	增长率	国别	增长率	国别	增长率	国别	增长率	国别	增长率
1	新加坡	14.76	中国	9.3	中国	7.80	中国	7.67	中国	7.35	印度	7.57	印度	7.11
2	中国	10.40	印度	6.86	菲律宾	6.81	菲律宾	7.16	印度	7.42	中国	6.90	菲律宾	6.92
3	印度	9.55	印度尼西亚	6.46	泰国	6.49	印度尼西亚	5.78	马来西亚	6.03	越南	6.68	中国	6.70
4	泰国	7.81	越南	5.89	印度尼西亚	6.23	越南	5.42	菲律宾	6.10	菲律宾	5.81	越南	6.21
5	菲律宾	7.63	马来西亚	5.14	马来西亚	5.61	印度	5.02	越南	5.98	马来西亚	4.95	印度尼西亚	5.02
6	马来西亚	7.19	新加坡	4.89	印度	3.24	马来西亚	4.69	印度尼西亚	5.02	印度尼西亚	4.79	马来西亚	4.24
7	越南	6.78	菲律宾	3.72	越南	5.03	新加坡	3.85	韩国	3.31	泰国	2.82	泰国	3.23
8	韩国	6.32	韩国	3.63	韩国	2.04	韩国	2.97	新加坡	2.92	韩国	2.61	韩国	2.83
9	印度尼西亚	6.20	泰国	0.05	日本	1.95	泰国	1.77	泰国	0.71	新加坡	2.01	新加坡	2.00
10	日本	4.44	日本	-0.70	新加坡	1.32	日本	1.54	日本	-0.10	日本	0.47	日本	1.00

数据来源：新浪网 全球宏观经济数据，2018

菲律宾是东南亚最早走上工业化道路的发展中国家，但在20世纪60年代之后，经济发展呈现出“拉美式”特点。1960年之后的近半个世纪，菲律宾经济结构的变化与其邻国相比显得十分缓慢。由于出口缺乏竞争力，国内市场狭窄，对工业尤其是制造业的发展形成制约。20世纪90年代，菲律宾已由该地区的第二工业国沦为最大的农业国①。随着政府不断调整国民经济结构，工业、服务业快速增长且贡献较大，制造、对外贸易、房地产、租赁等行业快速增长②。目前，服务业已成为菲律宾经济的支柱产业，占GDP的57%（2015年数据），农业和工业分别占GDP的9.5%和33.5%，服务业带动、工业为辅、农业疲软的经济结构仍然没有改变③。

菲律宾与世界上150个国家和地区有贸易关系，其中日本是最大的贸易伙伴。2015年菲律宾对外贸易总额为1 298.9亿美元，比2014年的1 275亿美元增长了1.9%；其中，出口总额为588.3亿美元，出口产品以电子产品及其他制成品、机械和运输设备、化学品、服装、矿产、金属部件、椰子油等为主，出口的主要对象是日本、美国、中国香港。同一年，菲律宾进口总额为710.7亿美元，其贸易对象主要是中国、美国和日本，进口产品主要包括电子产品、矿物燃料、润滑油及有关材料、交通运输、钢铁、谷物和谷物制品、杂项制成品、电信设备、塑料等④。

二、国民经济基本结构

（一）农　业

第二次世界大战后，菲律宾制造业快速发展，农业在菲律宾国民经济中的地位有所下降。在农业部门就业的劳动力占劳动力总数的比例，从1948年的71.5%降到1979年的53%。农业增加值占国民生产总值的比例，从1946年的45.3%降到1979年的26.1%。农产品出口占出口总值的比例，从1950年的85%降到1978年的49%⑤。随着国内产业结构的不断调整，农业

---

① 沈红芳．改朝换代后的菲律宾经济：2011年回顾与展望［J］．南洋问题研究，2012（2）：1-10.

② 黄韬，黄耀东．菲律宾：2016年回顾与2017年展望［J］．东南亚纵横，2017（2）：37-41.

③ 2015年菲律宾经济形势及2016年展望［EB/OL］．［2016-05-16］．http：//ph.mofcom.gov.cn/article/law/201605/20160501319042.shtml.

④ 2015年菲律宾对外贸易情况及2016年展望［EB/OL］．［2018-12-15］．http：//www.mofcom.gov.cn/article/i/dxfw/cj/201608/20160801376394.shtml.

⑤ 蒋细定．战后菲律宾农业生产的发展趋势［J］．南洋问题研究，1981（1）：37-44.

在国民经济中的地位快速下降，到 1999 年农业增加值占 GDP 的比例已下降到 15.21%。2016 年菲律宾国内农业增加值占 GDP 的比例不到百分之十，仅 9.65%。

菲律宾是农业大国，约有 1/3 的人口生活在农村，虽然在 2018 年农业产值约占 GDP 的 10%，但菲律宾仍不是一个农业强国。由于基础设施落后、资金技术匮乏，劳动生产率低下，菲律宾农业总体上还停留在靠天吃饭的阶段。

从整体上看，菲律宾农业有以下 3 个基本特点。①在菲律宾农业结构中，种植业占大头。主要以种植粮食作物和出口作物为主，粮食作物占已耕地面积的2/3，出口作物占 1/3。但是菲律宾种植业生产效率低下，机械化水平不高。②农业生产注重环境保护，重视有机农业发展，有机农业耕种面积逐年提高，2015 年约有 234.6 万公顷土地用于有机农业种植；同时，由于菲律宾农业生产靠天吃饭比较严重，农药、化肥等化学用品使用较少。③水产资源丰富，其长达 18 533 千米的漫长海岸线，使其很多港湾可以作为渔船的抛锚地，为渔业发展提供了良好的条件，已开发的海水、淡水渔场面积 2 080千米^2。在全球渔业主要生产国中，菲律宾占有较高地位。菲律宾渔业占其国内 GDP 的 6%，直接和间接从事渔业的人数已经达到 180 万。

（二）工　业

菲律宾曾长期遭受殖民统治，除了一些农产品加工业之外，几乎没有什么工业可言。菲律宾从 20 世纪 50 年代初开始推行进口替代工业化，70 年代开始逐步推行面向出口工业化。经过几十年的工业发展，菲律宾经济结构和出口商品结构已发生一定变化，制造工业在经济中地位上升，工业制成品在出口商品结构中的地位有所提高①。工业的快速发展促使国内国民经济显著提高，2015 年菲律宾工业产值 901.9 亿美元，同比增长 6%，其中制造业、建筑业、能源业和矿业产值占比分别为 65%、22.3%、10.2%和 2.5%。菲律宾制造成品主要是电子、食品等轻工产品，约占制造业产出的 60%②。工业部门的就业人数从 1981 年开始下滑，到 1988 年出现小幅反弹，此后就业

---

① 蒋细定．菲律宾工业发展的问题与展望［J］．南洋问题研究，1991（2）：1-10.

② 2015 年菲律宾经济形势及 2016 年展望［EB/OL］．［2016-05-16］．http：//ph.mofcom.gov.cn/article/law/201605/20160501319042.shtml.

人员比例一直在15%左右[①]，到2016年工业部门就业人员716.9万，占总就业人口的17.49%。

（三）服务业

在菲律宾，服务业已超过工业成为带动经济的主要引擎，2015年，服务业占GDP比重高达57%，且服务业就业人数占总就业的比重也高达54.65%[②]。菲律宾的服务业以服务外包和劳务输出为主，现代服务业、生产性服务业比重小。2015年菲律宾国内上千家BPO公司产值达220亿美元，同比增长16.4%，共吸收就业人员120万。在Tholons 2014年公布的全球服务外包目的城市百名榜单中，马尼拉取代印度孟买成为全球第二重要的业务流程外包地。同时，菲律宾海外劳工对经济发展至关重要。根据菲律宾统计局的最新数据显示，2016年菲律宾海外劳工总计218.5万人，他们汇回国内的款额约为197 271百万比索（约39亿美元），成为菲律宾经济的重要支撑[③]，预计到2022年将达到667亿美元[④]。

近年来，旅游业已然成为菲律宾经济发展的引擎之一，增长势头迅猛。据菲律宾旅游部数据显示，2016年7月至2017年5月，新总统杜特尔特上任后的11个月时间内，入境外国游客数达587.1万人次[⑤]；菲律宾旅游业收入达2 203亿比索，较前任总统阿基诺三世上任后同期收入额增长了109.1%。2016年，菲律宾旅游收入达到12 435亿比索，同比增长13.7%，占GDP的8.6 %；入境旅游支出同比增长2.3%，占总出口的7.7%；国内旅游支出增长17.1%；吸收就业人员520万，同比增长5.1%，占总就业人口的12.8%[⑥]。但2015年印度尼西亚接待的外国游客近1 000万人次、泰国2 600万人次、马来西亚2 700万人次，可见菲律宾与东盟三大邻国相比存在很大差距[⑦]。

在菲律宾的外国游客中，韩国人最多，约占所有游客的24.33%，其他

---

① 熊琦．菲律宾陷入“中等收入陷阱”的原因探析［J］．南洋问题研究，2017（3）：94-104.

② 熊琦．菲律宾陷入“中等收入陷阱”的原因探析［J］．南洋问题研究，2017（3）：94-104.

③ Philippine Statistics Authority，2016 Survey on Overseas Filipinos，May 18，2018.

④ 熊琦．菲律宾陷入“中等收入陷阱”的原因探析［J］．南洋问题研究，2017（3）：94-104.

⑤ 杜特尔特上任一年：菲旅游业收入突破2200亿比索［EB/OL］．［2018-12-15］．http：//ph.mofcom.gov.cn/article/jmxw/201707/20170702615231.shtml. 2017-7-25.

⑥ Philippine Statistics Authority，Contribution of Tourism to the Economy is 8.6 Percent in 2016，june 8，2017.

⑦ 熊琦．菲律宾陷入“中等收入陷阱”的原因探析［J］．南洋问题研究，2017（3）：94-104.

分别是中国、美国、日本和澳大利亚等。此外，菲律宾还分别和柬埔寨、中国、泰国、土耳其、俄罗斯签署了旅游业合作协议①。

第三节　人口与就业

一、人口状况

近年来菲律宾人口增长率近 1.9%，是世界上人口增长率较高的国家之一，是亚洲人口增长率最高的国家。2014 年 7 月，菲律宾总人口突破 1 亿，成为世界第 12 大人口大国；2015 年 7 月，人口达 1 亿 100 万。由于地区发展差异导致菲律宾人口分布很不平衡，马尼拉的人口密度高达 9 317.4 人/千米^2，吕宋岛北部的一些省人口密度则非常低。城市人口占总人口的 51%。

据世界银行统计数据，2018 年菲律宾总人口为 1.07 亿人，居世界排名第 12 位。人口增长率为 1.59%，为世界第 83 位，但居亚洲第一位。农村人口占总人口的 55.71%，农村人口年增长率 1.72%。菲律宾人口增长率高居不下，平均每分钟就有 3 名婴儿出生，每年约有 158 万名婴儿出生。联合国人口基金会指出，由于缺乏健康生育方面的知识和服务，菲律宾贫困育龄妇女平均每人生育 6 个子女，比她们希望的数目多 2 个②。5 岁以下儿童死亡率 27.1%。人均寿命 69.01 年，每名妇女平均生育 2.92 个。在 2015 年菲律宾人口中（表 1-3），从年龄分布看，人口结构较为年轻化，0~15 岁人口占 31.96%，15~65 岁人口占 63.35%，65 岁及以上人口占 4.69%；就性别来看，男女性别比例差别并不大，0~14 岁和 15~64 岁的男性人口数略高于女性，65 岁以上则女性人口高于男性。

菲律宾人口主要分布在马尼拉、甲拉巴松区、中维萨亚区、伊洛戈斯区及西维萨亚区等，城市人口占总人口的 51%；但科迪勒拉区、民马罗巴区和棉兰老穆斯林自治区人口密度却低于 100 人/千米^{2}③。

---

① 杜特尔特上任一年：菲旅游业收入突破 2200 亿比索［EB/OL］.［2018-12-15］. http：//ph.mofcom.gov.cn/article/jmxw/201707/20170702615231.shtml，2017-7-25.

② 2017 年菲律宾人口数量，亚洲人口增长率第一（预计人口 1.1 亿人）［EB/OL］.［2018-12-15］. https：//www.phb123.com/city/renkou/8685.html.

③ 李涛．菲律宾概论［M］．广州：世界图书出版广东有限公司，2012.

表 1-3　2015 年菲律宾人口年龄结构

年龄*	人口结构比例
0~15 岁	31. 96%（男性 16 969 996 人，女性 16 056 302 人）
15~65 岁	63. 35%（男性 32 975 788 人，女性 32 475 231 人）
65 岁以上	4. 69%（男性 2 074 323 人，女性 2 768 567 人）

* 年龄数据中，上限不在内

数据来源：世界银行数据库，2018

二、就业状况

截至 2016 年，菲律宾劳动力总数为 6 354 万人，15~24 岁劳动力占总人数的 39. 9%，其中在第一产业就业比例为 27%，第二产业就业比例为 17. 5%，第三产业就业比例为 55. 50%，失业率为 2. 71%。

从世界银行和国际劳工组织统计数据（表 1-4）可以看出，菲律宾劳动力就业率变化不大，除了在 2008 年，受全球金融危机影响，就业率为 58. 8%，随后从 2009 年开始就业率持续上升，到 2011 年就业率达 60%，此后几年略有下降，但也保持在 59%以上。从第一、第二、第三产业就业人数来看，服务业是菲律宾就业人数最多的，超过一半的菲律宾劳动力从事和服务相关的产业，如金融、财会、信息技术、教育、房地产等第三产业；其次是农业，有约 1/3 的菲律宾劳动力从事农业或与农业相关的行业，2017 年农业就业人员占就业总数的 25. 96%，农业女性就业人员占女性就业的 16%，农业男性就业人员占男性就业的 32. 17%。

菲律宾失业人员有 200 万左右，2008 年失业人员为 205 万，此后失业人口逐年增加，到 2016 年失业人员达 279 万，比 2008 年增加了 74 万。

表 1-4　菲律宾就业情况

年份	总人口数（万人）	劳动力总数（万人）	失业率（%）	劳动力就业率（%）	农业就业人员占比（%）
2013	9 848. 10	4 120. 73	3. 50	64. 18	31. 01
2014	10 010. 22	4 251. 20	3. 60	64. 89	30. 53
2015	10 171. 64	4 298. 24	3. 04	64. 28	29. 15
2016	10 332. 02	4 375. 37	2. 71	64. 15	26. 99
2017	10 517. 00	4 464. 36	2. 78	64. 28	25. 96

数据来源：世界银行数据库、国际劳工组织劳动力市场主要指标数据库，2018

第二章　农业资源

第一节　自然资源

一、土地资源

菲律宾是农业国家，按照各地区土地质量的差异布局生产，充分开发利用土地资源对菲律宾具有重大意义。菲律宾陆地面积 29.8 万千米^2，2015 年的农业用地约 1 244 万公顷（占国土面积的 41.74%），主要集中在城市附近及人口稠密地区：其中，耕地面积 559 万公顷，占国土面积的 18.63%，人均耕地面积 0.06 公顷；永久性作物覆盖面积 535 万公顷，占国土面积的 17.83%；永久性草地和牧草 150 万公顷，占 5%；森林面积 804 万公顷，占 26.80%；其他土地 933.7 万公顷，占 31.13%；内陆水域 18.3 万公顷，占 0.61%（表 2-1，图 2-1）。

表 2-1　菲律宾 2011—2015 年土地资源概况　（单位：万公顷）

土地资源	2011 年	2012 年	2013 年	2014 年	2015 年
国土面积	2 997	2 997	2 997	2 997	2 997
陆地面积	2 981.7	2 981.7	2 981.7	2 981.7	2 981.7
农业面积	1 226	1 243	1 244	1 244	1 244
耕地	545	558	559	559	559
永久性作物	531	535	535	535	535
永久性草地和牧场	150	150	150	150	150
森林面积	708	732	756	780	804
其他土地	1 047.7	1 006.7	981.7	957.7	933.7
内陆水域	18.3	18.3	18.3	18.3	18.3

数据来源：联合国粮食及农业组织（FAO）数据库，2018

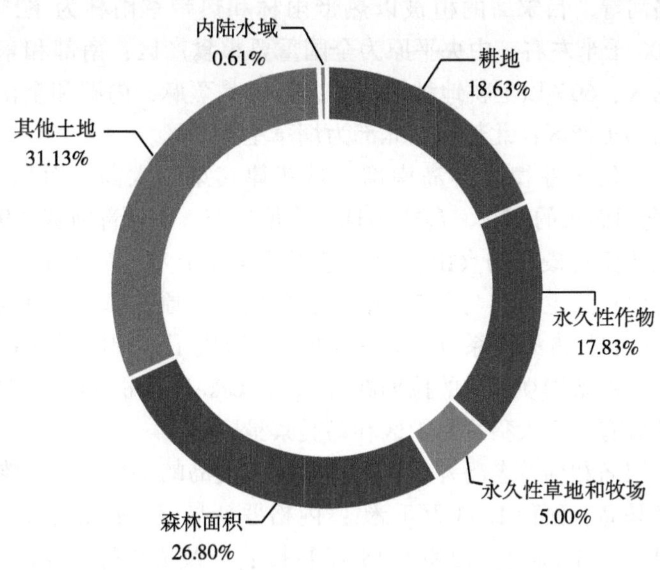

图 2-1　菲律宾 2015 年土地利用类型

数据来源：联合国粮食及农业组织（FAO）数据库，2018

（一）岛屿

菲律宾国土面积的96%是各大大小小的岛屿，其中吕宋岛、棉兰老岛、萨马岛等是主要岛屿，山地、丘陵多，平原少且狭窄，面积较大的是吕宋岛西南部的中央平原，有“菲律宾粮仓”之美称。

吕宋岛（Luzon Island）位于菲律宾群岛北部，是菲律宾的第一大岛，绵延1万多千米，面积达10.47万千米^2，约占国土总面积的35%，其面积最大、人口最多、经济最发达，是菲律宾首都及主要都市马尼拉及奎松市（Quezon City）的所在地。吕宋岛地势北高南低，河流多南北走向；有许多优良港湾，平原较少。该岛北部的中央山脉（Cordillera Central）与马德里山脉（Sierra Madre）并列由北向西延伸，处于两大山脉之间的卡加延（Cagayan）纵谷平原，盛产烟草。南部山势转向东南行，比科尔（Bicol）河流顺半岛而流，沿河的狭长低地为该岛南部最大的平原①。除比科尔平原外，吕宋岛还有一些海岸平原和河谷低地。吕宋岛除高山地区外，其他地区均气候炎热，雨量丰沛，年降水量达2 000毫米以上，主要河流有卡加延河、邦板牙

① 李涛．菲律宾概论［M］．广州：世界图书出版广东有限公司，2012.

河、巴士格河等。吕宋岛的植被以热带雨林和热带季雨林为主，海岸线曲折，长 5 000 千米左右。中央平原为全国重要粮食产区；南部和东南部是重要经济作物区，60%以上耕地种植椰子，其次是蕉麻，内湖和奎松两省是世界上最大的椰子产区；北部和西北部为烟草主要产区。

棉兰老岛位于菲律宾群岛南部，是菲律宾第二大岛，面积 9.46 万千米^2，约占全国面积的 32%。岛内山地、高原广布。其西部海拔 2 954 米高的阿波火山是菲律宾最高的火山；棉兰老河长 400 千米，是菲律宾第一大河。植被以热带雨林为主。棉兰老岛上有狭长的沿海平原，民答那峨河系（Mindanao River）和阿古桑河系（Agusan River）形成了广阔肥沃的盆地和大面积沼泽地带。由熔岩坝形成的拉瑙湖（Lanao Lake）面积 347 千米^2。棉兰老岛上沼泽地区有一个大猎物保护区和鸟类禁猎区。

除了吕宋岛和棉兰老岛外，其他一些较大的岛屿多数集中在维萨亚群岛上，包括萨马岛，面积 1.33 万千米^2；内格罗斯岛（Negros），面积 1.27 万千米^2；班乃岛（Panay），面积 1.15 万千米^2；以及莱特岛（Leyte）、宿务岛（Cebu）、保和岛（Bohol）等。这些岛屿及其邻近的较小岛组成菲律宾群岛的中央岛群。大部分地区有高山，萨马和马斯巴特除外，那里多为山丘。气候湿热，各岛年雨量在 2 000 毫米左右，热带森林茂密。主要港口有宿务、怡朗、巴科洛德等。

（二）平原①

菲律宾的平原与河谷不多，主要分为内陆谷地平原和沿海平原。内陆谷地平原分布于吕宋和棉兰老这两个岛屿上，主要有吕宋岛北部的卡加延谷地，总面积达 5 000 千米^2，是亚洲最大的烟叶产区；吕宋岛的中央平原，面积为卡加延谷地的 2 倍，是著名的菲律宾粮仓；棉兰老岛东北部的阿古桑谷地，南北长约 300 千米，总部宽度最大处达 40 千米；棉兰老岛西南部的哥达巴托谷地，长 400 千米，中段宽度最大处达 85 千米，土壤肥沃，适宜发展农业，在菲律宾经济中占有重要的地位。

（三）土壤

菲律宾境内由于降雨多、气候湿润，岛多山多，大部分地区的土壤都很肥沃，宜于作物生长。虽然土壤种类较多，各种作物对土壤条件的要求各异，但一般均能适应，冲积土是最肥沃的耕作土壤，约占全国土地面积

① 李涛．菲律宾概论［M］．广州：世界图书出版广东有限公司，2012.

的 15%。

菲律宾境内的土壤以由安山岩、玄武岩、凝石岩演变形成的土壤分布最广，占地表土的 21%，呈红棕色，这种土壤主要分布在吕宋、民大那、维萨亚西部和民多罗。由冲积土形成的土壤是一种十分高产的土壤，它占到地表土的 15%，主要分布在吕宋中部平厦、卡加延河谷区和澳里格兰德盆地。由石灰岩演变的黑色土或红棕色土主要分布在宿务、保和、莎马、内格罗斯、棉兰老和哥打巴托。由泥板岩形成的土壤暗红棕色，其中不带石灰质的一部分主要分布在吕宋的北部和东南部、莱特和班乃；带石灰质的一部分主要分布在宿务、莱特、班乃和内格罗斯。由沙石岩发育而成的棕灰色土集中分布在保和；由火山岩发育而成的棕黑色土壤集中分布在吕宋的西南部①。

二、水资源

菲律宾由于季风活跃和多台风，降水非常丰沛，年降水量在 2 000~3 000 毫米，东部海岸部分地区可达 4 000 毫米以上。受山脉地形影响及地理位置差异的影响，各地雨季降水量的大小有显著差异。依据菲律宾南北向的山脉走势，雨季可大体分为东岸型、西岸型和南部型。东岸型以马尼拉以东约 70 千米山脉东坡的英方塔为代表，其特点是 10 月到翌年 1 月处于东北季风的迎风坡，月降水量 400~500 毫米，在西南季风期间受到台风雨的补充，月降水量也在 200 毫米以上。西岸型以马尼拉为代表，其特点是降水集中在 6—11 月西南季风期间，尤其是 7、8 月降水量均在 400 毫米以上，12 月至翌年 5 月东北季风期间处于背风坡，又无台风雨补充，降水稀少，1—4 月月降水量只有 10~30 毫米。南部型以达沃为代表，由于接近赤道，全年多雨，各月降水分布较均匀，无明显多雨、少雨季之分。5—10 月夏季的季候风给菲律宾群岛的大多数地区带去了强降雨。季候雨虽然雨量大，但不一定连带着狂风巨浪。在菲律宾北部地区，至少有 30%的年降水量是由热带气流带来的，不过带给南部岛屿的不到其年降水量的 10%。

菲律宾的多雨特点加上其岛内山地众多，使得其境内河流众多。菲律宾岛内的河流约有 132 条，仅吕宋岛就有 60 多条，水资源十分丰富。菲律宾境内湖泊众多，其中知名的有吕宋岛的内湖（Laguna Lake）、塔尔湖（Taal Lake），以及棉兰老岛的拉瑙湖（Lanao Lake）。内湖是菲律宾最大的湖泊，

---

① 何小燕．多样化农场经营推动菲律宾农业进步［R］．粮油市场报，2012 年 10 月 11 日，第 B04 版．

长48千米，宽40千米，渔产丰富。拉瑙湖南北长35.5千米，东西最宽处27千米，面积357千米²①。据统计，菲律宾的内陆水资源约有20万公顷的湖泊（表2-2）、19万公顷的水库、3.1万公顷的河流、22.2万公顷的鱼池和33.8万公顷的沼泽地。又由于菲律宾是一个热带岛国，其拥有22 000万公顷的海域，包括2 660万公顷的沿海海域、19 340万公顷的远洋海域。这些水资源是渔业生产和农业灌溉用水的重要保证②。

表2-2 菲律宾主要湖泊

名字	面积（公顷）	位置
拉古纳德湾 Laguna de bay	90 000	甲拉巴松的内湖省和黎刹省
拉瑙湖 Lanao	34 700	棉兰老穆斯林自治区南拉瑙省 岷尼（里）拉市
塔尔湖 Taal	23 400	甲拉巴松的八打雁省
Mmainit	14 000	卡拉加的北阿古桑省和北苏里高省
瑙汉湖 Naujan	11 000	西南他加禄区的东民都洛省
布鲁安 Buluan	6 500	南北哥苏萨桑大区的苏丹库达拉省和棉兰老穆斯林自治区的马京达瑙省
巴托湖 Bato	3 800	比科尔的南甘马粦省
布希湖 Buhi	1 800	比科尔的南甘马粦省
帕奥伊湖 Dapao	1 000	棉兰老穆斯林自治区的南拉瑙省
塞布湖 Sebu	964	南北哥苏萨桑大区的南哥打巴托省
米尔伍德湖 Wood	792	三宝颜半岛的南三宝颜省
Manguao	643	西南他加禄区的巴拉望省
巴奥湖 Baao	600	比科尔的南甘马粦省
帕艾湖 Paoay	420	伊罗戈斯区的北伊罗戈省
莫恩湖 Maughan	314	南北哥苏萨桑大区的南哥打巴托省
达瑙湖 Danao	260	中维萨亚的宿务
帕古西 Pagusi	253	卡拉加区的北阿古桑省
Pinamaloy	252	北棉兰老区的布基农省
Balut	206	棉兰老穆斯林自治区的马京达瑙省
Imelda/danao	197	东维萨亚的莱特省
比托 Bito	150	东维萨亚的莱特省
努涅特 Nunungan	148	卡拉加的北拉瑙省
萨姆帕洛茨 Sampaloc	102	甲拉巴松区的内湖省

数据来源：根据菲律宾统计局资料整理

① 李涛．菲律宾概论［M］．广州：世界图书出版广东有限公司，2012.

② 何小燕．多样化农场经营推动菲律宾农业进步［R］．粮油市场报，2012年10月11日，第B04版.

三、气候资源

菲律宾群岛位于赤道与北回归线之间，属季风型热带雨林气候，高温多雨，湿度大，台风多。基于其降水量的分布，可分为 4 种典型的气候类型：①一年清晰地分为两季，11 月至翌年 4 月为旱季，其余时段为湿季，如大马尼拉地区（Metro Manila）；②没有旱季，从 11 月至翌年 1 月有明显的降雨，如布隆干（Borongan）；③季节区分并不明显，11 月至翌年 4 月相对较干，其余时段较湿，如宿务市（Cebu）；④全年降水量分配大体平衡，如桑托斯将军市（General Santos）。还有气候比较特别的碧瑶市（Baguio），因其海拔较高、气候冷凉，其年最高温不超过 30℃，平均高温在 22~25℃，平均低温为 11~16℃①。

除了碧瑶市外，菲律宾全年的平均气温在 27℃，极端最高温不超过 38. 6℃（马尼拉），极端最低温不低于 14. 5℃（马尼拉），11 月至翌年 5 月为旱季，雨量较少，气温较高。最冷月为 1 月，平均气温 25. 5℃；最热月为 5 月，平均气温 28. 3℃，最热月和最冷月的月份温差不超过 3℃，无明显的热季凉季之分，只有旱季、雨季之分②。菲律宾的日温差比年温差大，全国平均温度日差 6~12℃。一般雨季的日温差较小，旱季较大。但在海拔 1 500 米的碧瑶市，11 月至翌年 2 月夜间最冷时可接近 0℃，还有霜冻。其他一些海拔较高的地区也有温度很低的时候③。

常年的高温和四周环水使菲律宾的湿度相对较高，月平均相对湿度在 5 月的 71%和 9 月的 85%之间浮动。高温加上很高的相对和绝对湿度，使整个地区都感觉很热④。

此外，菲律宾还是一个多台风的国家。6—12 月是菲律宾台风主要季节，占全年台风的 89%，其中又以 8—9 月为最多。4—6 月台风大多通过维萨亚群岛，7—9 月台风路径偏北，一般通过吕宋岛北部或巴坦群岛，10 月至翌年 1 月台风路径又退穿至维萨亚群岛一带。而处于菲律宾南部接近赤道的棉兰老岛，则很少受台风侵袭。

---

① 李涛．菲律宾概论［M］．广州：世界图书出版广东有限公司，2012.
② 李涛．菲律宾概论［M］．广州：世界图书出版广东有限公司，2012.
③ 李涛．菲律宾概论［M］．广州：世界图书出版广东有限公司，2012.
④ 李涛．菲律宾概论［M］．广州：世界图书出版广东有限公司，2012.

四、种资资源

（一）农作物种植资源

1. 粮食作物资源

菲律宾地属热带海洋气候，阳光充足，雨量充沛，土地肥沃，适宜作物生长。果树、农作物等资源十分丰富，热带植物多达万种。国民经济以农业为主，农业产值主要由种养业构成。在种植业中，主要农作物有水稻、玉米、椰子、甘蔗、香蕉、菠萝、咖啡、杧果、烟草和马尼拉麻，其中水稻的比重最大。

水稻在菲律宾农业中的比重与畜牧业和渔业相当，水稻生产在菲律宾农业中占有重要地位。1987 年以来，菲律宾国家种业理事会向全国推荐了 50 余个新品种，现代品种的播种面积在 20 世纪 90 年代后一直稳定在 90%左右。此外，杂交稻品种 LP0345、LP0351 等是主要的栽培推广品种。国际水稻研究所（IRRI）是菲律宾重要的水稻资源保存单位，保存水稻品种资源约 11 万份，包括世界各国的野生稻种和农家品种。此外，菲律宾国家水稻科学研究所也收集、保存了原始稻种资源 4 000 多份，特别是收集了一些农家传统稻种和抗高温、高湿和病虫害的品种①。

抗高温、高湿和病虫害的品种中：黄玉米占 60%左右，主要用作饲料和工业淀粉及酒精加工原料，生产上的黄玉米品种，主要来自外来引进的美国孟山都转基因玉米；白玉米占 40%左右，以食用为主，此外也用来磨制粗玉米粉和制作淀粉，主要品种是国内的开放授粉的常规品种（如 KANICAL），分为普通白玉米和白糯玉米；甜玉米在吕宋岛中部地区和中部维萨亚岛群中也有少量栽培面积。近年来，随着人口的增加、畜牧业的发展以及工业化程度的提高，玉米的需求量越来越大，玉米生产越来越受到重视。菲律宾是第一个商业化种植转基因粮食作物的亚洲国家，Bt 玉米（黄玉米）也是该国商业化种植的第一种转基因作物。

2. 果树资源②

菲律宾的热带亚热带水果资源丰富，有 200 余种，栽培品种 40~50 种，

---

① 李春艳，韩福光，郑锦荣．菲律宾农作物资源状况调研报告［J］. 广东农业科学，2011（S1）：33-37.

② 李春艳，韩福光，郑锦荣．菲律宾农作物资源状况调研报告［J］. 广东农业科学，2011（S1）：33-37.

其作物品种资源主要保存在邦邦牙省农业大学、植物产业局（Bureau of Plant Industry）、工业能源研究与发展委员会（Council for Industryand Energy Research and Development）、菲律宾热带果树研究所（Philippine Tropical Fruit Research Institute，PTFRI）等机构。特别是菲律宾热带果树研究所，保存有果树品种资源 2 000 多份。

菲律宾椰子品种类型多，主要有拉古纳（Luguna）、圣罗蒙（San Ramon）、塔格纳南（Tagnanan）、马卡普诺（Macapuno）、巴戈-奥斯哈奥高种（Bago-oshrio Tall）、卡蒂肯高种（Cafigan Tall）、达利高种（Dail Tall）、卡蒂姆-巴希姆高种（Kalam-Bahim Tall）、洛诺高种（Lono Tall）、帕拉胚高种（Palawan Tall）、贝贝高种（Bay-Bay Tall）等 30 余种；其中，拉古纳和圣罗蒙是主要商业性栽培品种。

杧果是菲律宾的国果，菲律宾拥有世界上最甜的杧果品种吕宋杧（Carabao），其他品种如 Pico、Katchamita 也深受国内外消费者喜爱。

菠萝栽培品种可分为无刺卡因类（Smooth Cayenne）、皇后类（Queen）、西班牙类（Spanish）、伯南布哥类（Pernambuco）、佩罗莱拉类（Perolera），目前还有杂交类菠萝。菲律宾的主栽品种为皇后类和伯南布哥类。

香蕉是菲律宾的主要水果之一，其品种多样，其中 BPI 基因库的品种（株系）约达 200 个，有潜质的品种包括 Saba - Carda - ba、Paa Dalaga、Radja、Pelipia、Katsila、Abujon、Turangkog 和 Dalian、Lacatan（抗 BBTV 病毒）。东南亚香大蕉基因库田间保存 219 份、组培保存 198 份。目前，菲律宾主栽品种有 Cavendish、Latundan、I. Lkatan、Inamibal、Amas、Bungu-lan、Pitogo、Mo-rado、Inbaniko 和 Senorita 等。出口香蕉主要品种为香牙蕉（Cavendish），其中大矮蕉（Grande Naine）占 90%、威廉斯（Williams）占 10%。国内鲜销品种主要为拉卡坦（Lakatan）、班谷兰（Bungulan）、拉屯旦（Latundan）和贡蕉（Senorita），沙巴（Saba）和卡打巴（Cardaba）为加工用大蕉品种。

3. 其他农作物资源

菲律宾为热带亚热带气候，适合多种蔬菜的种植生产，因此蔬菜种类繁多，主要包括：苦瓜、黄瓜、南瓜等瓜类蔬菜；甘蓝、生菜、白菜、芹菜、芫荽、花椰菜、莴苣等叶菜类蔬菜；萝卜、胡萝卜、马铃薯、洋葱、蒜等根茎类蔬菜；辣椒、茄子等茄果类蔬菜；豇豆、青豆等豆类蔬菜；适于湿润环境下生长的芋头和蕹菜等；当地人比较喜欢的山葵叶和各种野菜等。此外，菲律宾还种植天然橡胶、木薯、甘薯等农产品，而甘蔗、烟草、花生等旱地作物资源也非常丰富。其中木薯主要种植食用品种是 Gold Yellow。

（二）森林资源

菲律宾森林面积 1 585 万公顷，覆盖率达 53%，有乌木、紫檀等名贵木材。菲律宾的植物群体至少有 1. 4 万种，占世界物种总量的 5%。有 8 000 多种开花植物或被子植物，33 种裸子植物，1 100 种蕨类植物，1 271 种苔藓类植物，3 555 种以上的真菌类，1 355 种以上的藻类，790 种地衣①。菲律宾的自然植被可以分为低地常绿雨林、半常绿雨林、半落叶林、石灰岩林、超碱岩林、滨海林、红树林、泥炭沼泽林、淡水沼泽林、低山雨林、高山雨林、亚高山林 12 种类型②。

（三）动物资源

菲律宾是 17 个最具有生物多样性的国家之一。菲律宾有 191 种哺乳动物，其中 8 种濒临灭绝，13 种有灭绝危险，很多物种是菲律宾本土特有的，如民都洛岛的野水牛、巴拉望岛附近的鼠鹿、棉兰老岛的刺猬、吕宋岛的纹鼠等；鸟类有 612 种，其中 194 种为本土特有物种，3 种是人类引入的，52 种是稀有的或只是偶尔出现的；已发现的爬行和两栖动物有 332 种，其中 215 种是本土特有的；已发现的昆虫有近 2. 1 万种，其中大约 70 种是菲律宾特有的；此外，菲律宾还发现有 915 种蝴蝶，其中约 1/3 是特有的③。

（四）水产资源

菲律宾专属经济区海域面积达 220 万千米^2，其中 193. 4 万千米^2 属于深海水域。在菲律宾海域中生长着约 3 088 种海洋动物。目前，菲律宾已发现的淡水鱼和海水鱼品种约 2 400 种，其中最重要的品种为鲹、沙丁鱼、遮目鱼、鲣类、鳀类、黄鳍金枪鱼、大眼金枪鱼、杜氏鰏、鲈形目、尼罗罗非鱼、鲭鱼等。

---

① Philippine plant conservation committee，Philippine plant conservation strategy and action plan [M]，pp. 3-4.

② 李涛 . 菲律宾概论 [M]. 广州：世界图书出版广东有限公司，2012.

③ 李涛 . 菲律宾概论 [M]. 广州：世界图书出版广东有限公司，2012.

第二节 农业经济资源

一、农业劳动力

菲律宾劳动力素质较高，劳动力资源较充沛，在 2014 年 7 月，菲律宾人口突破 1 亿大关，15 岁以上人口达 6 890 万，其中适合就业人口共 4 430 万，已就业人口中的 53.4%就业于服务业部门，17.3%就业于工业部门，29.5%就业于农业部门。到 2015 年年底，菲律宾人口超过 1 亿，全国总就业人口为 3 874 万人，其中农业从业人员为 1 129 万人。随着菲律宾国内经济的发展，第二、第三产业的快速发展，菲律宾从事第二、第三产业的劳动者快速增加，而农业从业人员大幅减少。截至 2018 年年底，菲律宾人口总数达 1.06 亿，劳动力总数 4 405 万人，其中 25.18%就业于农业，56.48%就业于服务业，18.33%就业于工业部门；就业于农业的从业者中，女性占女性就业人员的 15.15%，男性占男性就业人员的 31.41%（表 2-3，图 2-2）。从图 2-2 可以看出，菲律宾农业就业人员逐年减少，在 2000 年，农业就业人员占就业人员总数的 37.09%，到 2018 年，比例下降为 25.18%；其中从事农业相关工作的男性从业人员减少幅度大于女性，从 2000 年的 45.14%减少到 2018 年的 31.41%，减少了约 14 个百分点；而女性从事农业的从业人员，从 2000 年的 24%减少到 2018 年的 15%，减少了约 9 个百分点。

菲律宾劳动者文化水平相对较高，有 80%的菲律宾人会说英语，且其成人识字率在东盟国家中仅次于新加坡，2012 年菲律宾成人识字率达 95.4%。

表 2-3 菲律宾 2008—2016 年劳动力市场主要数据

年份	总人口数（万人）	劳动力总数（万人）	就业人数（万人）	农业就业人数（占就业人数%）	工业就业人数（占就业人数%）	服务业就业人数（占就业人数%）
2008	9 075.1	3 637.4	3 260.4	34.16	15.42	50.41
2009	9 222.0	3 760.5	3 346.4	33.76	15.34	50.90
2010	9 372.6	3 858.8	3 406.8	33.19	15.44	51.37
2011	9 527.7	3 991.0	3 555.7	32.80	15.18	52.01
2012	9 686.6	4 049.7	3 562.0	32.16	15.27	52.56

（续表）

年份	总人口数（万人）	劳动力总数（万人）	就业人数（万人）	农业就业人数（占就业人数%）	工业就业人数（占就业人数%）	服务业就业人数（占就业人数%）
2013	9 848. 1	4 120. 5	3 591. 5	31. 05	15. 57	53. 37
2014	10 010. 2	4 253. 7	3 729. 5	30. 42	15. 93	53. 64
2015	10 171. 6	4 322. 2	3 874. 0	28. 70	16. 63	54. 66
2016	10 332. 0	4 389. 8	61 847. 4	27. 03	17. 45	55. 51
2017	10 517. 3	4 305. 8	—	25. 44	18. 27	56. 28
2018	10 665. 1	4 405. 9	—	25. 19	18. 33	56. 48

数据来源：世界银行数据库、国际劳工组织劳动力市场主要指标数据库，菲律宾国家统计局，2018

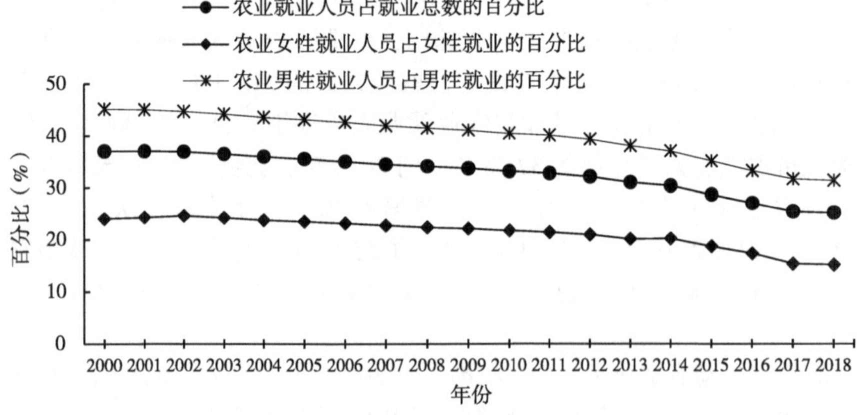

图 2-2　菲律宾农业就业人员情况

数据来源：世界银行数据库，2019

二、农业生产资料

化肥、农药等是重要的农业生产资料。由于菲律宾农民比较贫穷，而且又得不到政府拨款和商业银行的贷款支持，农业投入十分有限，因而化肥、农药等农资投入严重不足。

菲律宾当地并没有农资生产，多数农资都是从国外进口。当地仅有部分制剂商，依赖于从海外进口原药以制造终端产品。2011 年，菲律宾农用化学品使用总额总计在 1. 78 亿美元：从类型来看，杀虫剂占比最多；从作物来看，水稻上的农药消费最高，占农药总消费的 33%①。

（一）农药使用情况

菲律宾地处热带，在高温、高湿的气候条件下，农作物病虫害发生比较严重。用药较多的作物是水稻、蔬菜、水果和种植园作物（如香蕉和菠萝）。最普遍的是颗粒剂和乳油。

粮食作物中，水稻的主要病害有白叶枯病、纹枯病、稻瘟病、细菌性条斑病、草丛矮缩病等；主要虫害有螟虫、褐飞虱、稻纵卷叶螟和稻瘿蚊等。据报道，2017 年的前 10 个月，菲律宾 18 个省发生了水稻褐飞虱虫害，其中仅 Samar 省就有大约 4 000 公顷的水稻受灾，估计损失 1 787 万比索币（约合 3. 44 万美元）。

热带水果中杧果害虫有杧果叶蝉类、介壳虫类、杧果横纹尾夜蛾、杧果实蝇、瓜实蝇、橘小实蝇、杧果果核象甲等 20 多种，病害有杧果炭疽病、细菌性黑斑病、疮痂病、蒂腐病、凹面螺旋线虫等 10 多种。香蕉常见病虫害有香蕉实蝇、橘小实蝇、黑褐圆盾蚧、香蕉花网蝽、香蕉交脉蚜、香蕉束顶病、香蕉软腐病、香蕉枯萎病和香蕉穿孔线虫病等 10 多种。

虽然菲律宾农作物病虫害发生较严重，但是其农药用量并不大。目前菲律宾官方统计中共登记农药 1 200 多个品种，涉及 180 多家企业，230 种农药。官方统计中的杀菌剂主要包括：噻虫嗪（Actara）、苯菌灵（Benlate）、甲基代森锌（Antracol）等 49 种，Adder、吡虫啉（Admire）、Agriaden 等 21 种杀虫剂。禁用的农药有 47 种，主要包括甲基对硫磷、醋酸亚砷酸铜、含滴滴涕的蚊香、二溴氯丙烷、除草醚、溴苯磷、异狄氏剂、汞杀菌剂、毒杀酚、元素磷、硫酸铊、安妥、毒鼠磷、氟乙酸胺钠盐、毒鼠碱、2,4,5-涕、艾氏剂、狄氏剂、七氯、杀虫脒、二溴乙烷、六六六，等等。涕灭威和乙酯杀螨醇没有特殊许可不能进口，氯丹仅能用于防治白蚁，滴滴涕仅能用于防治疟疾传播害虫，六六六仅能用于菠萝种植区作物土壤处理。由于百草枯常被自杀者服用，故禁用。

菲律宾农药市场主要通过进口原药和制剂来满足国内农药需求，进口量逐年持续增加，2015 年，菲律宾农药进口值为 28 589. 28 万美元，同比 2014 年增长 18 个百分点；农药出口值为 223. 05 万美元，同比 2014 年增长 239%（图 2-3）。

---

① 何小燕．多样化农场经营推动菲律宾农业进步［J］．粮油市场报，2012 年 10 月 11 日，第 B04 版．

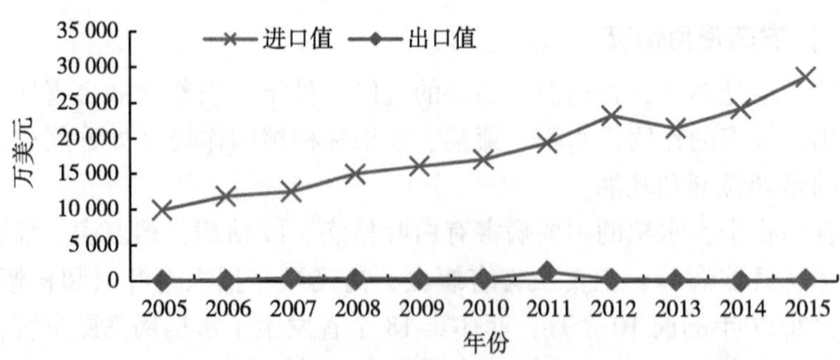

图 2-3 菲律宾近年来农药进出口情况

数据来源：联合国粮食及农业组织（FAO）数据库，2018

菲律宾进口的农药以杀菌剂为主，其次是杀虫剂、杀真菌剂及除草剂。2015 年，菲律宾进口杀菌剂总额 13 953. 64 万美元，杀虫剂 7 482. 16 万美元，杀真菌剂 4 665. 83 万美元，除草剂 2 487. 66 万美元。菲律宾农药大多是从中国进口。2016 年仅除草剂，菲律宾从中国的进口额就达到 5 358 万美元，占菲律宾农药进口总量的 18%（表 2-4）。

表 2-4 2015 年菲律宾农药进口情况

名称	进口金额（万美元）
杀虫剂	7 482. 16
杀真菌剂	4 665. 83
除草剂	2 487. 66
杀菌剂	13 953. 64

数据来源：联合国粮食及农业组织（FAO）数据库，2018

菲律宾的农药管理主要由其农业部附属机构肥料与农药管理局（Fertilizer and Pesticide Authority，简称 FPA）负责，其负责登记各类农药并就一般使用、限制使用或禁用进行分类；还要求生产商、经销商和进口商从 FPA 申请许可。FPA 还监测使用农药产品的所有区域，包括对环境的影响、食品中农药产品残留、农药产品处理与使用、中毒情况、产品质量、销售与分发。

菲律宾颁布了农药管理法规《农药管理政策和实施办法》，这是菲律宾全国农药管理的基本法规。该法规明确规定了农药进口的程序，包括进口许可与申请费用标准、需要提供的技术资料和用于分析的样品，并要求进口商根据 FPA 法规进行农药登记。

（二）化肥使用情况

从 20 世纪 60 年代以来，由于国内耕地面积不断扩大，菲律宾化肥使用量不断增加，80 年代年均增长率达 5.5%。另外，菲律宾国内化肥施用量（即平均每公顷耕地施用氮磷钾肥料的千克数）也在逐年提高，从 1980 年的 35 千克/公顷提高至 1990 年的 55 千克/公顷①。

菲律宾化肥的使用主要用于粮食作物生产，由于菲律宾粮食作物种植面积较大，氮肥、磷肥的使用量相对较大。其中尿素是施用量最大的化肥。磷肥主要是磷酸氢二铵②。菲律宾化肥进口量约占总化肥使用量的 60%。据菲律宾统计局统计资料显示（表 2-5），2012 年，菲律宾国内化肥总供应量为 227.74 万吨，其中国内生产化肥 98.19 万吨，进口化肥 129.55 万吨；而销售化肥 108.65 万吨，出口化肥 65.09 万吨。如果引用该销售量为使用量，则平均每公顷化肥施用量是 0.036 吨，大大低于中国的施肥水平（2012 年中国单位面积化肥使用量是 0.44 吨/公顷）。养分投入不足是菲律宾农作物产量较低的主要原因。

从 2016 年菲律宾化肥进出口及生产情况看（表 2-6），菲律宾化肥进口量大的主要是尿素、硫酸铵、氮磷钾肥、氯化钾等。2016 年尿素进口量约 86.26 万吨，国内生产约 6.03 万吨；硫酸铵进口量约 45.86 万吨，国内生产约 5.40 万吨；氮磷钾肥料进口约 21.26 万吨，国内生产约 1.52 万吨，出口约 0.33 万吨。

尿素是菲律宾最重要的化肥品种，全部依靠进口。2016 年，菲律宾共进口尿素 49.26 万吨，价值 1.233 5 亿美元。货源来自沙特（占 34.74%）、中国（占 24.97%）和其他国家。菲律宾化肥投入严重不足，为弥补养分供给，政府倡导有机肥的使用。2016 年，菲律宾共生产有机肥 6 271 吨，进口 1 404吨，销售 6 309 吨，并出口了 200 吨③。

① 陈宁．东盟国家化肥的使用与生产［J］．世界农业，1994（1）：39-40.

② 陈宁．东盟国家化肥的使用与生产［J］．世界农业，1994（1）：39-40.

③ 菲律宾农业生产资料市场及开拓建议［EB/OL］．［2011-05-09］．http：//ph.mofcom.gov.cn/article/law/201105/20110507538649.shtml.

表 2-5　2010—2012 年菲律宾化肥使用情况　（单位：万吨）

年份	国内生产量	进口量	总供应量	当地销售	出口量
2010	18. 25	197. 05	215. 30	33. 12	32. 26
2011	61. 45	161. 03	222. 48	62. 93	19. 19
2012	98. 19	129. 55	227. 74	108. 65	65. 09

数据来源：菲律宾统计局，2018

表 2-6　2016 年菲律宾主要化肥进出口及生产情况　（单位：吨）

化肥品类	进口量	国内生产量	出口量
尿素	862 584. 75	60 285. 00	
硫酸铵	458 567. 49	53 976. 00	
氮磷钾肥料	212 573. 28	15 164. 00	3 313. 20
氯化钾（MOP）	171 299. 84	18 314. 00	529. 89
其他氮磷化合物	124 359. 01	17 385. 00	
磷酸氢二铵（DAP）	10 7931. 46	3 661. 00	3 614. 40
磷酸一铵（MAP）	24 372. 34		
肥料	18 122. 84		40. 54
硝酸铵	3 932. 19		
过磷酸钙 35%以上	2 247. 71		
其他磷酸盐的肥料	1 707. 06	1 238. 00	
无水氨	1 645. 25		
其他含钾的肥料	1 364. 18	17 145. 00	
磷酸盐岩	716. 64		
硝酸钾	762. 00		4. 77
硝酸钠	124. 64		
其他含氮化肥	30. 00		
磷钾化合物	23. 33		
硝酸钙铵（罐头）和其他碳酸钙混合物	4. 25		
尿素和硝酸铵溶液（UAN）	4. 77		
硫酸钾（SOP）	0. 08		18 957. 17
其他氮钾化合物		17 561. 00	
硫酸钾（碳酸钾）（SOP）		9 780. 00	

数据来源：联合国粮食及农业组织（FAO）数据库，2018

三、农业科技资源

第二次世界大战前，菲律宾科学技术研究工作已初具规模相继建成了马尼拉医学协会、菲律宾大学附属院、菲律宾科学协会、菲律宾公共卫生协会、菲律宾防癌联盟、国家研究理事会等，但是在这一时期并未成立专门的农业领域研究机构。第二次世界大战后，菲律宾于1946年宣告独立，随着国家发展的需要，政府一方面对旧有的科研机构进行恢复整顿，另一方面开始筹建新的研究机构，不断增加科研经费和培养科技人员。到阿基诺执政时，将之前的国家科学技术局改名为科学技术部（DEST），强化了农业、淡水与海产资源、卫生、工业与能源、先进科学技术等部门理事会制定科技规划、协调科技政策、监督科技规划和政策实施的职能，增强了相关研究单位科技成果转化等方面的作用。

1988年，阿基诺总统为了制定科技规划而创建了总统科学技术顾问小组（PTFST）。该小组提交了一份具体开发前沿技术的报告，旨在指导国家的工业发展。

菲律宾国家最高科技政策决策和协调机构是科学技术协调委员会（STCC），成立于1989年4月，由科学技术部部长担任主席，委员由有关科技活动的各部部长、高等教育机构负责人和私营企业代表担任。科学技术协调理事会的职能：为有效实施总统科学技术顾问小组的报告而提出合适的制度和程序；协调政府各部门、私营企业科研机构和大学的科技活动，以加速科技成果的利用、监督科技规划的实施。科学技术部对支持国家经济发展提出了实质性的改革倡议。90年代通过立法建立的省级科学技术中心，负责协调国家与私营企业、大学和非政府机构间的关系。一般来说，菲律宾在医药、生物、农艺及其他应用科学方面成就较多[①]。

此外，菲律宾农业部、公立与私立高等教育机构、私营企业与非政府组织也在各领域中开展研究与开发等科技活动。特别是各院校的学术研究机构，具有强大的科技研究与开发能力，以及丰富的科技人力。

在国家科研支出上，菲律宾对研发的支出水平从20世纪80年代至2013年有了很大的改善。20世纪80年代，平均研发支出是5.3亿比索，到2013年已增加到159.15亿比索，在40年内增长了25倍。而研发人员的数量也快速递增，从20世纪80年代的5 825人，增加到2013年的24 495人。尽管研发支出的绝对值随着时间推移而增长，但其价值占GDP的比例几乎保持不变，为0.14%。菲律宾政府鼓励各部门积极开展研发活动，向更高层次的生

① 李涛．菲律宾概论［M］．广州：世界图书出版广东有限公司，2012.

产力和竞争力发展①。

（一）研发人员

2013 年，菲律宾共有研发人员 36 517 人，比 2011 年的 18 110 人，增长了 2 倍以上（表 2-7）。调查显示，促进研发人员增长的原因可能是私营企业的增长。据调查，在 2013 年一年之内，菲律宾私营企业增长了 237%。如果按单位来源划分，私营企业拥有的研发人员占总数的一半以上（约 61%），而公立与私立高等教育机构有 28%，政府机构 10%，其他的 1%来自私立非营利性机构。在高等教育领域，75%的人受雇于公立或州立高等教育机构。值得注意的是，作为研发的主要推动者或实施者的研究人员在政府部门中所占比例高于高等教育机构和私立非营利性机构。研发人员分为科研人员、技术人员和辅助人员。2013 年数据显示，不同职能人员比例分别为科研人员 73%，技术人员 9%，辅助人员 17%②。

表 2-7　2002—2013 菲律宾国家研发人员按单位来源统计　（单位：人）

单位来源	2002 年	2003 年	2005 年	2007 年	2009 年	2011 年	2013 年
总计	9 325	13 488	14 087	14 649	16 673	18 110	36 517
政府部门	3 054	3 425	3 539	3 198	3 063	3 082	3 774
高等教育机构	4 093	4 423	5 262	6 103	7 185	8 285	10 189
公立教育	3 134	3 399	3 631	4 110	5 493	6 311	7 647
私立教育	959	1 024	1 631	1 993	1 693	1 974	2 542
私立非营利性机构	242	293	180	199	387	15	227
私营企业	1 936	5 347	5 106	5 150	6 038	6 618	22 327

数据来源：*Compendium of Science & Technology Statistics*, department of science and technology, 2015. 12

1. 科研人员的性别、年龄、受教育程度和研究工作领域的分布

科研人员在性别、年龄、受教育程度和研究工作领域的分布情况详见表 2-8。

2013 年，政府部门有 2 965 名科研人员，其中 45%为男性，55%为女性。

① Compendium ST Statistics as of December 2015 [EB/OL]. [2018-12-09]. http：//www.dost.gov.ph.

② Compendium ST Statistics as of December 2015 [EB/OL]. [2018-12-09]. http：//www.dost.gov.ph.

大多数科研人员（约 928 名）年龄在 51～60 岁，560～590 名科研人员年龄在 21～30 岁，183 名科研人员年龄在 31～40 岁、年龄在 41～50 岁、年龄在 60 岁以上。在教育程度方面，48%的科研人员有学士学位，29%有硕士学位，6%有博士学位，15%有高中学历。一半（50%）的科研人员从事农业科学研究，14%从事工程技术研究，17%从事自然科学研究，12%从事医学科学研究，6%从事社会科学和人文学科研究①。

表 2-8　2013 年菲律宾科研人员概况　　（单位：人）

分类	政府部门	高等教育机构		私立非营利性机构	私营企业
		公立	私立		
科研人员	2 965	7 144	2 364	179	13 843
性别					
男性	1 335	3 070	1 078	70	7 681
女性	1 630	4 074	1 286	109	6 162
学历					
博士	175	870	735	34	
硕士	850	2 920	1 001	65	
研究生	455	479	153	26	
BS/BA 学士	1 412	1 434	290	54	
高中	55	24	100		
高中及以下	9	17	8		
其他	9	1 418	77		
研究领域					
自然科学	512	1 723	407	58	
工程技术	423	850	485	9	
农业科学	1 485	1 408	17	24	
医学科学	359	599	220	18	
社会科学	156	585	667	68	
人文科学	30	774	192	2	
其他		1 205	376		

数据来源：*Compendium of Science & Technology Statistics*，department of science and technology，2015

高等教育机构有 7 144 名科研人员，57%为女性，43%为男性；有 12%

① Compendium ST Statistics as of December 2015 ［EB/OL］.［2018-12-09］. http：//www.dost.gov.ph.

具有博士学位，41%具有硕士学位，20%具有学士学位，7%是高中学历；有24%从事自然科学研究，20%从事农业科学，12%从事工程技术，11%从事人文科学，8%从事医学科学，8%从事社会科学。

私营企业有 2 364 名科研人员，51%为女性，49%为男性；42%具有博士学位，31%具有硕士学位；28%从事社会科学研究，21%从事工程技术研究，17%从事其他的自然科学研究，9%从事医学科学研究。

私立非营利性机构有 179 名科研人员，61%为女性，39%为男性；36%具有硕士学位，30%具有学士学位，19%具有博士学位；大部分从事自然和社会科学研究工作①。

2. 菲律宾研发支出情况

从 2002—2013 年菲律宾研发支出情况（表 2-9）可以看出。在 2013 年，国家研发支出总额为 159. 15 亿比索，比 2011 年的 133. 84 亿比索增加了 40%，比 2002 年的 57. 68 亿比索增加了 175%。在 2013 年的国家研发费支出中，私营企业占总费用的 36%，为 56. 86 亿比索；高等教育机构（包括公立和私立）占 34%，为 53. 66 亿比索。在高等教育领域，公立高等教育的研究投入占该领域研发总额的 89%。在国家总体研发投入中，政府部门投入了 30%，约 47. 320 亿比索，私立非营利性机构需花费的最低研发费用大约占 0. 82%，约 1. 31 亿比索。

表 2-9　2002—2013 年菲律宾研发支出情况　（单位：亿比索）

研发单位	2002 年	2003 年	2005 年	2007 年	2009 年	2011 年	2013 年
总计	57. 70	59. 10	63. 27	75. 56	87. 79	113. 84	159. 15
政府部门	9. 76	11. 30	11. 75	13. 34	13. 93	17. 49	47. 32
高等教育机构	7. 62	6. 57	13. 50	17. 57	21. 13	40. 59	53. 66
公立	6. 40	4. 55	10. 93	13. 26	17. 45	34. 03	48. 11
私立	1. 22	2. 02	2. 57	4. 30	3. 67	6. 55	5. 55
私立非营利性机构	1. 22	1. 05	0. 96	1. 62	2. 28	0. 46	1. 31
私营企业	39. 10	40. 18	37. 05	43. 03	50. 45	55. 30	56. 86

数据来源：*Compendium of Science & Technology Statistics*, department of science and technology, 2015. 12

研发资金来源：在政府部门，2013 年的研发支出总额中，52%的支出来

① Compendium ST Statistics as of December 2015 [EB/OL]. [2018-12-09]. http://www.dost.gov.ph.

自政府预算资金，44%来自其他政府的研发经费。在公共事务中，大部分资金（74%）来自政府资金，2%来自外国捐款。私营企业所花费的5.55亿比索，几乎3/4（71%）都是来自本机构预算资金，17%来自政府资金，11%来自国外。另外，在私立非营利性机构中，超过39%的资金来自外国，约28%和29%的资金分别来自本机构预算和私人来源。私营企业的支出来自本公司资金。

就2013年的增长幅度而言，政府部门的研发支出增幅最高，约为2011年的2倍以上（170%），比2009年的增长速度还快；高等教育领域的研发支出也比2011年增长了32%；私营企业的研发支出估计为56.86亿比索（基于2012年ASPBI调查中的PSA数据）。

以下领域在2013年菲律宾研发项目的社会经济目标中排在前三位：农业生产和技术投入30.96亿比索（30%）；对地球的勘探和开发21.72亿比索（21%）；以及获得资料和知识支出达（11%）。在环境控制和保护方面，仅投入7.28亿比索（7%），5.72亿比索（6%）用于保护和改善人类健康，5.48亿比索（5%）投入工业生产和技术研发（表2-10）。

表2-10　2013年菲律宾按社会经济目标和绩效部门划分的研发支出

（单位：比索）

社会经济目标	部门的性能				合计
	政府部门	高等教育机构		私立非营利性机构	
		公立	私立		
农业生产和技术	2 089 681 000	960 041 000	22 543 000	23 815 000	3 096 080 000
对地球的勘探和开发	16 942 000	2 144 137 000	10 545 000	0	2 171 624 000
信息和知识的获取	977 041 000	83 433 000	44 529 000	6 288 000	1 111 291 000
其他无法分类的领域	618 306 000	236 008 000	19 384 000	8 151 000	881 849 000
环境控制和保护	43 871 000	493 911 000	121 688 000	68 182 000	727 652 000
保护和改善人类健康	220 493 000	292 556 000	55 630 000	3 752 000	572 431 000
工业生产和技术	406 549 000	77 901 000	59 021 000	4 395 000	547 866 000
社会结构与关系	78 880 000	178 489 000	172 420 000	15 389 000	445 178 000
基础设施和土地利用总体规划	88 232 000	263 348 000	25 646 000	996 000	378 222 000
国防	139 811 000	90 000	0	0	139 901 000
能源生产、可持续利用	41 521 000	45 309 000	21 475 000	0	108 305 000

（续表）

社会经济目标	部门的性能				合计
	政府部门	高等教育机构		私立非营利性机构	
		公立	私立		
其他	9 785 000	1 537 000	2 192 000	0	13 514 000
太空探索与开发	482 000	1 195 000	0	0	1 677 000
总计	4 731 594 000	4 810 956 000	555 072 000	130 967 000	10 228 589 000

数据来源：*Compendium of Science & Technology Statistics*，department of science and technology，2015

2013 年，菲律宾研发总支出占 GDP 的比例为 0.14%。以人数计，每百万人口的研发人员达 372 人，每百万人口的研究人员（技术人员和辅助人员较少）达 270 人。

公共与私人研发支出比例为 60∶40。公共研发单位包括政府和公立/州立大学，而私人研发单位包括私人产业、私立大学和私立非营利性机构。私营企业在研发支出中的份额较高，将成为提高竞争力和生产力的一个很好的指标。2013 年，菲律宾私人研发支出占研发支出总额的比例为 40%。在其他东盟国家，私营企业的占比分别是：新加坡 61%、马来西亚 64%、泰国 51%、印度尼西亚 26%、越南 26%、老挝 37%，其他东盟经济体低于 10%。

尽管多年来菲律宾研发支出的绝对数字持续增长，但增长速度缓慢，平均每年只有 10%。与新加坡、马来西亚和泰国等东盟国家相比，菲律宾的研发支出仅占全国 GDP 的 0.14%，因此有必要鼓励相关部门加大研发投入。

与许多东盟国家相比，菲律宾的研发人员和研究人员的数量尤其低。政府应密切关注建立更有利的环境，为研究人员创造更多就业机会，例如提供更多奖励或更高薪酬，以吸引更多科技专业人员参与研究。同时，还应该增加科学和工程奖学金，完善高等院校和政府研发机构的研发设施。

四、农业基础设施与装备

菲律宾的农村基本建设落后。除灌溉系统外，储存设施、食品加工、公路交通、农业产销体系等基建不足，已严重影响农产品的销售。在 20 世纪 70 年代后期到 80 年代初期，菲律宾政府用于农业的预算支出比例曾达到 10%~12%；近年来因政府债务利息负担沉重，用于农业的预期支出比例已下降到 6%，远不及印度尼西亚、泰国。如果菲律宾政府能改善运输道路与农产品储存条件，并建立产销体系，将有助于调节农产品供求，减少价格波动，进而提高农民的收入①。

（一）基础设施发展规划

菲律宾负责基础设施建设的主要政府部门包括：国家经济发展署（NEDA）、交通部（DOTr）、公共工程与公路部（DPWH）、住房与城市发展协调委员会（HUDCC）、马尼拉水务局（MWSS）和国家灌溉署（NIA）等。例如，国家经济发展署负责各执行部门报送的基础设施项目技术审核及报批，各实施部门负责本部门有关基础设施发展计划，并提交国家经济发展署履行审核批准程序；交通部负责铁路、机场、港口等基础设施项目实施；公共工程与公路部负责道路、桥梁以及基础设施项目涉及拆迁等；住房与城市发展协调委员会负责城市贫民区安置、灾后重建等；马尼拉税务局负责水坝等水利设施实施；国家灌溉署负责农业项目实施等。

2017 年，国家经济发展署公布了 77 个国家重点基础设施项目，涵盖了铁路、机场、港口、农业灌溉、水利、道路桥梁等多领域项目，体现了菲律宾近年基础设施领域的主要发展方向。

（二）农业水利灌溉系统

菲律宾陆地总面积约 3 000 万公顷，其中农业土地使用面积约 1 244 万公顷，而覆盖有菲灌溉署相关水利设施的田地面积仅 302 万公顷，其余的则靠雨水，由于水稻是菲律宾的主要农作物，因此菲律宾多为稻作灌溉系统，也有一些系统为香蕉种植园供水。目前，菲律宾的灌溉发展水平仍较低（45%），水稻单产不高，雨养稻田面积不多②。长期以来，菲律宾的农田灌溉系统不足，一年之中菲律宾旱季长达半年，在灌溉系统不足的情况下（自 20 世纪 80 年代以来，对灌溉系统的投资几近停顿），通常只能在雨季耕作，因此水稻每年只可一季生产；如果能解决旱季灌溉问题，每年应可两季生产，甚至三季生产③。

在 20 世纪 80 年代，菲律宾为了在几个大平原发展水稻生产，投资建设了 2 个可灌溉面积大于 1 000 公顷的国家灌溉系统，包括吕宋岛 Nueva 省的 Pangarbagan 河上游改良灌溉（UPRIIS）和 Isabela 省的 Magat 河综合灌溉项

① 佚名. 菲律宾农业近况［J］. 东南亚南亚信息，1998，（21）：2-3.

② Proceso T. Domingo. 菲律宾大型稻作灌溉系统的发展与管理［J］. 2005 东南亚大型稻作灌溉系统的未来研讨会，2005：109-113.

③ 佚名. 菲律宾农业近况［J］. 东南亚南亚信息，1998，（21）：2-3.

目（MRMP），其中UPRIIS的灌溉面积在旱季约为78 000公顷，雨季约83 000公顷；当时整个菲律宾约有150个国家灌溉系统。菲律宾共有耕地1 100万顷，其中有290万公顷栽培水稻，而水稻地有130万公顷为饱灌土地，主要分布在几个大平原。在这些饱灌水稻地中，经管方式主要分为：国家灌溉系统48万公顷，占37%；集体灌溉系统50万公顷，占38%；私人灌溉系统约有29万公顷，占22%①。此后，菲律宾为了满足国内粮食需求，逐渐发展本国农业生产，加大国内农业灌溉系统的投入。2003年，菲律宾国家灌溉署表示菲律宾土改部计划拨出15亿元资助全国灌溉署计划，用于小灌溉系统。2016年，菲律宾国家灌溉署表示将从2017年开始实行“十年计划”，加大全国农田灌溉系统的新建、更新升级的投入力度，计划至2022年实现灌溉设施、服务覆盖面达70%，至2027年达75%。

2016年12月，中国政府与菲律宾国家灌溉署进行磋商，承诺协助其完成总价值426亿比索的6个灌溉项目。日本、韩国等国家和亚行、世行等机构也表示将提供相关援助②。

2003年，日本政府通过日本国际合作银行资助菲律宾总计约145亿比索的5个灌溉项目，用于描戈河灌溉系统重整和改良计划的建造③。

中国重工国际股份有限公司自2000年进入菲律宾以来，与菲律宾国家灌溉局、农业部、渔业局等合作，在菲律宾建成了阿格诺河综合灌溉项目、巴纳旺泵站灌溉项目等设施，其中：阿格诺河综合灌溉项目位于距马尼拉以北182千米处的邦嘎锡南省，该项目在邦嘎锡南省境内的阿格诺河上修建了一座350米长、18米高的溢流坝，形成了一个面积约100万米^{2}的调节水库、两座汇水闸、两个流量80米^{3}的取水口，可为3.445万公顷农田提供全年灌溉服务；巴纳旺泵站灌溉项目位于菲律宾Ilocos Sur省境内，是一个中等规模的灌溉工程，该工程利用Abra河水作为灌溉水源，向New Bantay等6个城市的6 000公顷农业用地提供常年灌溉用水。2018年6月，中菲两国政府签署7 304万美元的赤口河泵站灌溉项目的贷款协议，项目计划在菲律宾东北部卡林加省与卡加延省之间建立一个新的灌溉工程，该工程主要包括在赤口河右岸新建提升泵站、变电站、配套输电线路、隧洞及渠道等，项目工期

---

① 刘锐．菲律宾的灌溉系统［J］．农业工程技术，1983，（6）：34.

② 未来10年菲政府将斥资3700亿比索更新灌溉系统［EB/OL］．［2016-12-23］．http：//ph.mofcom.gov.cn/article/jmxw/201612/20161202333226.shtml.

③ 菲律宾加强灌溉系统建设［EB/OL］．［2003-10-08］．http：//ph.mofcom.gov.cn/aarticle/jmxw/200310/20031000133282.html.

3 年，建成后可为当地 8 700 公顷农田用地提供全年灌溉用水，惠及当地约 4 350 家农户①。

菲律宾大型稻作灌溉系统的管理（运营，维护和维修）仍然由国家灌溉管理局（NIA）负责，之后逐步发展成国家灌溉管理局处理水渠（一级和二级）的用水管理，并将田间沟渠（农场）的水管理活动指定给农民负责。因此使得每个生产服务区（30~40 公顷）必须将农民组织成灌溉者团体，然后对他们进行培训。虽然轮灌在田间沟渠未能正常运作，但是在灌溉者协会（IAS）的支持下，轮灌却可以在水渠中正常运作。这种情况表明，国家灌溉管理局在将一些系统管理中的任务选择性地下放给灌溉者协会，如水渠维护、用水管理和收取灌溉服务费等②。依据现行的菲律宾共和国法案，菲律宾灌溉署对使用公共灌溉系统的农户征收服务费，雨季每公顷 1 800 比索，旱季每公顷 2 500 比索③。

菲律宾农田灌溉系统目前面临的主要问题包括：水资源分布不均及利用效率低下、降水量不稳定、灌溉用户竞争激烈、优势水域退化、地下水逐渐枯竭等。菲律宾灌溉署将根据气候变化对灌溉水利项目进行监测评价，提供弹性化的灌溉发展服务，帮助提高作物产量和生产水平，实现农业家庭收入增长。据报道，菲律宾灌溉署计划将在 2017 年实现全国免费灌溉，但商业险农场不在免费的范围内④。

（三）农业交通通信设施

菲律宾公路通行里程约 21.6 万千米，公路等级普遍不高，国道占 15%，省道占 13%，市镇路占 12%，其余 60%为乡村土路，道路密度为 0.72 千米/千米^2。高速公路总长 500 多千米。全国共有 7 440 座桥梁。公路客运量占全国运输总量的 90%，货运量占全国运输货运量的 65%。

菲律宾铁路总长 1 200 千米，主要集中于吕宋岛，其中可运营的铁路 400 多千米，其余均需改造升级。由于铁路设施远远无法满足交通需要，近

① 中国政府贷款支持的菲律宾赤口河泵站灌溉项目开工［EB/OL］.［2018-06-08］. https：//baijiahao. baidu. com/s？ id=1602713478717212042&wfr=spider&for=pc.

② Proceso T. Domingo. 菲律宾大型稻作灌溉系统的发展与管理［J］. 2005 东南亚大型稻作灌溉系统的未来研讨会，2005：109-113.

③ 菲律宾灌溉系统明年将改革［EB/OL］.［2016-12-22］. https：//weibo. com/2143038283/Eniq9qBy8？ type=comment#_ rnd1579420340817.

④ 未来 10 年菲政府将斥资 3 700 亿比索更新灌溉系统［EB/OL］.［2016-12-23］. http：//ph. mofcom. gov. cn/article/jmxw/201612/20161202333226. shtml.

年来菲律宾政府大力发展铁路建设，计划在吕宋岛和棉兰老岛新建南北铁路、苏比克—克拉克铁路、棉兰老铁路等，以改善居民出行交通状况，满足货运需求。

菲律宾有288个机场，国内航线遍及40多个城市，主要机场有首都马尼拉的尼诺·阿基诺国际机场、宿务市的马克丹国际机场和达沃机场等，但很多机场设施落后，许多省会机场是土石跑道的简易机场。

菲律宾水运总长3 219千米，共有414个主要港口。大多数港口需要扩建和升级，以容纳大吨位轮船和货物。菲律宾的集装箱码头设施完善，能高速有效地处理货运。

菲律宾的通信基础设施发展水平较高，近年来一直在扩建。国内网络质量较好，共有6个可用平台：专线、移动电话、有线电视、无线电视与广播、VSAT系统。2016年6月，菲律宾信息与通信技术部推出“Pipol Konek”项目，目标是让全国人民都能连接到免费的Wi-Fi。负责运营的信息和通信技术副部长Eliseo Rio表示，截至2020年3月已成功推出了近3 500个WiFi热点，预计2020年年底总数将超过1.2万个，政府旨在为菲律宾人增强互联网可访问性而努力，以期扩大经济增长、社会发展和教育机会，并弥合日益扩大的数字鸿沟①。

菲律宾缺电现象严重，电力成本高昂，居民用电和工业用电价格居世界前列。2016年，菲律宾全国总装机容量为21 423万千瓦。菲律宾政府通过对菲律宾国家电力公司进行私有化改革、发展可再生能源等措施，努力提高发电量。

① 菲律宾电商市场虽受疫情短期冲击，但长期前景依然看好［EB/OL］.［2020-3-27］. https://xw.qianzhan.com/analyst/detail/329/200327-18d8cd7a.html.

第三章　菲律宾经济与农业

农业作为一个国家的基础产业，在整个国民经济的发展中有着重要作用。菲律宾作为传统的农业生产国，虽然随着其工业和服务业的发展，农业在国民经济总额中所占的比重逐渐下降，但是农业依然对国民经济的发展有着重要的支撑作用。

第一节　农业经济基本状况

自第二次世界大战后，菲律宾农业在国民经济中的地位发生了许多变化。农业收入、农产品自给率、农产品贸易、农业生产力、农业公共支出以及菲律宾农业在东盟及全球中的地位都有了不同程度的提高。农业发展为国民经济发展奠定了坚实的基础，随着科学技术的进步和制度的不断完善也为农业可持续发展提供了重要保障。

一、农业在国民经济中的基础地位

农业经济在国民经济中的占比不断下降是经济发展的必然规律。一般而言，发达国家农业占国民经济的比重已经下降到很低的水平，发展中国家的农业在国民经济中的比重正在逐渐下降。然而，农业比重的降低并不意味着农业的基础性作用降低；相反，比重越低，单位农业产值承载的国民经济越大，农业的基础作用也就越显著①。同世界其他发展中国家一样，菲律宾的农业在国民经济中的比重一直在不断降低。

1946 年，菲律宾农业产值占 GDP 的比重高达 45. 3%，到 1979 年下降到 27. 44%，到 1997 年则降到了 18. 87%，2015 年降到了 10. 26%，2016 年继续下降到 9. 65%，到 2018 年降为 9. 28%（图 3-1）。这些数字表明菲律宾农业在国民经济中的比重越来越小，但其农业基础作用越来越重要，其支撑着其他行业的健康发展。菲律宾农业增加值逐年增长，据世界银行统计数据显

① 丁士军，史俊宏．全球化中的大国农业——英国农业［M］．北京：中国农业出版社，2013.

示，1960 年菲律宾农业增加值仅 18.01 亿美元，此后快速增长，1996 年增长到 170.81 亿美元，在 1997—2001 年小幅回落，2001 年减少到 100.68 亿美元，此后农业增加值快速增长，到 2014 年，增加到 322.46 亿美元，2015 年后略有下降，截至 2018 年年底，菲律宾农业增加值为 307.23 亿美元。

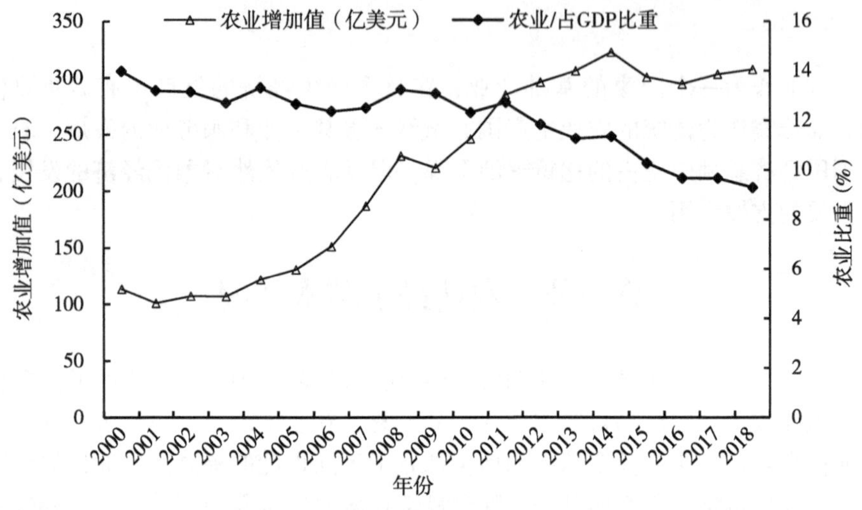

图 3-1　菲律宾农业在国民经济中的地位（2000—2018 年）

数据来源，世界银行统计数据，2019

二、农业的财政支出情况

一个国家对其农业的投入，一方面能够体现出政府对农业的支撑力度，另一方面从投入数量和结构上，能够体现出该国农业的发展水平及发展方向①。菲律宾政府对农业极其重视，随着国内经济状况的好转，其对农业投入逐渐增加，还增加对农业未来预算。从图 3-2 中可以看出，虽然菲律宾逐年增加其对农业的投入，但相比起整个政府的财政支出，农业支出所占比重仍然很少；早在 1981 年，国家财政支出为 481.54 亿比索，而投入到农业中的财政资金为 30.59 亿比索（占比 6.35%），1982 年农业投入占比上升为 7.47%；但随后农业财政支出所占的比重一直下降，最低时农业财政支出占比仅占 2.74%（1993 年）；此后虽然农业支出有所增长，但涨幅仍不大，持续保持在 3%～5%。一直到 2008 年，农业支出所占财政比重才再次上涨到

① 丁士军，史俊宏．全球化中的大国农业——英国农业［M］．北京：中国农业出版社，2013.

7.17%，但随后的 2009 年就再次缩减，至 2015 年农业支出比重缩减为 4.39%，约 1 144.60 亿比索。

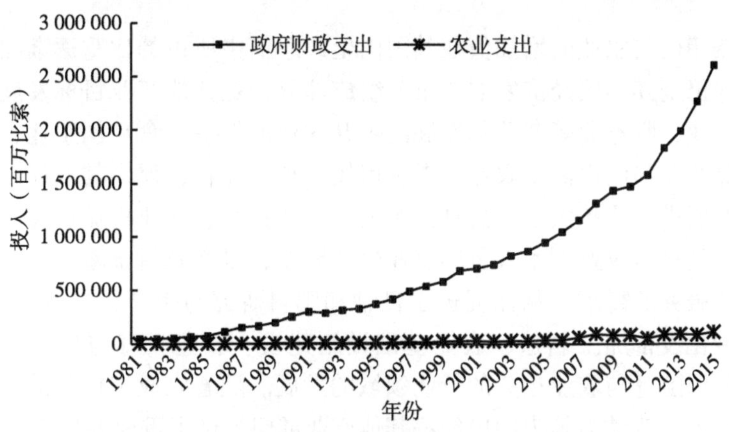

图 3-2　1981—2015 年菲律宾对农业的投入

数据来源：菲律宾统计局，2019

三、菲律宾农业在世界中的地位

据 2017 年世界银行统计数据显示（收录了 180 个国家和地区的数据，包括了世界主要国家），按照农业增加值可以分为四类：第一类增加值超过 1 000 亿美元，包括中国、印度、美国、印度尼西亚在内的 4 个国家；第二类是增加值介于 500 亿~1 000 亿美元，包括巴西、尼日利亚等在内的 6 个国家；第三类是增加值介于 100 亿~500 亿美元，共有 34 个国家；第四类是增加值低于 100 亿美元，共有 138 个国家，集中了全球的大部分国家。2017 年菲律宾的农业增加值为 303.07 亿美元，在这 180 个国家中排第 23 位。

菲律宾农业在东南亚地区占有比较重要的地位。在东盟十国中，菲律宾农业增加值仅次于印度尼西亚（1 335.71 亿美元）、泰国（379.08 亿美元）、越南（343.39 亿美元），位列第四。

第二节　菲律宾农业与国民经济的关系

菲律宾农业是国民经济的基础性产业，一方面，农业发展为国民经济发展奠定了基础；另一方面，国民经济的持续发展又为农业的发展创造了良好的外部环境并提供了重要的支撑。因此，菲律宾农业与国民经济之间存在着非常紧密的关系。

一、农业是国民经济的重要部门

虽然菲律宾农业的增加值在其国内生产总值中所占的比重逐渐减少，但其农业却仍是其国民经济发展的重要组成部分，是其他产业目标发展的重要基础，工业、服务业等产业的发展离不开农业的发展；食品加工业、生物燃料行业等产业部门也需要农业来提供市场和加工原料，促进其发展。菲律宾农业的发展进一步扩大了对良种、肥料、农业技术、农业机械设备、农业基础设施、高素质农业技术人员等农业生产要素，以及农村金融、农业保险等农业生产服务的需求，从而促进了良种和肥料研究与生产、农业技术研发、农业机械化设备加工制造、农业基础设施建设、农业教育与培训、农村金融、农业保险等与农业相关的行业领域的发展。随着农业现代化的实施，其节约的土地、劳动力等为国民经济其他产业部门提供了重要的生产要素。

二、国民经济发展推动农业持续稳定发展

菲律宾农业的发展离不开国民经济其他产业部门的支持，菲律宾国民经济的持续快速发展为农业的持续稳定发展创造了良好的外部环境并提供了重要保障。随着菲律宾国内经济的发展，菲律宾政府为农业环境保护、农业劳动力的就业、农业基础设施建设等多方面提供更多的支持，如提供作物补贴、提供全国性的免费灌溉、提供农业教育和科研的财政支持，等等。这些补贴和财政投入都极大地推动了菲律宾农业朝着可持续方向发展。

第三节　农业对国民经济的贡献

农业是关系国计民生和国民经济发展的基础产业，是人类社会的衣食之源，生存之本。从社会发展的历史发展进程来看，农业社会是人类生活的起点，在发展到工业社会之前，农业在国民经济的生产总值占主导地位，不仅满足了人们的生活需要，同时还推动了工业的发展，带动人们向下一个时期发展，带动社会生产力和技术水平不断提高，促进社会的全方面发展①。随着社会的发展，现如今已是科技文明社会，农业产值在整个国民经济占的份

① 刘昌宁．中国农业对国民经济的影响分析［J］．农业工程与能源，2017，(3)：171.

额随着经济的发展呈不断下降趋势，这是社会经济发展的一般规律①。尽管菲律宾农业在国民经济中所占份额逐年减少，但其农业仍然是国家经济中的一个重要组成部分。

一、农业为国民经济提供生产要素

农业为国民经济发展提供了三大生产要素，即土地、劳动力和资金。土地作为农业生产最关键的生产要素，不仅可以用于从事农作物栽培、畜牧业生产以及林业生产，还为农村提供了生活场所以及城镇建设用地。随着菲律宾农业的发展和农业劳动生产率的逐步提高，土地、劳动力等资源要素需求降低，这部分节约或剩余的土地和劳动力可以从农业生产中转移出来，用于非农产业发展。

二、农业为国家提供农产品

作为传统的农业国家，菲律宾农业为其国民经济提供了重要和丰富的农产品，保障了城乡居民维持正常的生产和再生产，进而保障了整个国民经济的发展。菲律宾农业生产的农产品种类多样，一方面，可直接作为食物或者作为食品加工业的原材料，满足了本国居民食物消费的需求，进而保障了菲律宾的食物供给；另一方面，还可作为国内生物能源加工业的原材料，满足国民经济其他工业部门的加工需求。

三、农业为国家创造外汇

菲律宾农业的发展不断，不仅为本国提供必需的农产品，还大量出口谷物产品、畜禽产品及其他的农业加工产品。农产品（包括初级农产品和食品）的出口在菲律宾对外贸易活动中占有重要地位，创造了大量的外汇收入，是其重要的出口创汇来源。图 3-3 反映了 1996—2017 年菲律宾农产品出口的情况。从图 3-3 中可以看出，菲律宾农产品年出口额整体呈上升趋势，从 1996 年的 21.84 亿美元增加到了 2008 年的 38.18 亿美元，2009 年出现较大幅度的下滑，2010 年再次大幅度上涨，达 39.88 亿美元，到 2014 年上涨到历史最高水平，达 67.04 亿美元，此后两年约有下降，到 2017 年再次上涨，达 67.02 亿美元。

---

① 丁士军，史俊宏．全球化中的大国农业——英国农业［M］．北京：中国农业出版社，2013.

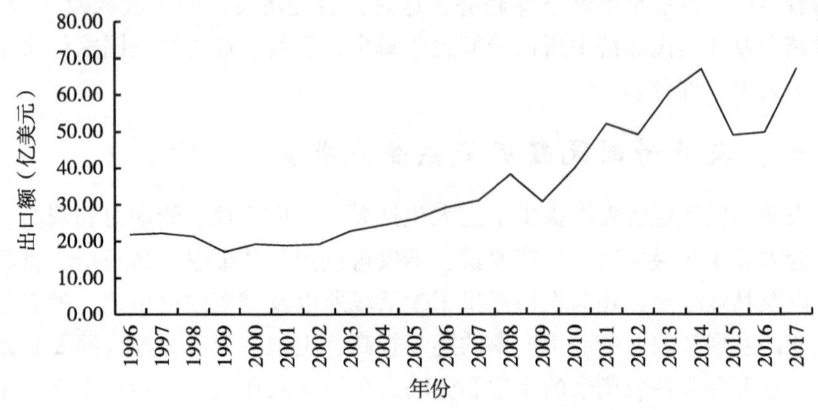

图 3-3　1996—2017 年菲律宾农产品出口额变化情况

数据来源：联合国商贸（UN Comtrade）统计数据库，2019

四、传承农业文化

菲律宾农业的发展保持着农村独特的文化和历史。无论是树篱、圩田、水稻梯田，还是热带林木等，都是在多年的农业生产生活中逐步形成的，大部分的农村还保持着农耕文明的模样，小部分地区因为经济的发展，在原来的基础上做了一些改进。仔细研究菲律宾农村的现状，就可以大致了解十几年前甚至上百年前菲律宾农村的模样和农民生产生活的基本方式。在种植业和畜牧业中，品种的选择及种养方式上，也有着菲律宾自己的特色，这些与其当地的环境、气候和经济发展水平相一致。

第四节　农业公共行政管理机构

一、历史沿革

菲律宾农业行政管理部门作为为农业服务的政府机构，在不同时期因不同的生产发展状况和政府对农业的影响，呈现出不同的特点。农业行政管理体系随着经济的不断发展而不断完善，并与具体的时代背景相适应。菲律宾农业行政管理体制的建立可以追溯至 1898 年，其发展沿革大致如下。

（一）战前时期

1898 年 6 月 12 日，菲律宾共和国成立后，设立了菲律宾农业和制造部。

在美国殖民时期，1901 年，农业和制造部改名为内政部下属的农业局，由美国人领导，其后在 1910 年又划分至公共教育部监督；1917 年，农业和自然资源部接管了农业局的职能；1928—1932 年，国防军改编为农业和商业部，农业局分为植物产业局和动物产业局；1933 年，成立了鱼类和猎物管理局和纤维检验局；1934—1938 年，鱼类和猎物管理局进行了重组并成立了土壤调查司。

（二）战后时期

1945 年战后，农业和商业部重组，1947 年再次更名为农业和自然资源部（DANR）。1950 年，当时的副总统费尔南多·洛佩兹同时担任 DANR 负责人。在他任职期间，于 1952 年成立了农业推广局（现农业培训学院），并在全国范围内组织了 4-H 俱乐部和农村改善俱乐部（RICs）。1953 年，菲律宾成立了稻谷经济委员会，使稻谷成为第一个受益于综合国家计划的商品。1953—1955 年，菲律宾成立了农业租赁委员会（现土地改革部），菲律宾烟草管理局（现国家烟草管理局）及菲律宾椰子管理局。1955—1960 年，菲律宾成为联合国粮食及农业组织（FAO）成员后，启动了国家大米和玉米生产计划；并成立了稻谷和玉米协调理事会。1965 年，菲律宾成功实施了一项生产计划，使菲律宾于 1968 年首次出口大米。1973 年 5 月，菲律宾政府开始推行水稻增产计划，3 年后即 1976 年就已达到大米自给。1978 年，农业和自然资源部改组为农业部，并启动了“九九丰收计划”，旨在使国内大米能自给自足，并成为大米出口国。6 年后，即 1984 年农业部更名为农业和食品部，并实施了“集约化稻谷生产计划”。1986 年，根据总统第 697 号令，将农业部改名为农业和食品部，并将渔业和水产资源局从自然资源局归属到农业和食品部。1987 年，根据第 116 号总统直接令，将农业和食品部重新改为农业部，并启动了农业发展生计计划，实施了水稻行动计划和玉米生产促进计划等。

二、现行农业行政管理体制概况

（一）农业部

菲律宾农业部（Department of Agriculture）① 是菲律宾管理农业及相关事

① About Department of Agriculture of hilippines [EB/OL]. [2019-12-20]. http: //www.da.gov.ph/history/.

务的最高行政管理机构，其主要职责是通过对国内和出口导向型企业提供政策框架、公共投资和支持服务来促进农业发展，中央办公室主要负责与农业、粮食生产和供应有关的计划和活动的规划制定、执行、监管和监督，颁布并执行有关保护和适当利用农业渔业资源的所有法律、规则和条例；同时，由农业部下属的有关部门和地区性单位提供和实施许可服务或监管职能，如发放许可证等。菲律宾农业部现任农业部长为威廉·多伦特·达尔（William Dollente Dar）博士，他于 2019 年 8 月 5 日在总统杜特尔特的领导下再次受邀担任该职位，并提出了“农业新思维”的指导建议，旨在菲律宾实现农民增收，保障粮食安全，提高农业生产力。为了达到这一目标，菲律宾农业部采取了 8 个战略：农业现代化、农业产业化、促进出口、农场合并、发展基础设施、制定农作物开发路线、增加农业预算和投资、立法支持。

（二）农业部下设执行机构

菲律宾农业部的许多行政职能是由所属执行机构在农业部的领导下负责完成的。目前，菲律宾农业部的部署执行机构包括：农业培训学院、农业研究局、动物产业局、农业与渔业标准局、渔业和水生资源局、植物产业局和水土保持局 7 个局；农业信贷政策委员会、化肥和农药管理局、国家肉类检验局、菲律宾卡拉宝中心、菲律宾采后发展和机械化中心、菲律宾农业和渔业理事会、菲律宾纤维工业发展局和菲律宾橡胶研究所 8 个附属机构；国家乳业局、国家食品管理局、国家烟草管理局、菲律宾椰子管理局、菲律宾农作物保险公司、菲律宾渔业发展局、菲律宾水稻研究所和糖监管局等 9 个附属公司，并在全国各个地区设立办事处。

农业培训学院（Agricultural Training Institute，ATI）的主要任务是领导制订国家农业和渔业推广计划及预算；为菲律宾农业和渔业的公共资助培训制订综合计划；制定和发布菲律宾农业培训的指导方针，并对农业培训计划的实施进行监测和评估；与菲律宾各州立大学进行合作，通过技能培训和补充性扩展活动（如技术援助、人员培训、基础设施的改进、扩展研究和信息支持等）提高其培训效率，从而协助地方政府扩大培训系统。

农业渔业标准局（Bureau of Agriculture and Fisheries Standards，BAFS）是菲律宾农业和渔业相关标准的制定机构，其为农业和渔业的初级产品及采后加工产品制定科学的并与国际统一的标准。下设标准制定部、技术服务部、有机农业司 3 个部门。其中有机农业司制定有机农业和渔业产品的相关政策建议和技术法规，保障有机农业和渔业产品的品质。

第四章　热带农业生产

第一节　热带农业生产与布局

一、热带农业生产结构

菲律宾的地形和气候特征使其具有不同的农业类型，主要包括种植业、畜牧业、渔业和林业（表4-1）。种植业包括粮食作物（大米、玉米）和经济作物（天然橡胶、木薯、香蕉、油棕等）种植等，其种植面积逐年增长；畜牧业包括牛、羊、鸡和奶制品等养殖与加工产业；渔业包括海洋渔业和内陆养殖渔业。

种植业是菲律宾农业的支柱产业，产值逐年增长，其增长幅度大于畜牧业和渔业。据菲律宾统计局数据显示（表4-2），2016年菲律宾种植业产值为780.33亿比索，占农业总产值的60%；畜牧业产值324.82亿比索，占农业总产值的25.18%；渔业产值184.80亿比索，占农业总产值的14.33%。

表4-1　2010—2016年菲律宾农业产业结构

项目	2010年	2011年	2012年	2013年	2014年	2015年	2016年
粮食作物种植面积（万公顷）	685.32	708.13	728.40	730.98	735.11	721.82	704.05
经济作物种植面积（万公顷）	523.53	533.62	536.85	534.57	532.35	533.42	537.38
牲畜存栏量（万吨）	420.24	432.73	443.86	456.53	459.60	480.88	495.80

数据来源：菲律宾统计局，2018

表4-2　2008—2016年菲律宾三大产业产值　　（单位：亿比索）

项目	2008年	2009年	2010年	2011年	2012年	2013年	2014年	2015年	2016年
种植业	556.414	563.068	600.244	706.665	705.697	723.486	824.930	757.733	780.329
畜牧业	218.051	233.818	252.175	258.541	265.523	286.168	309.351	315.207	324.825
渔业	178.077	178.862	180.130	182.845	192.108	197.766	195.504	193.778	184.796

数据来源：菲律宾统计局，2018

菲律宾是全球渔业主产国之一。2016 年，从事渔业生产的渔民有 125.5 万人。与此同时，菲律宾是个森林资源丰富的国家，森林面积有 1 585 万公顷，森林覆盖率高达 53%，占土地面积的 22.7%。椰子人工林和橡胶林也占相当大的比重。

（一）种植业

菲律宾种植业有着显著的特征，主要表现在以下方面。

1. 种植业结构由单一逐渐向多元化发展

菲律宾独立后，种植业结构已由单一的以经济作物出口、粮食进口为主的经济结构逐渐转化为粮食作物、经济作物多元化发展。由于长期的殖民统治，大片耕地被用来种植殖民主义者所需要的经济作物，造成了菲律宾农业经济的畸形发展，致使经济作物在农业中占据重要地位，而粮食作物生产停滞不前，技术落后，长期不能自给，每年都要进口大量谷物和其他食品。近年来，随着政府对农业种植业产业结构的调整，粮食作物种植面积的不断扩大，基本实现了大米的自给。

2. 菲律宾农业劳动生产率低下

目前，菲律宾许多农地仍为地主所有，佃农生产积极性并不高，所得十分有限，既无力从事农业改良，也缺乏改良动机。地主坐拥土地，如果找不到足够的佃农，只能任其荒芜。据粗略估计，菲律宾约有 1/5 的农地处于废耕状态，土地资源未能充分利用。加上植保、施肥、农业机械、技术改良、农民培训、研究开发等都需要投入为数不小的资金。由于农业投入不足，农民所得又偏低，根本无力从事农业投资，结果形成恶性循环，使农业改良遥遥无期①。

粮食作物耕作粗放。菲律宾粮食作物以稻米为主，稻田面积 300 万公顷，遍布全国，亩产约 200 千克，70%的菲律宾人（约 5 000 万）靠生产和销售稻米谋生。但由于土地私有，种植规模小，农资价格高，粮食价格低，往往水稻生产者的小农户得不到种粮的好处，而放贷人、投资经营者、加工商及贸易商却能获利。因此，越来越多的农民远离土地，许多稻田闲置，稻米由原来出口变为目前大量进口②。

---

① 佚名．菲律宾农业近况［J］．东南亚—南亚信息，1998，（21）：2-3.

② 王海，盛根龙，张桂兰．关于赴菲律宾农业考察的报告［J］．江西农业经济，1999，（5）：21-22，20.

3. 菲律宾的生态农业观念较强

菲律宾所采取的生产方式都比较注重保护生态环境，减少污染。比如，其生产性投入水平较低，化肥、农药用量较小，一是农民自身生产力水平较低，劳动效率低下，二是为了保护环境，为了获得较高质量的农产品①。

菲律宾是东南亚地区生态农业发展比较迅速的国家之一，他们认为农业是自然资源管理的手段，因此农业不是无穷无尽地消耗资源，而应该保护自然资源。政府对于实行生态农业的农户，在资金、技术、种苗、销售价格以及其他资助方面给予一定的优惠条件，由此推动生态农业的普及②。

4. 菲律宾农业向有机农业生产转变

菲律宾农业人口经济状况的改善得益于菲律宾农业发展模式的转变。菲律宾农业发展落后以及农村贫困的问题，主要归因于农业传统模式与体制，如农业土地所有权的集中、国有自然资源的流失、不可持续发展的生产模式等。对菲律宾农业中的种种矛盾，菲律宾农民和组织展开了长期的斗争与改革。19 世纪 70 年代，菲律宾农民就开始对土地制度展开资产改革的斗争，破坏环境和农村社会的发展模式也引起了很多反对的声音。近年来，菲律宾还出现了反世界贸易组织（WTO）和转基因食品（GMO）的抗议行动。通过一系列改革，菲律宾农民与相关政府和非政府组织在公共自然资源的管理上获得了更多的话语权。这些农业发展工作的真正组织者与参与者和已有的农村组织一起建立了紧密的合作系统，推动了现代农业生态、技术的普及，并迅速成长为内部可持续发展的强大驱动力。当地农民负责收集传统水稻品种，对优良品种进行实验特定环境控制，实现对种子的系统筛选，根据种子对当地环境的适应性、种植表现和抗虫性，筛选出适合当地选育和推广种植的种子。这一过程实现了现代农田生产系统建设的第一步，使农田系统的控制和基于可持续基础的生产为未来经济效益提供了保证。农业组织在生产过程中，一方面要减少未经安全评估的无机施肥和杀虫剂的使用，另一方面要将单一作物农田系统转变到混合作物制或农林畜复合农田系统。在菲律宾，类似的现代农业生态技术运用的例子并不罕见，比如利用防治地下害虫复混肥或者农田废物与粪便石灰混合

① 张效朴．菲律宾的农业一瞥［J］．土壤，1996，（4）：224-225.

② 薛德榕．菲律宾生态农业见闻［J］．农村生态环境，1986，（3）：50-52.

生产有机化肥，推广作物轮作或固氮植物和树木结合使土壤侵蚀最小化并保持肥力，设置利于水土保持的谷坊或者栽植高灌木篱墙等。在这生产组织模式下，农户使用自产有机化肥和杀虫剂开展生产，并获得了自足自立。在菲律宾，不同地区均设立了示范农田，作为促进地区有机农业或可持续农业发展的有效手段。这些有机产品已经出现在农村地区的一些专业化集贸市场上或者提供给工厂作为有机食品原料。菲律宾比较典型的有机加工产品包括：酒、盐渍蔬菜、调味番茄酱、苦瓜和其他草本维生素保健品，以及果酱、菜泥和番木瓜基肥等。以菲律宾高地行销基金会（UMFI）为例，在过去15年里，UMFI成功地建立了农民与超市的销售渠道，这主要归功于其在准确的市场调查、销售策略的有效展开，以及在产品差异化基础上成功捕捉市场份额的大量工作①。

5. 菲律宾农业生产组织化程度逐渐提高

菲律宾农业合作组织起源于1915年。菲律宾议会审议通过的《农村信贷协会法》允许组织农村信贷协会。在菲律宾政府的法规引导和政策支持与监督下，菲律宾农业合作组织得到快速发展。截至1993年，菲律宾国内的农业合作社已达24 348个，其中16 788个是多功能的农业合作社，约占合作社总数的69%，但90%是小型的合作社②。根据不同的服务宗旨，可以分为农业合作组织、农业合作社、农业互助信贷组织等，为种植业生产提供产前、产中、产后服务，实现种植业生产的专业化和一体化经营，促进种植业生产的快速发展③。

在菲律宾，为了解决合作社的管理问题，政府采取给富裕农民一些利益，并提供接受培训的机会，吸引本社区内受过良好教育、经济又比较富裕的农民加入合作社，同时通过实施管理培训项目等方式向合作社提供管理服务。菲律宾合作社除了进行农业经营活动外，还参与其他经营活动，以增加合作社成员和社区其他人的收入，少数合作社还办企业，扩大收入来源，提供更多的就业机会④。

---

① 王志刚，姚一源．菲律宾有机农业的内生发展及其经验启示［J］．农村经济与科技，2012，23（6）：162-164.

② 王正谱．影响农业合作社发展的因素——菲律宾农业合作社发展的经验［J］．农村合作经济经营管理，1994（7）：43-44，39.

③ 唐珂．法国农业［M］．北京：中国农业出版社，2014.

④ 王正谱．影响农业合作社发展的因素——菲律宾农业合作社发展的经验［J］．农村合作经济经营管理，1994（7）：43-44，39.

6. 菲律宾农业机械化生产不足

目前，菲律宾的农业机械化生产呈现小型化、家庭化，没有专业化的农机服务体系[①]。在水稻种植方面，农机化水平较高，耕地、耙地、平地等整地作业基本实现机械化，以小型、简单、低价为主，包括手扶拖拉机、割晒机、脱粒机、烘干机、碾米机、水泵等。但育苗播种、拔秧和插秧则几乎是靠手工作业，田间管理、收割及干燥也主要是人工作业。特别是粮食的干燥，主要依靠日晒自然干燥。由于菲律宾属海洋性气候，天气变化莫测，在粮食日晒干燥时常受雨淋而变质，这也导致菲律宾每年会损失约 10 万吨的粮食。虽然近年菲律宾开始使用烘干机，但发展速度缓慢。随着农业发展的深入，菲律宾农业生产对农业机械化依赖程度越来越高，对农业机械的需求量保持稳定上升势头[②]。

7. 菲律宾农业多元化、全方位的农林牧副渔全面发展

菲律宾水稻、玉米的耕种方法与我们大同小异，水稻一般采用育苗、插秧的耕作方式，少数直播。机械化程度比较低，耕地多数牛耕，插秧、收获主要靠人工，耙地使用手扶拖拉机，脱粒基本机械化。菲律宾常年气温高，雨水多，给粮食、蔬菜、水果的储藏、运输造成很大困难，由此造成损失惊人，粮食损失高达 20%，蔬菜损失 30%[③]。

农场经营结构体现出多样化，但多样化程度比不上其他许多亚洲国家。大多数农场的经营内容是在种植水稻、玉米、椰子的同时养殖几头猪和几只鸡。水稻、玉米和椰子的种植农场占主导地位。菲律宾农场平均规模为 2. 1 公顷，蔗糖、菠萝、椰子和纤维类作物农场的面积较大，平均面积分别是 7. 17 公顷、6. 73 公顷、3. 59 公顷和 3. 29 公顷[④]。菲律宾主要农作物产量变化情况详见表 4-3。

---

① 肖宏儒，梁建，吴崇友，胡志超．菲律宾农业机械化现状与发展趋势 [J]．农业装备技术，2007 (6)：8-9.

② 肖宏儒，梁建，吴崇友，等．菲律宾农业机械化现状与发展趋势 [J]．农业装备技术，2007 (6)：8-9.

③ 佚名．菲律宾农业机械化情况的考察报告——赴菲农机考察组 [J]．农业机械化与电气化，1998 (3)：43-44.

④ 何小燕．多样化农场经营推动菲律宾农业进步 [J]．粮油市场报，2012 年 10 月 11 日，第 B04 版.

表 4-3　2006—2016 年菲律宾主要农作物产量变化情况　（单位：万吨）

作物	2006 年	2007 年	2008 年	2009 年	2010 年	2011 年	2012 年	2013 年	2014 年	2015 年	2016 年
稻谷	1532.67	1624.02	1681.55	1626.64	1577.23	1668.41	1803.25	1843.94	1896.78	1814.98	1762.72
玉米	608.21	673.69	692.82	703.40	637.68	697.12	740.71	737.73	777.06	751.88	721.88
腰果	11.31	11.26	11.23	11.20	13.47	13.34	13.25	14.63	17.09	20.55	21.64
咖啡	10.41	9.79	9.74	9.64	9.45	8.85	8.89	7.86	7.55	7.23	6.88
油棕	37.34	41.42	46.60	51.61	56.55	54.09	53.13	47.34	43.74	43.25	43.95
天然橡胶	35.16	40.41	41.10	39.10	39.52	42.57	44.30	44.48	45.31	39.81	36.26
甘蔗	2 434.51	2 223.53	2 660.14	2 293.28	1 792.93	2 837.65	2 639.59	2 458.48	2 502.99	2 292.64	2 237.05
香蕉	679.46	748.41	868.76	901.32	910.13	916.50	922.68	864.64	888.49	908.39	890.37
杧果	91.90	102.39	88.40	77.14	82.57	78.81	76.84	81.64	88.50	90.27	81.41
凤梨	183.39	201.65	220.93	219.85	216.92	224.68	239.77	245.85	250.71	258.27	261.25
甘薯	56.68	57.37	57.27	56.05	54.13	51.63	51.69	52.82	51.99	53.60	52.95
木薯	175.69	187.11	194.16	204.37	210.15	220.97	222.32	236.16	254.03	271.43	275.51
南瓜	25.77	25.94	25.28	24.78	24.47	22.38	22.26	22.35	22.22	21.79	21.41

数据来源：菲律宾统计局，2017

（二）畜牧业

菲律宾地处亚洲东南部，境内多岛屿，山地面积占国土总面积的 3/4 以上，沿海平原较窄。但在吕宋、棉兰老等大岛屿上有较大的平原，是菲律宾经济活动的主要中心。从 20 世纪 80 年代开始重视畜牧业发展，菲律宾畜牧业以饲养牛、羊、猪和禽类为主，其中生猪产业是菲律宾畜禽业的重要支撑，养猪业是菲律宾第二大农产品行业，猪肉占全国肉类消费总量的 56%以上。菲律宾主要畜禽产品产量变化情况如表 4-4 所示。

表 4-4　2007—2016 年菲律宾主要畜禽产品产量的变化情况（单位：万吨）

种类	2007 年	2008 年	2009 年	2010 年	2011 年	2012 年	2013 年	2014 年	2015 年	2016 年
水牛肉	11.02	10.16	9.87	10.53	10.44	10.02	9.91	10.01	9.90	10.07
牛肉	17.80	18.44	18.97	19.48	19.62	19.48	19.78	20.14	20.57	20.44
鸡肉	74.54	81.23	82.67	86.86	92.01	102.60	108.74	111.49	118.59	120.17
羊肉	4.95	5.33	5.44	5.54	5.56	5.43	5.46	5.53	5.67	5.78
猪肉	16.17	160.60	162.88	163.58	164.16	16.53	168.11	169.07	177.57	179.01
禽蛋	38.21	39.33	40.81	42.40	44.11	46.05	46.88	45.72	48.65	49.20

数据来源，联合国粮食及农业组织（FAO）数据库，2018

随着菲律宾国内人口增长，消费偏好的改变以及进口自由化的发展，菲律宾畜禽产品需求量持续增长，直接推动了菲律宾商业化畜禽养殖的发展，特别是肉鸡和生猪产业。菲律宾的肉鸡生产计划全面实行一条龙生产，大的商业饲料公司自己生产饲料，并为有合同关系的农户提供兽医服务，生产周期结束时按规定价格收购肉鸡，供国内消费或出口。肉鸡通常加工成快餐、分割肉或以活鸡出售。而养猪业则以5头和50头母猪的养殖规模为主①。

据联合国粮农组织的统计数据显示，2016年菲律宾生猪存栏量为2 662.88万头，水牛存栏量为45.91万头，牛存栏量86.94万头，肉鸡存栏量101.82亿羽，其他的山羊存栏量326.27万只，鸭子1.65亿羽。菲律宾家禽生产与消费增长幅度持续升高，已成为菲律宾饲料与饲料添加物的主力市场。这也带动了菲律宾的饲料生产，据2016 Alltech Global Feed Survery所示，菲律宾是全球排名第21的饲料生产国，饲料产量达1 278万吨，在东南亚地区仅次于泰国、印度尼西亚与越南②。

（三）渔　业

西太平洋菲律宾群岛构成的菲律宾，大小岛屿7 107个，已开发的海水、淡水渔场面积2 080千米^2，使菲律宾成为世界上排名靠前的鱼类生产国，超过160万菲律宾人依靠渔业为生。渔业是菲律宾国民经济的重要产业之一，据菲律宾统计局数据显示，2013年渔业对菲律宾国内生产总值（GDP）的贡献率分别为1.6%和1.8%（以当前和不变价格计算）；到2016年渔业总产值占全国农业总产值的13.25%（以当前价计算）。1975—2011年，菲律宾渔业总产量按年均3.61%的速度增长。但是受过度捕捞、资源衰退和自然灾害（台风）的影响，近年来产量有所下降。2014—2016年，菲律宾渔业产量不管是商业性渔业，还是（地方性）市政渔业或水产养殖业，产量均逐年减少，总产量从2014年的468.91万吨减少到2016年的435.58万吨。

菲律宾渔业由水产养殖业、（地方性）市政渔业和商业性渔业三部分组成（表4-5）。2016年，菲律宾渔业总产量为435.59万吨，其中水产养殖业为220.09万吨（占总产量的50.49%），（地方性）市政渔业113.79万吨，商业性渔业为101.69万吨。

从产值来看，水产养殖业也是最大宗的渔业生产，2016年产值达911亿比索，占渔业总产值的39%；第二大产业是（地方性）市政渔业，产值789亿比索，占渔业总产值的34%；第三大产业是商业捕鱼业，产值589亿比索，占渔业总产值的27%。

---

① 郜伟东．东南亚畜禽业［J］．中国牧业通讯，2007（9）：76-77.

② 郭大维．菲律宾肉类需求供给分析．https：//www.docin.com/p-1968096136.html.

表 4-5　2014—2016 年菲律宾渔业按三大部门划分产量

部门	2014 年		2015 年		2016 年	
	产量（万吨）	产值（亿比索）	产量（万吨）	产值（亿比索）	产量（万吨）	产值（亿比索）
总量	468.91	2 419.44	464.93	2 397.02	435.59	2 289.34
商业性渔业	110.72	661.90	108.46	648.75	101.69	588.67
（地方性）市政渔业	124.43	818.05	121.65	814.86	113.79	789.26
水产养殖业	233.76	939.49	234.82	933.41	220.09	911.42

数据来源：Fisheries statistics of the Philippines，volume 25，2014-2016. Republic of the Philippines Philippines Statistices Authpority. Solid. Responsive. World-class

菲律宾水产养殖包括咸水养殖、淡水养殖、海水养殖、小农场水库及稻鱼等。水产养殖的主要品种为海藻、遮目鱼、罗非鱼、对虾/沼虾、鲍鱼等；前四种的养殖产量之和占水产养殖产量的 96%以上。此外，海藻、对虾/沼虾分别是菲律宾的第二和第三大出口产品①。菲律宾是世界第二海藻养殖国家，海藻养殖约占整个养殖产量的 63.82%（2016 年数据），但是由于大海藻产量高，价格比其他水产品相对较低，2016 年海藻产值约占整个养殖产值的 6.67%。海水养殖产值约占养殖产业的 13.04%，咸水养殖产值约占养殖产业的 57.18%。淡水养殖产值约占养殖产业的 22.56%。

随着水产养殖技术的发展，水产养殖业逐渐从粗放型向集约化养殖模式发展，其产量及其所占渔业总产量的比例逐年上升，是菲律宾渔业发挥最蓬勃的领域。而由于菲律宾的捕捞技术和捕捞设备比较落后，限制了菲律宾远洋捕捞渔业的发展。在菲律宾，捕捞是实行捕捞许可证制度的，由菲律宾农业部下属的渔业水产资源署（BFRA）对商业捕捞渔船和个体从事渔业捕捞生产的渔业工人发放许可证。

美国是菲律宾渔业出口最大国，约占 25%，日本占 13%，德国占 10%，这 3 个国家是菲律宾渔业主要出口市场②。近年来，随着菲律宾渔业总产量的减少（表 4-6），其鱼及鱼制品的出口也逐年减少，从 2014 年的 31.69 万吨减少到 2016 年的 25.72 万吨；出口产值从 2014 年的 563.49 亿比索减少到 2016 年的 453.74 亿比索。出口的品种主要是冰鲜的各种鱼及鱼制品，如金枪鱼、虾、海藻、章鱼、石斑鱼等。菲律宾鱼类及鱼制品的进口量却在逐年增加，从 2014 年的 30.23 万吨增加到 2016 年的 38.42 万吨，进口产值从

① 林勇新．菲律宾渔业发展态势研究［J］．南海学刊，2015，1（1）：105-110.

② 李涛．菲律宾概论［M］．广州：世界图书出版广东有限公司，2012.

2014 年的 142. 88 亿比索增加到 2016 年的 224. 48 亿比索。

表 4-6　2014—2016 年菲律宾鱼类和渔业产品进出口数量和价值

项目	2014 年		2015 年		2016 年	
	产量（万吨）	产值（亿比索）	产量（万吨）	产值（亿比索）	产量（万吨）	产值（亿比索）
出口	31. 69	563. 49	22. 68	417. 01	25. 72	453. 74
进口	30. 23	142. 88	40. 38	187. 9	38. 42	224. 48

数据来源：Fisheries statistics of the Philippines，volume 25，2014-2016. Republic of the Philippines Philippines Statistices Authpority. Solid. Responsive. World-class

二、热带农业生产布局

菲律宾地处亚洲热带地区，以热带海洋性气候和热带雨林气候为主，大部分地区为山地、丘陵和高原，地理环境和气候条件决定了其种植业和畜牧业具有不同的生产布局与分布特征。菲律宾农业从早期单一的以经济作物出口、粮食进口的种植业结构逐渐转化为粮食作物、经济作物多元化发展。随着国家经济发展，为了充分利用各种自然条件与农业资源，充分发挥各地区农业生产的比较优势，菲律宾积极推进种植业和畜牧业的生产布局优化，相对形成了比较专业化的农作物和畜禽产品的专业化产区。

菲律宾地属热带海洋气候，阳光充足，雨量充沛，土地肥沃，适宜作物生长。果树、农作物等资源十分丰富，热带植物多达万种。国民经济以农业为主，农业产值主要由种养业构成。在种植业中，主要粮食作物为水稻和玉米，主要经济作物为椰子、甘蔗、香蕉、菠萝、咖啡、杧果、烟草和马尼拉麻，其中水稻的比值最大（表 4-7）。

表 4-7　菲律宾主要热带农作物主产区

大区、省（含部分独立市）	主要热带农作物
CAR-科迪勒拉行政区 Cordillera	椰子、木瓜、烟草、木薯
碧瑶市 Baguio	
本格特省 Benguet	
阿布拉省 Abra	烟草
伊富高省 Ifugao	
卡林阿省 Kalinga	
高山省 Mountain	
阿巴尧省 Apayao	

（续表）

大区、省（含部分独立市）	主要热带农作物
Ⅰ-伊罗戈斯 Ilocos	椰子、杧果、木瓜、烟草、木薯
北伊罗戈省 Ilocos Norte	
南伊罗戈省 Ilocos Sur	
拉乌尼翁省 La Union	
邦阿西楠省（班诗兰）Pangasinan	杧果
Ⅱ-卡加延河谷 Cagayan	椰子、杧果、木瓜、烟草、木薯
巴坦群岛省 Batanes	
卡加延省 Cagayan	
伊莎贝拉省 Isabela	烟草
新比斯开省 Nueva Vizcaya	
季里诺省 Quirino	
Ⅲ-中央吕宋 Central Luzon	椰子、杧果、木瓜、木薯
巴丹省 Bataan	
布拉干省 Bulacan	
新怡诗夏省 Nueva Ecija	
邦板牙省 Pampanga	
安赫莱斯市 Angeles City	
打拉省 Tarlac	
三描礼士省 Zambales	
奥隆阿波市 Olongapo	
奥罗拉省 Aurora	
NCR-国家首都区 National Capital Region	
Ⅳ甲拉巴松 Calabarzon	菠萝、杧果、椰子、木瓜、甘蔗、木薯、Excelsa 咖啡
甲未地省 Cavite	菠萝、甘蔗
内湖省 Laguna	
黎刹省 Rizal	
八打雁省 Batangas	甘蔗
卢塞纳市 Lucena	
奎松省 Quezon	
民马罗巴 Mimaropa Region	
西民都洛省 Occidental Mindoro	椰子、木瓜、腰果、木薯
东民都洛省 Oriental Mindoro	
马林杜克省 Marinduque	

（续表）

大区、省（含部分独立市）	主要热带农作物
朗布隆省 Romblon	
公主港市 Puerto Princesa	
巴拉望省 Palawan	腰果
Ⅴ-比科尔 Bicol	菠萝、椰子、木瓜、甘蔗、木薯
阿尔拜省（亚眉）Albay	甘蔗
北甘马粦省 Camarines Norte	
南甘马粦省 Camarines Sur	菠萝、甘蔗
卡坦端内斯省 Catanduanes	
索索贡省 Sorsogon	
马斯巴特省 Masbate	
Ⅵ-西维萨亚 Western Visayas	杧果、椰子、山竹、木瓜、甘蔗、利比卡咖啡、木薯
伊洛伊洛市 Iloilo City	
伊洛伊洛省（怡朗）Iloilo	甘蔗
安蒂克省 Antique	甘蔗
卡皮斯省 Capiz	甘蔗
阿克兰省 Aklan	
吉马拉斯省 Guimaras	
巴科洛德市 Bacolod City	
西内格罗斯省 Negros Occidental	甘蔗
Ⅶ-中维萨亚 Central Visayas	杧果、椰子、木瓜、甘蔗、甘蔗、木薯、油棕
东内格罗斯省 Negros Oriental	甘蔗
宿务省 Cebu	甘蔗
宿务 Cebu	
北宿务 Cebu del Norte	
宿务市 Cebu City	
拉普拉普市 Lapu-Lapu City（Opon）	
曼达韦市 Mandaue City	
保和省 Bohol	油棕
锡基霍尔省 Siquijor	
Ⅷ-东维萨亚 Eastern Visayas	椰子、木瓜、甘蔗、甘蔗、木薯
塔克洛班市 Tacloban City	
莱特省 Leyte	甘蔗
南莱特省 Southern Leyte	

（续表）

大区、省（含部分独立市）	主要热带农作物
萨马省（西萨马）Samar（Western Samar）	
东萨马省 Eastern Samar	
北萨马省 Northern Samar	
比利兰省 Biliran	
Ⅸ-三宝颜半岛 Zamboanga Peninsula	杧果、椰子、木瓜、天然橡胶、木薯、油棕
三宝颜市 Zamboanga	
南三宝颜省 Zamboanga del Sur	
北三宝颜省 Zamboanga del Norte	油棕
三宝颜锡布盖省 Zamboanga Sibugay	天然橡胶
伊莎贝拉市 City of Isabela	
Ⅹ-北棉兰老 Northern Mindanao	香蕉、杧果、椰子、木瓜、利比卡咖啡、油棕、烟草、木薯
卡加延德奥罗市 Cagayan de Oro City	
东米萨米斯省 Misamis Oriental	香蕉、木瓜、油棕、烟草
布基农省 Bukidnon	卡迪文什香蕉、Saba 香蕉、菠萝、天然橡胶、油棕
甘米银省 Camiguin	
西米萨米斯省 Misamis Occidental	
北拉瑙省 Lanao del Norte	Lakatan 香蕉
伊利甘市 Iligan	
Ⅺ-达沃区 Davao	香蕉、杧果、椰子、榴梿、木瓜、Excelsa 咖啡、甘蔗、利比卡咖啡、可可、木薯
达沃市 Davao	卡迪文什香蕉、榴梿、天然橡胶
北达沃省 Davao del Norte	卡迪文什香蕉、榴梿、天然橡胶
南达沃省 Davao del Sur	Lakatan 香蕉、Saba 香蕉、甘蔗
东达沃省 Davao Oriental	Saba 香蕉、天然橡胶
康波斯特拉谷省 Compostela Valley	卡迪文什香蕉、Saba 香蕉、天然橡胶
西达沃省 Davao Occidental	
Ⅻ-南北哥苏萨桑大区 SoCCSKSarGen	香蕉、菠萝、椰子、木瓜、天然橡胶、甘蔗、Excelsa 咖啡、Arabica 咖啡、木薯
哥打巴托省（北哥打巴托）Cotabato（North Cotabato）	Lakatan 香蕉、Saba 香蕉、油棕
南哥打巴托省 South Cotabato	菠萝、木瓜、天然橡胶、油棕
桑托斯将军城市 General Santos	
苏丹库达拉省 Sultan Kudarat	Arabica 咖啡、Robusta 咖啡、油棕
萨兰加尼省 Sarangani	

（续表）

大区、省（含部分独立市）	主要热带农作物
棉兰老穆斯林自治区 ARMM	椰子、香蕉、山竹、木瓜、甘蔗、Excelsa 咖啡、Arabica 咖啡、Robusta 咖啡、木薯、油棕
南拉瑙省 Lanao del Sur	香蕉、甘蔗
马京达瑙省 Maguindanao	卡迪文什香蕉、Saba 香蕉、油棕
巴西兰省 Basilan	天然橡胶
苏禄省 Sulu	Excelsa 咖啡
塔威塔威省 Tawi-Tawi	
XⅢ-卡拉加 Caraga	香蕉、椰子、木瓜、油棕、木薯
武端市 Butuan	
北阿古桑省 Agusan del Norte	卡迪文什香蕉、Saba 香蕉
南阿古桑省 Agusan del Sur	天然橡胶、油棕
北苏里高省 Surigao del Norte	
南苏里高省 Surigao del Sur	香蕉

（一）粮食作物种植区

水稻、玉米是菲律宾的两大主要粮食作物，其中有以水稻最为重要，大多数人每日三餐均以稻米为主食。菲律宾是一个产稻大国，拥有稻田面积约190万公顷，其中灌溉田90万公顷，全年水稻的播种面积3 900万公顷左右。菲律宾大部分地区有明显的雨季和旱季，按生产季节划分为雨季稻（6—11月）和旱季稻（11月至翌年6月）。水稻主要分布在灌溉区、雨育区和旱作区①。主要包括菲律宾北部吕宋区的科迪勒拉行政区（CAR）、伊洛戈斯区（Ilocos Region）、卡加延河谷区（Cagayan Valley）、中吕宋（Central Luzon）、比科尔区（Bicol Region）、甲拉巴松区（Calabarzon）、民都洛岛（Mimaropa）；维萨亚地区的东维萨亚区（Eastern Visayas）、西维萨亚区（Western Visayas）、中维萨亚区（Central Visayas）、内格罗斯岛（Negros Island Region）及棉兰老岛的卡拉加区（Caraga）、穆斯林棉兰老自治区（ARMM）。其中值得关注的是位于吕宋岛北部山区部分省的水稻梯田一直保持较高的产量②。菲律宾生产的玉米中超过一半是饲用玉米，以黄玉米为主；

① 成良计．菲律宾水稻生产及其发展战略研究［J］．杂交水稻，2005（1）：63-67.

② 郑建初．菲律宾北部山区水稻生产［J］．世界农业，1995（9）：16-17.

其余为白玉米，用于制造玉米粉和玉米淀粉。菲律宾玉米主要种植在菲律宾南部的棉兰老岛、维萨亚、吕宋岛西北部沿岸地区及西南部岛屿穆斯林棉兰老自治区等地。

（二）蔬菜作物种植区

蔬菜种植业在菲律宾分布范围广，从北部的吕宋岛到中部的维萨亚、南部的棉兰老岛都有分布。芸豆、绿豆等豆类，南瓜、凉瓜果、胶苦瓜果、葫芦等瓜类，以及山药、番茄、萝卜、本地油菜、小青菜、卷心菜、空心菜、茄子、花生、秋葵、姜等蔬菜主要分布在吕宋岛的伊洛戈斯、卡加延河谷、中吕宋、民马罗巴、甲拉巴松、比科尔，维萨亚的西维萨亚、中维萨亚和东维萨亚，以及棉兰老岛的三宝颜半岛（Zamboanga peninsul）、北棉兰老（Northern mindanao）、卡拉加（Caraga）、达沃区（Davao Region）、南北哥苏库萨将（Soccsksargen）及棉兰老穆斯林自治区。大蒜主要分布在吕宋岛的伊洛戈斯、卡加延河谷、中吕宋、民马罗巴、甲拉巴松及维萨亚的西维萨亚一带。芦笋主要分布在吕宋岛的中吕宋和棉兰老岛的南北哥苏库萨将地区。白马铃薯主要分布在吕宋岛的山脉区及卡加延河谷及棉兰老岛的北棉兰老、达沃区和南北哥苏库萨将等地区。

其中吕宋岛西部的碧瑶因其较高的海拔、冷凉的气候，是目前菲律宾全国最大的蔬菜生产基地；其次是琅琊台地区高地蔬菜产区；大马尼拉外郊地区地处平原，温度较高且雨量充沛，也是菲律宾六大蔬菜生产区之一；苏比克湾和棉兰老地区亦是菲律宾重要蔬菜产区；而其他地区的蔬菜生产以自给自足、自产、自销为主①。

（三）主要热带水果种植区

菲律宾水果种植业遍布吕宋、维萨亚、棉兰老 3 个岛组区域，覆盖 17 个大区。种植的水果主要有香蕉、杧果、菠萝、小绿柠檬、榔色果、榴梿、橘子、木瓜、西瓜、红毛丹、酸角、山竹和柑橘。

香蕉、菠萝、杧果三大热带水果分布区域明显，香蕉生产主要集中在棉兰老岛的北棉兰老区［主要在布基农省（Bukidnon）、北拉瑙省（Lanao del Norte）、东米萨米斯省（Misamis Oriental）］、达沃区、南北哥苏库萨将区、卡拉加区［南苏里高省（Surigao del Sur）］，以及棉兰老穆斯林自治区的马

① 菲律宾蔬菜产业发展现状及对周边地区的影响［EB/OL］.［2018－12－09］. . http://news. 21food. cn/35/332745. html.

京达瑙省（Maguindanao）和南拉瑙省（Lanao del Sur）。卡文迪什香蕉（Banana Cavendish）主要种植在棉兰老岛的北棉兰老区［主要在布基农省（Bukidnon）］、达沃区［主要在北达沃省（Davao del Norte），其次在康坡斯特拉山谷省（Compostela Valley）、达沃市（Davao City）］、南北哥苏库萨将区、卡拉加的北阿古桑省（Agusan del Norte），以及棉兰老穆斯林自治区的马京达瑙省（Maguindanao）。Lakatan 香蕉（Banana Lakatan）主要种植在达沃区的南达沃省（Davao del Sur）、南北哥苏库萨将区的北哥达巴托省（North Cotabato）、北棉兰老区的北拉瑙省（Lanao del Norte）。Saba 香蕉（Banana Saba）主要种植在达沃区的南达沃省（Davao del Sur）、康坡斯特拉山谷省（Compostela Valley）和东达沃省（Davao Oriental），其次在南北哥苏库萨将区的北哥达巴托省（North Cotabato）、北棉兰老区的布基农省（Bukidnon）、棉兰老穆斯林自治区的马京达瑙省（Maguindanao）以及卡拉加区等棉兰老岛地区。

菠萝主要种植在棉兰老岛的北棉兰老区的布基农省（Bukidnon），约有55.66%的菠萝产自该省；其次是南北哥苏库萨将区的南哥达巴托省（South Cotabato），此外，在吕宋岛的比科尔区（Bicol Region）的南甘马磷尼斯省（Camarines Sur）、甲拉巴松区的加未地省（Cavite）也有较大量的种植。

杧果的主要种植地分布在吕宋岛西北部的伊洛戈斯区，菲律宾的20%的杧果生产在该区的邦嘎锡南省（班诗兰）（Pangasinan）；其次是棉兰老岛西部的三宝鄢半岛，种植的杧果占菲律宾杧果的12%；此外，在吕宋岛东部的卡加延河谷区、中吕宋区、甲拉巴松区，以及维萨亚的西维萨亚、中维萨亚和棉兰老岛的北棉兰老区、达沃区及南北哥苏库萨将区等区的省份也有大面积种植。菲律宾几乎1/5的红果杧果（Mango Carabao）分布在吕宋岛西北部的伊洛戈斯区的班诗兰省，其次是棉兰老岛的三宝鄢半岛，此外维萨亚的中维萨亚、西维萨亚以及棉兰老岛的北棉兰老区、达沃区等也有大面积种植。

菲律宾椰子种植几乎遍及整个国家，而60%的椰子产自棉兰老岛，其中又以达沃区种植椰子最多，其次是北棉兰老区；吕宋岛区域种植的椰子相对较少，种植较多的是位于吕宋岛中部的中吕宋区沿海的奥罗拉省（Aurora）。

榴梿主要种植在棉兰老岛，其中位于棉兰老岛东部的达沃区榴梿种植面积占菲律宾榴梿种植面积的78%，其中又以北达沃省（Davao del Norte）和达沃市（Davao City）种植面积最大。

柑橘主要种植地区分布在吕宋岛东部的卡加延河谷区和甲拉巴松区，其中又以卡加延河谷区的新比实加耶省（Nueva Vizcaya）和甲拉巴松区的内湖省种植面积最大。

山竹主要分布在棉兰老岛和维萨亚的西维萨亚区，其中种植面积最大的是菲律宾南部的棉兰老穆斯林自治区。

木瓜种植遍及整个菲律宾，种植面积最大的地区是棉兰老岛中部的南北哥苏库萨将区的，约占整个菲律宾木瓜种植面积的38%，其中以南哥达巴托省（South Cotabato）种植面积最大；其次是北棉兰老区的东米萨米斯省（Misamis Oriental）。

（四）主要经济作物种植区

天然橡胶、甘蔗、咖啡（包括阿拉比咖啡、高种咖啡、大粒种咖啡、中粒种咖啡）、油棕、可可、腰果、烟草、马尼拉麻等是菲律宾主要经济作物。

天然橡胶种植区主要分布在棉兰老岛，在棉兰老岛西部的三宝颜半岛区的植胶面积占总植胶面积的38%，其中三宝颜锡布盖省（Zamboanga Sibugay）植胶面积最大，约总植胶面积的27%。其次是棉兰老岛中部的南北哥苏库萨将区，该区植胶面积约占总植胶面积的36%，该区的天然橡胶种植主要集中在南哥达巴托省（South Cotabato），其植胶面积约占总面积的36%，是菲律宾植胶面积最大的省份，而其他省只是零星种植。北棉兰老区的天然橡胶种植主要集中在布基农省；达沃区主要分布在北达沃省、东达沃省、康波斯特拉古省（Compostela Valley）及达沃市；卡拉加区集中种植在南阿古桑省（Agusan del Sur）；棉兰老穆斯林自治区集中在巴西兰省（Basilan）。

甘蔗种植主要分布在维萨亚，西维萨亚是菲律宾甘蔗种植面积最大的区，其种植面积约占总种植面积的58%，该区的西内格罗斯省（Negros Occidental）是主要的甘蔗种植省，该省甘蔗种植面积约占总面积的50%，是菲律宾最大的甘蔗种植省；其次是伊洛伊洛省（Iloilo）和卡皮斯省（Capiz）、安蒂克省（Antique）、吉马拉斯省（Guimaras）和阿克兰省（Aklan）未有甘蔗种植。维萨亚中维萨亚的宿务省（Cebu）、东内格罗斯省（Negros Oriental），东维萨亚的莱特省（Leyte），吕宋岛甲拉巴松区的八打雁省（Batangas）和加未地省（Cavite），比科尔区的阿尔拜省（Albay）和南甘马磷尼斯省（Camarines Sur），棉兰老岛达沃区的南达沃省（Davao del Sur），南北哥苏库萨将区，棉兰老穆斯林自治区的南拉瑙省（Lanao del Sur）等也是菲律宾重要的甘蔗种植地区。

咖啡的主要种植区在棉兰老岛南北哥苏库萨将区的苏丹库达拉省（Sultan Kudarat），达沃区和棉兰老穆斯林自治区也是咖啡主产地。Excelsa

咖啡（Coffee Excelsa）的主产区是棉兰老岛棉兰老穆斯林自治区的苏鲁（Sulu）；其次是达沃区、南北哥苏库萨将区和吕宋岛的甲拉巴松区。阿拉比卡咖啡（Coffee Arabica）的主要种植区在棉兰老岛南北哥苏库萨将区的苏丹库达拉省（Sultan Kudarat），达沃区和棉兰老穆斯林自治区也是阿布拉比咖啡的主产地。罗布斯塔咖啡（Coffee Robusta）主要种植区在棉兰老岛南北哥苏库萨将区的苏丹库达拉省（Sultan Kudarat），达沃区和棉兰老穆斯林自治区、北棉兰老区及维萨亚的西维萨亚也是利比卡咖啡的主产地。可可的主要种植区是棉兰老岛的达沃区。

油棕的主要种植区在棉兰老岛的南北哥苏库萨将区的北哥达巴托省（North Cotabato）、南哥达巴托省（South Cotabato）、苏丹库达拉省（Sultan Kudarat）3个省；其次是卡拉加的南阿古桑省（Agusan del Sur）；棉兰老穆斯林自治区的马京达瑙省（Maguindanao）、北棉兰老的布基农省（Bukidnon）和东米萨米斯省（Misamis Oriental），三宝颜半岛的北三宝颜省（Zamboanga del Norte），中维萨亚的玻尔岛（Bohol）等地也是油棕的主要种植区域。

腰果的主要种植区是吕宋岛的民马罗巴区（Mimaropa），该区的巴拉望省（Palawan）种植腰果的面积约占菲律宾腰果种植总面积的97%。

烟草的种植区主要在吕宋岛西北部的伊洛戈斯区（Ilocos Region），该地区的烟草种植面积约为菲律宾烟草总种植面积的70%。卡加延河谷区的伊莎贝拉省（Isabela）、科迪勒拉（CAR）区的阿布拉省（Abra）也有大面积的烟草种植。棉兰老岛的北棉兰老区的东米萨米斯省（Misamis Oriental）也逐渐扩大烟草种植面积。伊洛戈斯地区种植的主要是本地烟草（Tobacco Native）及弗吉尼亚烟草（Tobacco Virginia）。科迪勒拉（CAR）区的阿布拉省（Abra）及北棉兰老的东米萨米斯省（Misamis Oriental）也是弗吉尼亚烟草的主种植区。

木薯在菲律宾普遍种植，其中种植面积最大的是棉兰老岛的棉兰老穆斯林自治区，约占总种植面积的37%。

马尼拉麻主要种植在吕宋岛比科尔区，除了马斯巴特（Masbate）外，阿尔拜省（Albay）、北甘马磷尼斯省（Camarines Norte）、南甘马磷尼斯省（Camarines Sur）、卡坦端内斯省（Catanduanes）都有大面积种植。维萨亚的东维萨亚区和西维萨亚区，棉兰老岛的北棉兰老区、达沃区、卡拉加区、棉兰老穆斯林自治区等都有大面积的马尼拉麻种植。

第二节 种植业

一、粮食作物

（一）生产概况

根据联合国粮食及农业组织（FAO）数据，1961年以来，菲律宾粮食作物总收获面积除了1963年不到500万公顷外，其他年份基本都在510万公顷以上，且逐年增加，2014年达到了735.11万公顷，占东盟十国粮食作物总收获面积的12.69%。与此同时，菲律宾粮食作物总产量在总体上也保持持续增长态势，从1961年的517.64万吨增加到2014年的2 673.84万吨，年均增长3.11%，菲律宾粮食总产量占东盟十国粮食总产量的比重从1961年的10.21%提高到了2011年的10.72%。目前，菲律宾水稻产量在东盟十国中位于第五位，而玉米总产量位于第三位。由于国内资源、技术、投入等多方面因素的限制，一直以来其国内粮食生产都无法完全满足其国内需求，需要从国外进口大量粮食作物，特别是水稻，1961年水稻进口量为18.78万吨，在2008年进口量高达243.01万吨。菲律宾近年来一直是世界稻米的主要进口国。为了尽快实现国内粮食的自给，菲律宾不断扩大粮食作物种植面积，并积极改进种植、管理技术，同时大力兴修灌溉设备，并从银行增加农业方面贷款等方面提高农业投入①。

从菲律宾粮食作物的生产结构来看，水稻是菲律宾最主要的粮食作物，其次是玉米。从水稻和玉米的收获面积来看，1893—1992年玉米的收获面积基本相同或略大于水稻的收获面积，其他年份都是水稻的收获面积大于玉米。水稻的收获面积近年来在持续扩大，而玉米的收获面积则在持续缩小。从粮食产量来看，随着国内生产技术及灌溉设施等的不断提高，水稻和玉米的总产量都保持持续的稳步提高。

（二）水　稻

水稻是菲律宾最重要，也是最主要的粮食作物。据联合国粮食及农业组织（FAO）数据，1961年菲律宾水稻收获面积为317.92万公顷，2013年达到自1961年以来的最大收获面积，为474.61万公顷。此后收获面积虽有所

① 李涛．菲律宾概论［M］．广州：世界图书出版广东有限公司，2012．

缩小，但 2016 年收获面积仍达到了 455.60 万公顷，比 1961 年增加了 137.69 万公顷。同时，自 1961 年以来，菲律宾水稻总产量持续增长，1961 年的产量为 391.01 万吨，在 2014 年达到自 1961 年以来的最高产量，为 1 896.78 万吨，2015—2016 年受高温、降雨等因素的影响，水稻总产量有所降低，但仍在 2016 年达到 1 762.72 万吨，比 1961 年的 391.01 万吨增加了 1 371.71 万吨，1961—2014 年菲律宾水稻总产量年均增长率为 3.02%（图 4-1）。

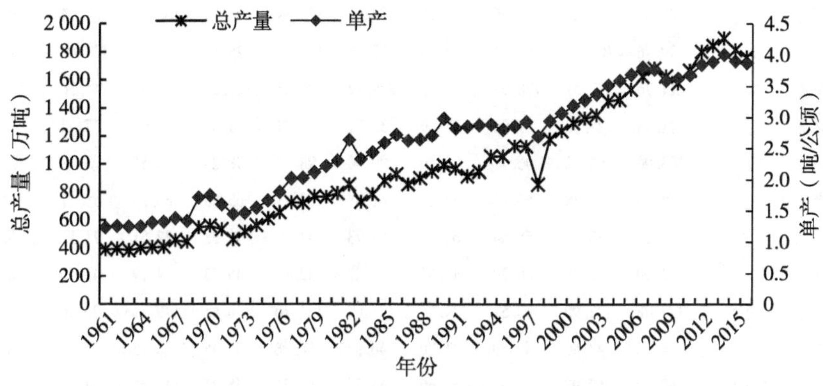

图 4-1　1961—2016 年菲律宾水稻总产量和单产变化情况

数据来源：联合国粮食及农业组织（FAO）数据库，2018

菲律宾水稻单产水平大幅度提高。随着菲律宾政府对生产管理技术的重视，水稻品种的培育与改良不断加强，以及政府对水利灌溉等设施的修缮，极大地促进了国内水稻单产水平的大幅提高。1961 年菲律宾水稻单产水平仅为 1.23 吨/公顷，此后逐年小幅提高，到 1977 年突破达到 2.01 吨/公顷，2000 年达到 3.07 吨/公顷，2014 年达到了最高 4.00 吨/公顷，2016 年减少为 3.87 吨/公顷，与 1961 年相比每公顷收获面积的水稻平均产量增加了 2.64 吨。

菲律宾水稻生产由北向南分成 16 个种植区。各地区水稻生产力不同年份间各不相同，基本趋势是逐年增加。2008—2017 年，主产区中吕宋、卡加延河谷、伊洛戈斯、南北哥苏库萨将区、东维萨亚产量变化趋势与总产量变化趋势相同。但部分地区如比科尔产量一直在逐年增长，从 2008 年的 99.76 万吨增加至 2017 年的 133.51 万吨，年增长率为 3.29%（表 4-8）。

表 4-8 2007—2017 年菲律宾不同地区水稻生产总量 （单位：万吨）

地区	2008 年	2009 年	2010 年	2011 年	2012 年	2013 年	2014 年	2015 年	2016 年	2017 年
菲律宾	1 681.55	1 626.64	1 577.23	1 668.41	1 803.25	1 843.94	1 896.78	1 814.98	1 762.72	1 927.63
科迪勒拉	44.52	43.17	40.04	42.89	45.35	46.02	45.26	40.09	38.28	44.50
伊洛戈斯	169.16	135.17	155.84	160.28	173.77	175.01	179.62	177.71	180.51	187.21
卡加延河谷	208.02	207.70	174.57	214.48	242.55	242.32	251.49	248.96	233.27	265.70
中吕宋	301.43	280.55	295.84	261.61	322.06	340.95	376.52	330.43	334.29	363.48
甲拉巴松	42.81	38.30	39.02	39.92	38.93	41.18	40.56	39.29	40.71	41.08
民马罗巴	86.32	93.07	85.75	98.17	103.06	103.39	108.19	108.18	108.04	115.98
比科尔	99.76	104.55	108.11	107.09	117.33	124.32	125.81	126.44	127.55	133.51
西维萨亚	211.76	220.51	178.97	224.50	229.22	209.08	205.26	205.68	144.36	223.08
中维萨亚	31.18	27.68	27.04	32.29	32.71	34.77	33.88	33.62	17.62	32.52
东维萨亚	103.06	95.22	96.41	98.40	99.50	98.98	98.26	95.57	95.48	94.56
三宝颜半岛	55.13	56.58	55.26	62.22	61.88	63.91	65.68	66.18	58.11	70.06
北棉兰老	55.12	58.33	58.64	61.10	63.73	67.49	71.38	72.51	71.13	74.57
达沃区	41.90	42.38	40.28	41.65	44.87	42.17	45.23	44.19	41.79	43.37
南北哥苏库萨将区	123.48	122.90	118.52	124.41	127.09	134.76	136.48	129.16	120.06	131.95
卡拉加	44.73	42.56	40.59	41.70	46.92	58.38	57.45	48.13	46.22	48.27
棉兰老穆斯林自治区	63.17	57.97	62.33	57.69	54.28	61.21	55.71	48.82	54.45	57.80

数据来源：菲律宾统计局，2018

从图 4-2 菲律宾各地区水稻生产总量所占比例图示可以看出，各地区水稻产量所占总量的比例在不同年份间变动不大。水稻主产区中吕宋区、卡加延河谷地区、西维萨亚区、伊洛戈斯、比科尔、南北哥苏库萨将区、民马罗巴几个地区的水稻总产量占全国总产量的 70%以上。

菲律宾水稻种植主要分布在灌溉区、雨育区。雨育区主要分布在吕宋岛，吕宋岛平原较少，以中西部中央平原和东南部比科尔平原为最大，还有一些海岸平原和河谷低地。除高山地区外，吕宋岛气候炎热、雨量充沛，年降水量达 2 000 毫米以上。适合的气候和土壤条件促进了菲律宾水稻的种植。主要包括吕宋岛中部的中吕宋区［主要是新怡诗夏（Nueva Ecija）、布拉干（Bulacan）、打拉（Tarlac）、三描礼士（Zambales）］，内陆的科迪勒拉行政区（CAR）［其中主要是阿布拉省（Abra）和阿巴尧省（Apayao）］，吕宋岛西北部的伊洛戈斯区，吕宋岛东部的卡加延河谷区［主要是巴丹群岛省（Batanes）、卡加延省（Cagayan）及新比实加耶省（Nueva Vizcaya）］等。除了吕宋岛卡加延河谷区的巴丹群岛（Batanes）、棉兰老穆斯林自治区的塔威塔威省（Tawi-tawi）等极少部分地区外，灌溉区水稻分布菲律宾的吕宋岛、维萨亚、棉兰老岛三大区域。

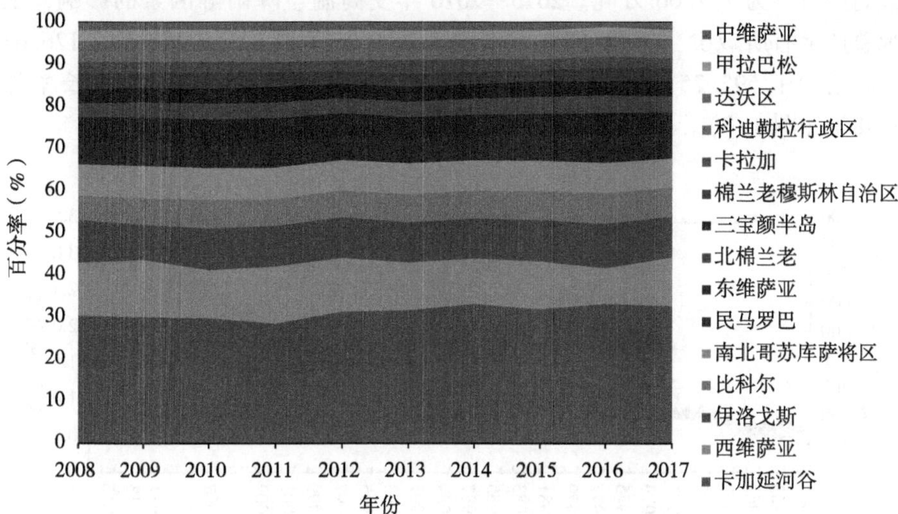

图 4-2 菲律宾各地区水稻生产总量所占比例

数据来源：菲律宾统计局，2018

虽然菲律宾国内水稻种植连年扩大种植面积，产量不断提高。但长期的不公平贸易竞争，政府缺乏对农民的支持，基础设施不足等，使得菲律宾国内水稻仍无法满足国内需求。稻谷一直是菲律宾进口的主要粮食作物。1961年菲律宾进口大米 18.78 万吨，2008 年进口量高达 243.01 万吨。2017 年菲律宾共生产 1 250 万吨大米，达到历史最高年产量，但是相对于 1 310 万吨的需求量，仍需要进口 60 万吨大米①。

(三) 玉 米

玉米是菲律宾的重要粮食作物，其中一半以上是用于饲料的黄玉米，其余为用作制造玉米粉和制作淀粉的白玉米。

据联合国粮食及农业组织（FAO）数据，菲律宾玉米收获面积在 1961 年为 201.63 万公顷，1988 年达到自 1961 年以来的最大收获面积，为 374.51 万公顷，此后收获面积再次逐年减少，到 2016 年收获面积仍达到 248.45 万

① 驻菲律宾经商参处．菲律宾的大米危机［EB/OL］．［2018-12-15］．http：//ph.mofcom.gov.cn/article/jmxw/201809/20180902783431.shtml.

公顷，比 1961 年增加了 46. 82 万公顷。同时，自 1961 年以来，菲律宾玉米总产量持续增长，从 1961 年的 126. 63 万吨，在 2014 年达到 1961 年以来的最高产量，为 777. 06 万吨。2015—2016 年受高温、降雨等因素的影响，玉米总产量有所减少，但仍在 2016 年达到 721. 88 万吨，比 1961 年的 126. 63 万吨增加了 595. 25 万吨，1961—2014 年菲律宾玉米总产量年均增长率为 3. 48%（图 4-3）。

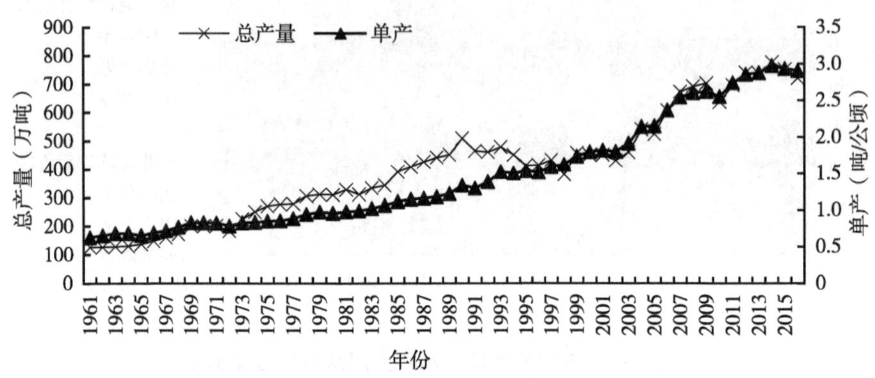

图 4-3　1961—2016 年菲律宾玉米总产量和单产变化情况

数据来源：联合国粮食及农业组织（FAO）数据库，2018

菲律宾玉米生产由北向南分成 16 个种植区。各地区玉米生产力不同年份间各不相同，基本趋势是逐年增加。2008—2016 年，主产区卡加延河谷区、南北哥苏库萨将区产量变化趋势与总产量变化趋势相同；北棉兰老地区则与总产量变化趋势略不相同，在 2016 年达到最高产量值（表 4-9）。

从各地区玉米生产总量所占比例来看，各地区玉米产量所占总量比例在不同年份间变化不大，主产区卡加延河谷区、南北哥苏库萨将区、北棉兰老 3 个地区玉米总产量占全国总产量 50%以上（图 4-4）。

表 4-9　2008—2016 年菲律宾不同地区玉米生产总量　（单位：万吨）

地区	2008 年	2009 年	2010 年	2011 年	2012 年	2013 年	2014 年	2015 年	2016 年
菲律宾	692. 82	703. 40	637. 68	697. 12	740. 71	737. 73	777. 06	751. 88	721. 88
科迪勒拉行政区	19. 64	20. 18	17. 22	21. 88	22. 51	24. 21	24. 46	23. 78	19. 94
伊洛戈斯	36. 37	35. 11	35. 84	38. 79	43. 47	44. 75	47. 67	49. 09	50. 80
卡加延河谷	147. 69	159. 82	126. 36	160. 17	187. 56	171. 39	185. 67	180. 12	167. 88

（续表）

地区	2008 年	2009 年	2010 年	2011 年	2012 年	2013 年	2014 年	2015 年	2016 年
中吕宋	22.59	21.72	19.79	18.85	21.06	22.78	24.09	27.13	25.95
甲拉巴松	6.03	5.19	6.02	5.76	5.87	7.52	7.43	6.48	9.68
民马罗巴	11.01	10.39	6.77	8.42	8.72	10.47	10.77	12.55	11.46
比科尔	20.27	19.71	17.45	21.50	23.05	25.81	28.56	24.39	25.94
西维萨亚	35.03	27.28	24.80	30.99	33.08	34.55	36.84	35.04	15.35
中维萨亚	17.53	18.65	17.84	17.73	17.21	17.32	16.42	15.01	10.09
东维萨亚	9.66	9.48	9.02	8.40	8.73	8.93	8.82	9.11	8.16
三宝颜半岛	18.18	17.72	19.53	20.01	21.13	20.78	22.33	22.02	25.90
北棉兰老	112.76	117.06	115.32	121.22	122.88	118.50	119.65	121.63	122.31
达沃区	28.64	22.51	20.24	19.12	19.86	22.70	28.03	22.41	21.91
南北哥苏库萨将区	111.78	114.66	106.44	117.06	120.13	130.56	133.81	123.93	114.40
卡拉加	9.99	8.86	9.46	7.57	8.95	10.75	12.54	11.88	14.45
棉兰老穆斯林自治区	85.67	95.04	85.57	79.67	76.48	66.71	69.96	67.30	59.06

数据来源：菲律宾统计局，2018

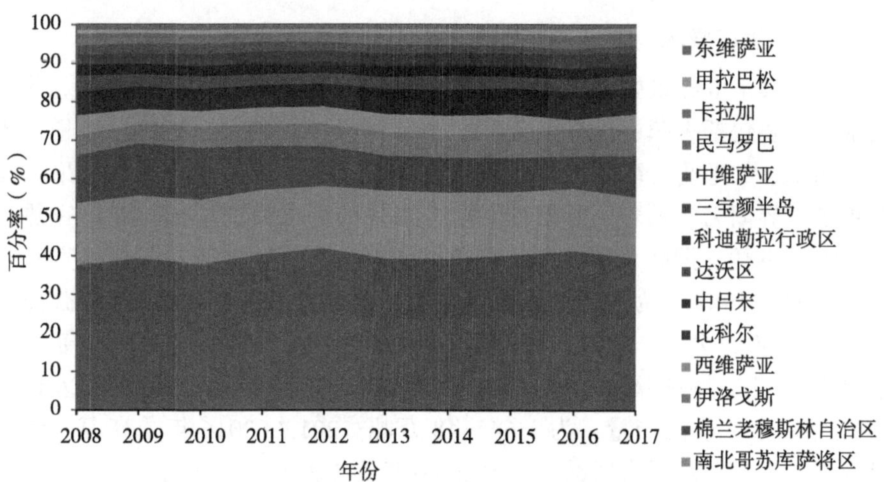

图 4-4　菲律宾各地区玉米生产总量所占比例

数据来源：菲律宾统计局，2018

菲律宾玉米单产水平大幅度提高。随着菲律宾政府对生产管理技术的重视，玉米品种的培育与改良不断加强，以及政府对水利灌溉等设施的修缮，极大地促进了国内玉米单产水平的大幅提高。1961年菲律宾玉米单产水平仅为0.63吨/公顷，此后逐年小幅提高，1983年突破1吨/公顷，达到1.02吨/公顷，到2004年达到2.14吨/公顷，2014年达到历史最高单产，为2.98吨/公顷，2016年减少为2.91吨/公顷，与1961年相比每公顷收获面积的玉米平均产量增加了2.28吨。

菲律宾玉米主要种植在南部的棉兰老岛和维萨亚岛。黄玉米最主要的种植地区是棉兰老岛中部的南北哥苏库萨将区，其中尤以南哥打巴托省（South Cotabato）种植面积最大；其次是棉兰老岛的北棉兰老区，其中以布基农（Bukidnon）种植面积最大；此外是棉兰老岛西部的三宝颜半岛，其中种植面积最大的是南三宝颜省（Zamboanga del Sur），维萨亚的东维萨亚区，其中莱特省（Leyte）种植面积最大。白玉米主要种植地区是棉兰老岛的北棉兰老，其中种植面积最大的是北拉瑙（Lanao del Norte）；其次是棉兰老岛东部的达沃区，南达沃（Davao del Sur）种植最多；此外是棉兰老岛的三宝颜半岛、南北哥苏库萨将大区和维萨亚的东维萨亚区。

二、果　树

（一）生产概况

菲律宾是世界重要的水果生产国，也是重要的水果出口国之一。菲律宾水果主要包括香蕉、杧果、菠萝、小绿柠檬、榔色果、榴梿、橘子、木瓜、西瓜、红毛丹、酸角、山竹和柑橘等，其中，菲律宾香蕉、杧果、菠萝更是世界闻名。随着国际市场对热带水果的需求量的增加，菲律宾热带水果发展迅猛。据联合国粮食及农业组织（FAO）数据显示，菲律宾水果收获面积在1961年为50.61万公顷，此后逐年增长，到2016年收获面积已达141.09万公顷，年增长率达1.92%。同时，自1961年以来，菲律宾水果总产量也持续增长，从1961年的302.51万吨，在2012年达到自1961年以来的最高产量，为1 645.48万吨。2013—2016年受高温、降雨等因素的影响，产量有所减少，到2016年为1 321.95万吨，比1961年的302.51万吨增加了1 019.44万吨，1961—2012年菲律宾水果总产量年增长率为3.45%。从菲律宾水果种植面积和产量来看，香蕉、菠萝是菲律宾最主要的水果。

（二）香　蕉

香蕉是菲律宾种植面积最大的水果，据联合国粮食及农业组织（FAO）数据库统计，菲律宾香蕉收获面积在 1961 年为 24.8 万公顷，总产量为 104.11 万吨。此后，收获面积和总产量逐年增长，到 2016 年收获面积达 45.66 万公顷，总产量 582.91 万吨。菲律宾香蕉总生产量在 2012 年达到自 1961 年以来的最高产量，为 922.68 万吨，此后由于气候、病虫害等因素的影响，虽然收获面积变化不大甚至在 2016 年还有所增加的情况下，2016 年香蕉总产量仍减少到 582.91 万吨，比 2012 年总产量减少了 339.76 万吨。1961—2012 年，菲律宾香蕉总产量年均增长率为 4.46%（图 4-5）。

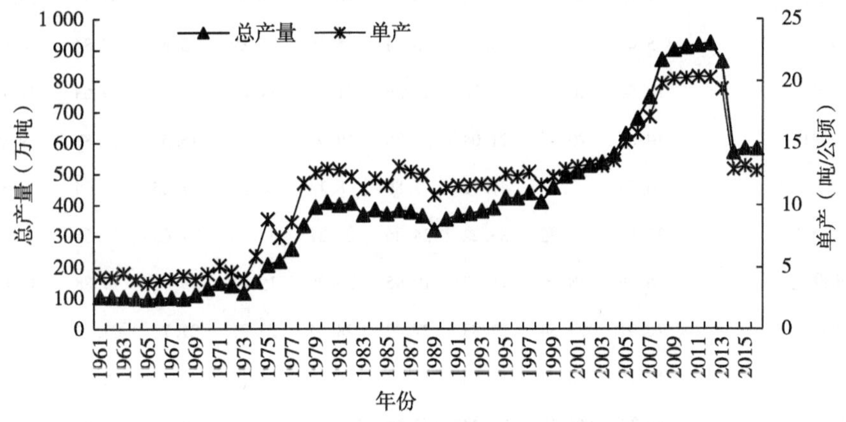

图 4-5　1961—2016 年菲律宾香蕉总产量和单产变化情况

数据来源：联合国粮食及农业组织（FAO）数据库，2018

菲律宾香蕉单产水平也大幅度提高。随着菲律宾政府对生产管理技术的重视，香蕉品种的培育与改良不断加强，以及政府对水利灌溉等设施的修缮，极大地促进了国内香蕉单产水平的大幅提高。1961 年，菲律宾香蕉单产水平仅 4.20 吨/公顷，到 2011 年达到自 1961 年以来的最高单产水平，为 20.36 吨/公顷。此后单产水平有所下降，2016 年仅 12.77 吨/公顷，虽然与 1961 年每公顷收获的香蕉平均产量增加了 8.57 吨，但比较起最高单产水平的 2011 年，每公顷收获的香蕉平均产量减少了 7.59 吨。

虽然菲律宾香蕉栽培遍及全国各地，但主要的大中型香蕉园主要集中在棉兰老中部和南部地区的达沃区、北棉兰老、南北哥苏库萨将区 3 个区，其中达沃是香蕉及多种水果的重要集散地。从各地区香蕉生产总量所占比例看，各地区香蕉产量所占总量比例在不同年份间变化不大，主产区达沃区、北棉兰老、南北哥苏库萨将区 3 个地区香蕉总产量占全国总产量的 70%以上（表 4-10，图 4-6）。

表 4-10 2008—2017 年菲律宾不同地区香蕉生产总量 （单位：万吨）

地区	2008 年	2009 年	2010 年	2011 年	2012 年	2013 年	2014 年	2015 年	2016 年
菲律宾	868.76	901.32	910.13	916.50	922.68	864.64	888.49	908.39	890.37
科迪勒拉行政区	2.67	2.70	2.57	2.51	2.51	2.72	2.63	2.66	2.56
伊洛戈斯区	4.61	4.33	4.12	4.08	4.26	4.35	4.39	4.32	4.15
卡加延河谷区	37.82	41.94	36.81	26.92	30.92	36.11	37.64	38.41	35.44
中吕宋	5.48	5.47	5.82	5.74	5.76	5.89	5.88	5.84	4.97
甲拉巴松	10.54	10.94	10.58	11.36	11.65	11.80	10.43	9.63	11.17
民马罗巴	19.61	20.47	21.04	22.38	19.93	15.87	15.53	16.83	9.80
比科尔	6.76	7.35	7.79	7.89	8.14	8.34	7.45	7.65	7.68
西维萨亚	32.82	33.45	33.22	34.46	35.31	33.28	27.03	28.56	20.05
中维萨亚	16.96	18.75	18.23	19.95	20.25	19.07	19.41	19.88	12.60
东维萨亚	26.91	27.54	27.83	27.72	28.04	25.91	21.70	22.72	22.66
三宝颜半岛	12.10	12.87	12.86	10.12	9.27	9.10	9.27	10.34	9.34
北棉兰老	163.13	165.77	170.24	172.58	171.88	173.60	178.10	183.22	186.44
达沃区	356.91	374.98	380.45	385.48	378.54	316.46	336.82	345.50	347.95
南北哥苏库萨将区	99.86	102.40	104.38	109.50	115.53	118.55	120.34	115.91	102.44
卡拉加	21.96	20.94	21.04	20.41	21.88	20.83	24.38	25.97	27.80
棉兰老穆斯林自治区	37.35	38.17	39.65	41.69	44.02	45.96	49.36	53.10	53.37

数据来源：菲律宾统计局，2018

菲律宾香蕉品种繁多，有记载的香蕉品种多达 75 个（1981 年），最著名的品种有卡文迪什香蕉、拉卡坦香蕉、萨巴香蕉等。

菲律宾是世界主要的香蕉生产国之一，2016 年，菲律宾香蕉生产总量为 582.92 万吨，占世界香蕉生产总量的 4.60%，居世界第六位。菲律宾也是世界主要的香蕉出口国之一，2016 年菲律宾出口香蕉 139.75 万吨，占菲律宾

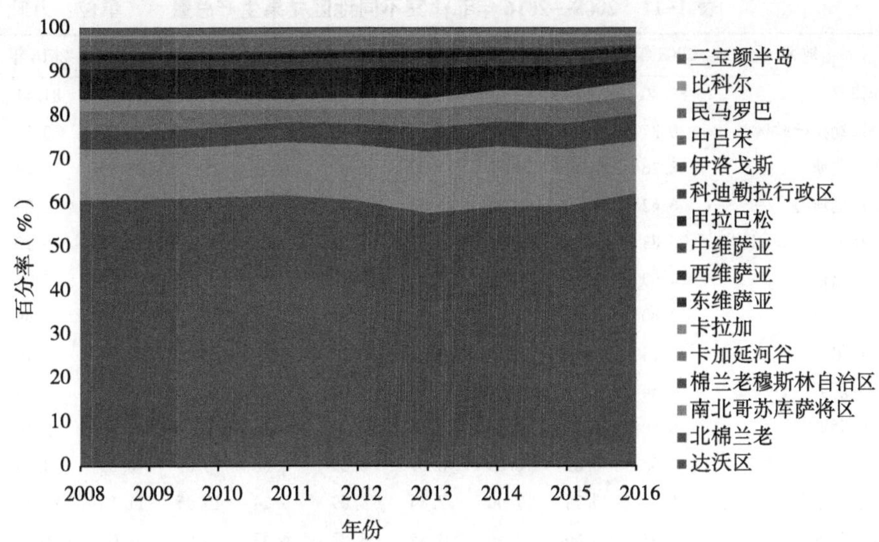

图 4-6　菲律宾各地区香蕉生产总量所占比例

数据来源：菲律宾统计局，2018

香蕉总生产量的 23.97%，位居世界香蕉出口国第五位。据联合国粮食及农业组织（FAO）统计，菲律宾 1970 年出口香蕉 1.07 万吨，随着香蕉产量的增加，香蕉出口量也显著提高，到 1993 年增长至 115.35 万吨；此后一直到 2013 年达到最高，为 326.76 万吨。

(三) 杧　果

杧果是菲律宾种植面积仅次于香蕉的水果。据菲律宾统计局数据显示，菲律宾杧果收获面积在 1990 年为 7.71 万公顷，此后面积逐年扩大，2010 年达到自 1990 年以来的最大面积，为 18.94 万公顷，年增长率为 4.84%；随后面积略有缩小，但仍保持在 18 万公顷以上，到 2016 年为 18.78 万公顷，比 1990 年增加了 11.07 万公顷。菲律宾杧果产量在 1990 年为 45.40 万吨，此后随着收获面积的逐年扩大，总产量也随之提高，2007 年，杧果产量达到自 1990 年以来的最高值，为 102.40 万吨；此后产量有所减少，但仍保持在 70 万吨以上，2016 年，菲律宾杧果产量为 81.41 万吨，比 1990 年增加了 36.01 万吨（图 4-7）。

虽然菲律宾的杧果栽培遍及全国各地，但主要的种植园集中在伊洛戈斯和三宝颜半岛两个地区，这两个地区的杧果产量几乎占全国杧果总产量的 50%。但近年来伊洛戈斯产区的杧果产量明显下降（表 4-11、图 4-8）。

表 4-11　2008—2016 年菲律宾不同地区杧果生产总量　（单位：万吨）

地区	2008 年	2009 年	2010 年	2011 年	2012 年	2013 年	2014 年	2015 年	2016 年
菲律宾	88.40	77.14	82.57	78.81	76.84	81.64	88.50	90.27	81.41
科迪勒拉行政区	0.37	0.37	0.37	0.37	0.33	0.34	0.36	0.33	0.31
伊洛戈斯	38.26	29.40	29.10	27.67	26.52	26.05	27.11	25.95	20.94
卡加延河谷	6.62	3.79	5.88	4.64	3.49	4.80	5.37	5.02	6.09
中吕宋	6.83	5.85	6.44	6.41	5.98	7.05	6.90	6.88	6.20
甲拉巴松	4.09	4.24	4.49	5.86	5.52	5.43	5.95	5.90	5.05
民马罗巴	0.80	0.83	0.96	0.96	0.98	1.02	1.18	1.29	1.49
比科尔	0.14	0.14	0.15	0.14	0.15	0.15	0.16	0.17	0.19
西维萨亚	4.64	4.45	5.04	4.53	4.59	4.79	4.45	5.20	3.88
中维萨亚	6.58	6.53	7.10	6.50	6.77	7.16	7.51	8.63	5.16
东维萨亚	0.08	0.09	0.09	0.09	0.09	0.08	0.05	0.05	0.05
三宝颜半岛	5.31	5.78	7.40	7.84	8.09	9.24	10.95	11.62	11.49
北棉兰老	3.33	3.59	3.76	3.55	3.82	4.47	4.52	5.07	5.08
达沃区	3.66	3.70	3.39	2.97	3.18	3.22	5.37	5.43	5.28
南北哥苏库萨将区	4.75	5.37	5.63	5.23	5.34	5.51	5.97	5.86	4.69
卡拉加	1.72	1.54	1.55	1.22	1.26	1.56	1.57	1.72	1.71
棉兰老穆斯林自治区	1.21	1.48	1.21	0.82	0.74	0.77	1.09	1.15	1.19

数据来源：菲律宾统计局，2018

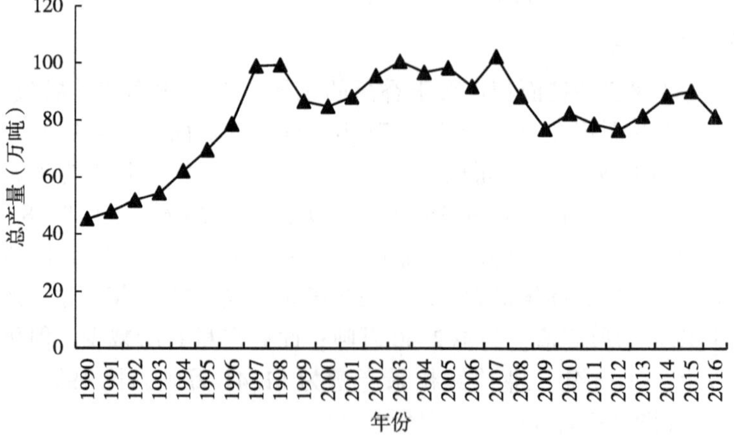

图 4-7　1990—2016 年菲律宾杧果总产量变化情况

数据来源：菲律宾统计局，2018

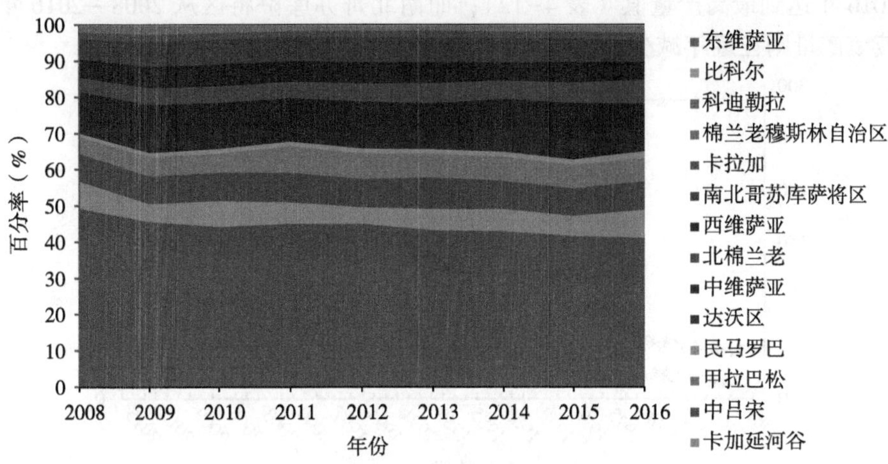

图 4-8　菲律宾各地区杧果生产总量所占比例

数据来源：菲律宾统计局，2018

(四) 菠　萝

菠萝是菲律宾种植面积仅次于香蕉的水果。据联合国粮食及农业组织（FAO）数据库统计，菲律宾菠萝收获面积在 1961 年为 1.66 万公顷；此后菠萝收获面积呈起伏状态，但总收获面积在逐年扩大，2016 年达到 1961 年以来最大收获面积，为 6.52 万公顷，总面积比 1961 年增加了 4.86 万公顷，1961—2016 年菲律宾菠萝总收获面积年均增长率为 2.57%。同时，自 1961 年以来，总产量也随着收获面积的逐步增加而持续增产，2016 年达到自 1961 年以来最高产量，为 261.25 万吨，比 1961 年的 11.6 万吨增加了 249.65 万吨，1961—2016 年间菲律宾菠萝总产量年均增长率为 5.94%。

随着菲律宾政府对生产管理技术的重视，菠萝品种的培育与改良不断加强，以及政府对水利灌溉等设施的修缮，极大地促进了国内菠萝单产水平的大幅提高。1961 年菲律宾菠萝单产水平仅为 6.99 吨/公顷，之后逐年稳步提高，到 2012 年单产达 41.02 吨/公顷，达到历史最高单产量；此后单产水平略有降低，2016 年为 40.05 吨/公顷，但与 1961 年相比，每公顷收获面积的菠萝平均产量增加了 33.06 吨（图 4-9）。

菲律宾菠萝生产虽然在全国境内都有种植，但主要的种植区集中在棉兰老岛的北棉兰老和南北哥苏库萨将两个区，两个区的菠萝总产量占全国总产量的 80%以上；其他地区菠萝种植既不成规模，种植面积也小，只是零星种植。北棉兰老区的菠萝产量变化与总产量变化趋势相同，逐年稳步增长，到

2016年达到最高产量值（表4-12）；而南北哥苏库萨将区从2008—2016年菠萝产量则在逐年减少。

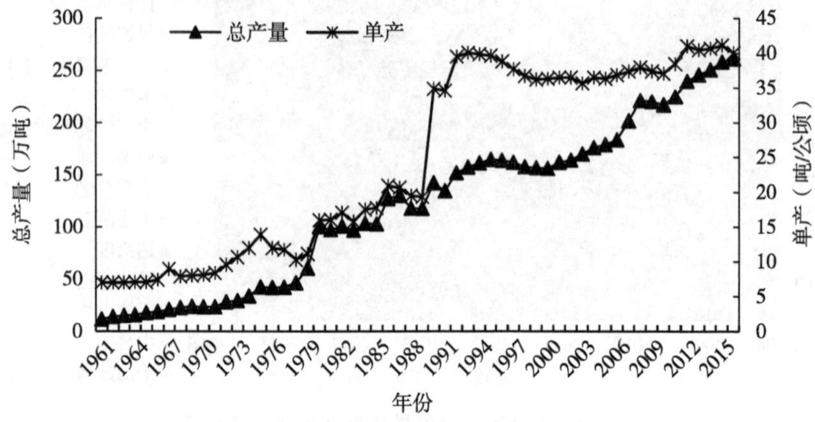

图4-9　1961—2016年菲律宾菠萝总产量和单产变化情况

数据来源：联合国粮食及农业组织（FAO）数据库，2018

表4-12　2008—2016年菲律宾不同地区菠萝生产总量　（单位：万吨）

地区	2008年	2009年	2010年	2011年	2012年	2013年	2014年	2015年	2016年
菲律宾	220.93	219.85	216.92	224.68	239.77	245.85	250.71	258.27	261.25
科迪勒拉	0.07	0.07	0.07	0.07	0.07	0.08	0.08	0.08	0.08
伊洛戈斯	0.02	0.02	0.02	0.02	0.02	0.02	0.02	0.02	0.02
卡加延河谷	3.08	3.26	2.94	2.67	2.83	3.12	3.38	3.51	3.48
中吕宋	0.14	0.14	0.15	0.14	0.15	0.15	0.16	0.17	0.16
甲拉巴松	8.62	8.84	8.76	8.62	8.64	8.82	8.54	8.87	9.25
民马罗巴	0.02	0.02	0.03	0.03	0.03	0.04	0.04	0.04	0.06
比科尔	11.15	11.00	11.22	11.61	12.17	12.50	12.34	13.06	13.80
西维萨亚	1.52	1.54	1.43	1.63	1.63	1.63	1.71	1.68	1.25
中维萨亚	0.49	0.49	0.42	0.46	0.46	0.54	0.69	0.63	0.08
东维萨亚	0.74	0.75	0.75	0.74	0.75	0.75	0.67	0.72	0.80
三宝颜半岛	0.24	0.23	0.20	0.19	0.17	0.18	0.19	0.17	0.14
北棉兰老	100.70	102.69	106.76	115.97	129.46	134.16	139.27	146.84	151.69
达沃区	2.23	2.24	2.28	2.53	2.82	2.81	2.81	2.69	2.63
南北哥苏库萨将区	91.33	87.98	81.33	79.48	80.01	80.61	80.43	79.43	76.67
卡拉加	0.47	0.47	0.47	0.41	0.46	0.35	0.28	0.27	0.28
棉兰老穆斯林自治区	0.11	0.11	0.11	0.11	0.10	0.11	0.10	0.09	0.09

数据来源：菲律宾统计局，2018

三、主要经济作物

菲律宾种植的主要经济作物有椰子、甘蔗、天然橡胶、马尼拉麻、咖啡（主要包括阿拉比卡咖啡、高种咖啡、大粒种咖啡、中粒种咖啡）、油棕、可可、腰果、烟草、菲律宾橄榄等。据菲律宾统计局数据显示，2016 年菲律宾主要经济作物收获面积为 458.60 万公顷，年总产量为 3 742.49 万吨。其中椰子、甘蔗、天然橡胶位居前三位，是菲律宾的主要经济作物。

（一）椰　子

菲律宾椰子种植面积居世界之首，2016 年椰子种植面积占世界总面积的 29.31%，椰子业是菲律宾大量农民赖以生存的重要产业，也是菲律宾种植面积最大的经济作物之一。据联合国粮食及农业组织（FAO）数据库统计，菲律宾椰子收获面积在 1961 年为 120 万公顷；此后椰子收获面积逐年稳步增加，2012 年达到 1961 年以来最大收获面积，为 357.46 万公顷，总面积比 1961 年增加了 237.46 万公顷，1961—2016 年菲律宾椰子总收获面积年均增长率为 2.21%。2016 年，菲律宾椰子种植面积为 356.51 万公顷。同时，自 1961 年以来，总产量也随着收获面积的逐步增加而持续增产（图 4-10），2012 年达到自 1961 年以来最高产量，为 1 586.38 万吨，比 1961 年的 502.32 万吨增加了 1 084.06 万吨，1961—2012 年菲律宾椰子总产量年均增

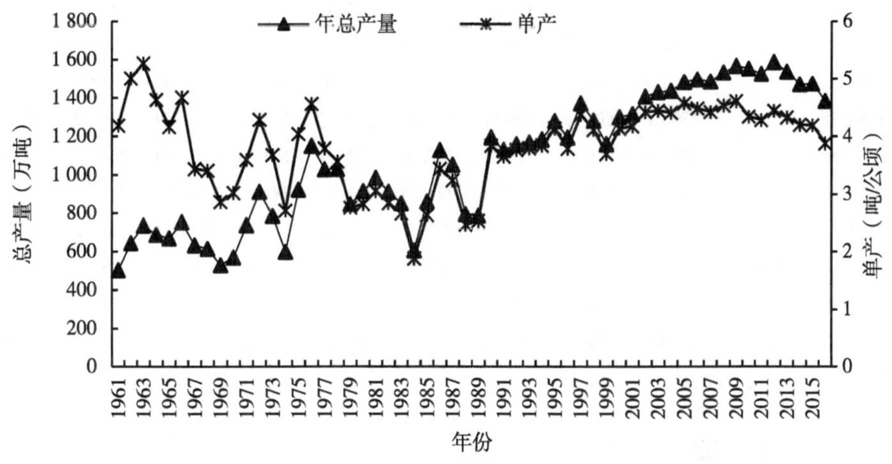

图 4-10　1961—2016 年菲律宾椰子总产量和单产变化情况

数据来源：联合国粮食及农业组织（FAO）数据库，2018

长率为0.12%。2016年菲律宾椰子总产量为1 382.51万吨。椰子的单产从1961—2016年的变化不大，在1961年椰子单产为4.82吨/公顷，在1984年，由于受到气候、病虫害等的影响，单产仅1.87吨/公顷，此后单产又逐渐增加，到2016年增加到3.88吨/公顷，但仍没有回到有记录以来的最高单产量。

菲律宾椰子虽然在境内各地均有种植（表4-13），但主要的种植区集中在棉兰老岛，约60%的菲律宾椰子种植在棉兰老岛。此外，吕宋岛的甲拉巴松区、比科尔区和维萨亚的东维萨亚区也是椰子种植的主产区。种植面积最大的区是棉兰老岛的达沃区，2016年该区椰子种植面积占菲律宾总种植面积的13.70%。

表4-13　2008—2016年菲律宾不同地区椰子生产总量　（单位：万吨）

地区	2008年	2009年	2010年	2011年	2012年	2013年	2014年	2015年	2016年
菲律宾	1 531.95	1 566.76	1 551.03	1 524.46	1 586.38	1 535.43	1 469.63	1 473.52	1 382.51
科迪勒拉	0.09	0.09	0.09	0.09	0.10	0.11	0.12	0.12	0.10
伊洛戈斯	3.61	3.80	3.74	3.85	3.93	4.05	4.10	3.95	4.02
卡加延河谷	7.78	7.19	6.73	5.98	6.62	7.16	7.44	7.71	7.72
中吕宋	18.91	19.97	21.04	21.26	20.90	17.94	18.92	16.77	10.08
甲拉巴松	136.29	143.01	139.46	139.09	141.74	143.48	138.05	137.93	151.74
民马罗巴	58.06	66.84	65.92	71.29	74.55	77.91	80.69	81.81	75.87
比科尔	115.98	125.72	126.95	120.17	124.05	125.55	112.44	110.57	108.11
西维萨亚	48.27	47.83	47.27	45.98	47.80	47.07	35.98	41.09	31.06
中维萨亚	39.39	43.46	42.97	43.83	45.10	45.90	44.81	43.20	26.16
东维萨亚	180.51	177.69	176.91	177.00	177.15	162.36	119.19	116.59	107.27
三宝颜半岛	171.49	174.47	171.30	155.76	173.04	174.38	165.90	168.21	152.98
北棉兰老	171.34	174.33	175.72	174.59	181.65	181.66	183.84	185.17	180.24
达沃区	267.12	269.19	263.59	262.72	272.02	227.60	233.21	224.62	189.47
南北哥苏库萨将区	87.01	89.51	86.43	87.99	98.52	104.06	107.17	115.98	95.84
卡拉加	101.11	98.54	97.42	87.94	88.09	83.49	82.15	80.47	77.55
棉兰老穆斯林自治区	125.01	125.10	125.48	126.93	131.12	132.73	135.62	139.32	137.65

数据来源：菲律宾统计局，2018

（二）甘　蔗

菲律宾是东南亚主要的产糖国之一，也是美国主要糖进口来源国。制糖工业提供就业岗位约70万个，甘蔗是菲律宾重要的经济作物之一。在菲律宾，甘蔗主要作为糖原料加工成精糖和原糖①。据联合国粮食及农业组织（FAO）数据显示，菲律宾甘蔗收获面积在1961年，为23.22万公顷，此后面积逐年增加，到1977年达到最大收获面积，为57.32万公顷；1977—1988年，甘蔗收获面积逐年减少，从1977年的57.32万公顷下降到1988年的21.56万公顷；从1989年开始，甘蔗收获面积有所增加；此后，从1993年到2016年甘蔗收获面积基本保持在30万~43万公顷；到2016年，收获面积为41.01万公顷，比1961年增加了17.79万公顷。同时，甘蔗的总产量从1961年的1 746万吨逐年增加（图4-11），在1975年达到最大总产量，为3 586.80万吨；此后随着甘蔗面积的减少，总产量也减少，2011—2016年总体保持在2 000万吨以上，2016年为2 237.05万吨。单产从1961年的75.19吨/公顷，减少到2016年的54.55吨/公顷，平均每公顷减少甘蔗产量20.64吨。

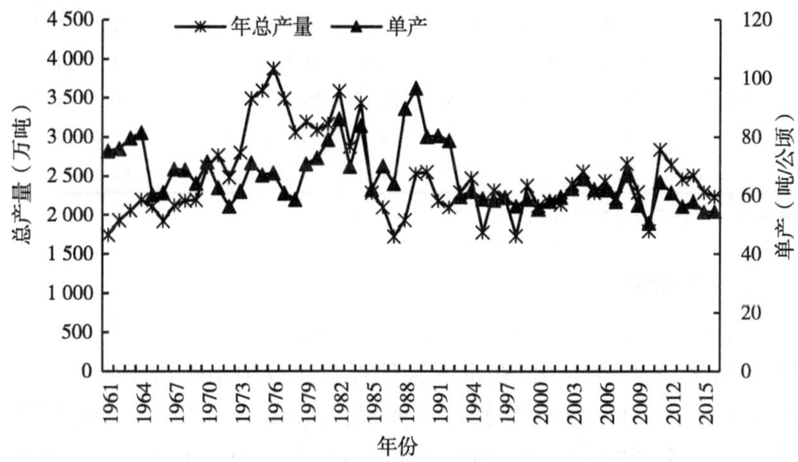

图4-11　1961—2016年菲律宾甘蔗总产量和单产变化情况

数据来源：联合国粮食及农业组织（FAO）数据库，2018

菲律宾的甘蔗生产主要集中在3个区域（表4-14）：吕宋岛的甲拉巴松区、维萨亚的西维萨亚区和棉兰老岛的北棉兰老区。2016年，按区域分布的甘蔗产量中，西维萨亚占比达66.70%，占优势地位；棉兰老和甲拉巴松分别占12%和7%。

① 菲律宾制糖业发展状况浅析［EB/OL］.［2018-12-15］. http：//world. people. com. cn/n/2015/0714/c157278-27301842. html.

表 4-14　2008—2016 年菲律宾不同地区甘蔗生产总量　（单位：万吨）

地区	2008 年	2009 年	2010 年	2011 年	2012 年	2013 年	2014 年	2015 年	2016 年
菲律宾	2 660.14	2 293.28	1 792.93	2 837.65	2 639.59	2 458.48	2 502.99	2 292.64	2 237.05
科迪勒拉	0.98	1.02	0.70	0.80	0.76	1.29	4.97	5.18	4.18
伊洛戈斯	1.90	2.00	1.96	1.86	1.90	1.93	1.93	1.95	1.96
卡加延河谷	26.34	20.22	18.15	17.63	25.18	49.15	56.91	58.38	56.20
中吕宋	132.13	103.41	84.09	99.90	139.40	99.70	92.31	67.84	72.03
甲拉巴松	245.78	179.17	166.58	213.24	191.89	178.40	157.81	174.17	166.35
民马罗巴	—	—	—	—	—	—	—	—	—
比科尔	32.00	24.63	22.40	30.60	28.20	25.93	25.92	23.90	26.41
西维萨亚	1 377.05	1 246.96	977.87	1 541.87	1 457.75	1 388.61	1 452.39	1 342.05	1 492.16
中维萨亚	290.54	203.57	149.78	251.70	205.54	205.45	227.25	194.43	33.34
东维萨亚	55.31	40.69	35.29	51.67	39.58	31.83	34.86	17.94	33.34
三宝颜半岛	0.04	0.04	0.04	0.04	0.03	0.03	0.03	0.01	0.01
北棉兰老	342.14	349.31	254.92	487.07	404.54	349.62	344.11	306.55	276.68
达沃区	57.45	52.47	25.68	53.51	45.32	43.82	33.57	20.87	27.04
南北哥苏库萨将区	92.64	65.31	50.57	82.15	90.22	73.51	63.30	68.04	43.74
卡拉加	0	0	0	0	0	0	0	0	0
棉兰老穆斯林自治区	5.83	4.47	4.89	5.61	9.28	9.22	7.64	11.33	3.61

数据来源：菲律宾统计局，2018

（三）天然橡胶

天然橡胶也是菲律宾重要的经济作物。2016 年菲律宾产胶 32.27 万吨，约占世界总产胶量的 2.5%，在世界天然橡胶产胶国中位居第九位。随着菲律宾政府大力倡导扩大天然橡胶种植面积，从 1961 年以来，菲律宾天然橡胶收获面积就不断扩大。从 1961 年的 1.01 万公顷一直扩大到 2015 年的 22.26 万公顷，增加了 21.25 万公顷，年均增长率为 6%；2016 年收获面积有所减少，为 21.56 万公顷。与此同时，天然橡胶的单产水平也在不断提高，从 1961 年的 0.37 吨/公顷提高到 2005 年的 3.85 吨/公顷，天然橡胶平均每公顷产量增加了 3.48 吨。随着菲律宾政府对天然橡胶种植面积的不断扩大、胶园管理水平的提升及割胶技术的提高，菲律宾天然橡胶年总产量显著提高，从 1961 年的 0.37 万吨大幅增加到 2014 年的 45.30 万吨，1961—2014 年天然橡胶年均增长率为 9.68%；此后由于胶园的更新，总产量逐年下降，到 2016 年总产量为 36.26 万吨（图 4-12）。

菲律宾天然橡胶种植区主要集中在棉兰老岛，其三宝颜半岛、北棉兰

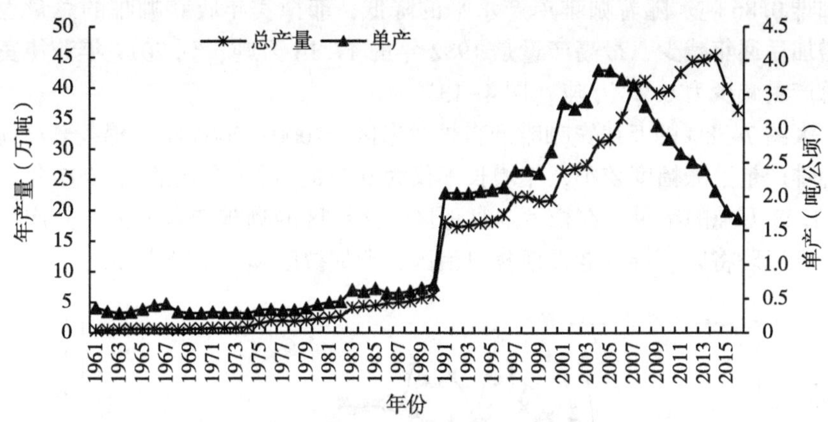

图 4-12 1961—2016 年菲律宾天然橡胶总产量和单产变化情况

数据来源：联合国粮食及农业组织（FAO）数据库，2018

老、达沃区、南北哥苏库萨将区、卡拉加及棉兰老穆斯林自治区都是天然橡胶的主要栽培区。2016 年，按区域分布的天然橡胶产量中，三宝颜半岛占比达 45.34%，占优势地位；其次是南北哥苏库萨将区，占比为 28.23%；棉兰老穆斯林自治区和达沃区、北棉兰老、卡拉加分别占 16.37%、6.70%、3.54%和 3.42%。

（四）咖　啡

菲律宾咖啡主要包括阿拉比卡咖啡、高种咖啡、大粒种咖啡、中粒种咖啡。在 20 世纪 90 年代以前，菲律宾曾是优良品种中粒种咖啡的主要生产国。目前，菲律宾生产的两个最受欢迎的咖啡品种是中粒种和小粒种。中粒种咖啡占菲律宾咖啡总产量的 75%，而小粒种咖啡仅占 5%~10%，其他品种的咖啡如高种咖啡和大粒种咖啡占 15%~20%。估计大约有 30 万菲律宾人以咖啡业为生。

菲律宾的咖啡从 1961 年开始，种植面积一直在扩大，但增长幅度并不大。1961 年菲律宾咖啡收获面积仅 3.9 万公顷，到 1991 年收获面积达到历史最大面积为 14.54 万公顷；此后，收获面积有所减少，到 2017 年，收获面积减少为 11.28 万公顷。与此同时，咖啡的单产在 1961—1974 年保持平稳，维持在 0.8 吨/公顷左右的水平；1975 年单产水平提高至 1.40 吨/公顷，到 1979 年达到历史最高单产记录为 1.41 吨/公顷；此后单产水平出现下降，到 1983 年，减少为 1.07 吨/公顷；此后菲律宾咖啡单产水平呈逐年减少的趋势，到 2017 年，单产已降低为 0.55 吨/公顷，比最高单产时每公顷少收获咖啡 0.86 吨。随着咖啡单产水平的降低，菲律宾年收获咖啡的总量也是先增加后逐年减少，最高产量是 1982 年的 17.14 万吨；到 2017 年菲律宾咖啡总产量减少为 6.21 万吨（图 4-13）。

大约 74.8%的菲律宾咖啡产自棉兰老区。2000—2005 年，棉兰老岛地区的咖啡产量上涨幅度较小，年增长率仅为 0.3%，增长最快的是 2002 年，创下 21.23 万吨的纪录。在棉兰老岛地区，达沃区的咖啡产量最大，其次是南北哥苏库萨将区、棉兰老穆斯林自治区、卡加拉区和三宝颜半岛。

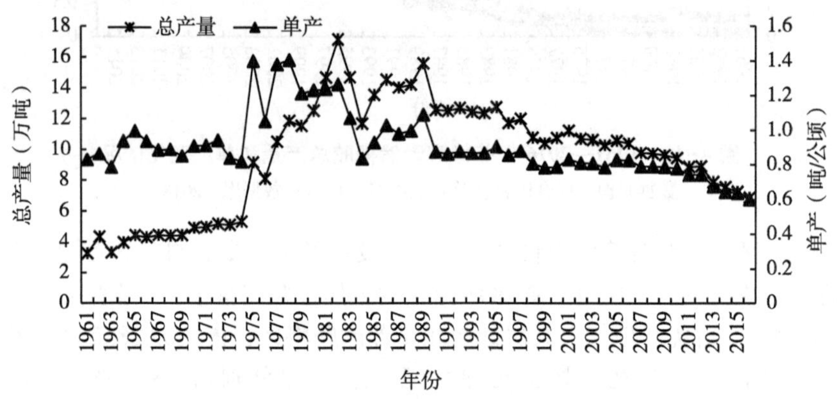

图 4-13　1961—2016 年菲律宾咖啡总产量和单产变化情况

数据来源：联合国粮食及农业组织（FAO）数据库，2018

（五）可　可

菲律宾可可种植面积和产量并不大（图 4-14），在 1961 年，其收获面积仅 9 040 公顷，年产可可豆 3 200 吨，单产 0.35 吨/公顷；1961—1978 年，收获面积逐年减少，1978 年减少到仅 4 150 公顷；1978 年后收获面积有所扩大；收获面积最大的是 1993 年，为 16 794 公顷；2016 年，菲律宾可可豆收获面积为 14 816 公顷，年产量仅 6 263 吨，单产 0.42 吨/公顷。随着食品行业的广泛使用，中产阶级消费增长，菲律宾对可可的需求量强劲。据菲律宾农业部测算，到 2020 年可可年需求量将达 5 万吨，而 2016 年产量还不到 1 万吨。菲律宾农业部成立行业协会，采取各项措施，推动可可生产，力争到 2020 年可可产量达到 10 万吨①。

菲律宾棉兰老岛生产菲律宾 90%的可可，其中达沃地区的产量在 80%

① 佚名．菲律宾政府推动可可种植业［J］．世界热带农业信息，2016（2）：24.

左右。

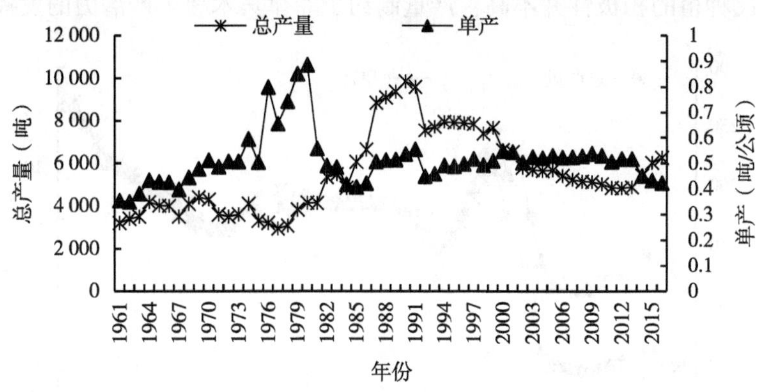

图 4-14　1961—2016 年菲律宾可可豆总产量和单产变化情况

数据来源：联合国粮食及农业组织（FAO）数据库，2018

四、其他农作物

菲律宾种植的其他农作物主要是木薯、甘薯等薯类品种；苦瓜、黄瓜、南瓜等瓜类蔬菜；甘蓝、生菜、白菜、芹菜、芫荽、花椰菜、莴苣等叶菜类蔬菜；萝卜、胡萝卜、马铃薯、洋葱、蒜等根茎类蔬菜；辣椒、茄子等茄果类蔬菜；豇豆、青豆等豆类蔬菜；芋头和雍菜等，以及当地人比较喜欢的山葵叶和各种野菜等。

木薯是菲律宾重要的粮食替代物，在国内大米、玉米等粮食作物产量不足时，木薯是主要的粮食补充作物。菲律宾的木薯从 1961 年有数据记录开始，其种植面积开始扩大，在 1961 年，木薯收获面积为 10. 03 万公顷，收获面积略有减少，一直到 1971 年后，收获面积开始快速上升，1980 年收获面积达到 20. 41 万公顷，此后一直到 2016 年，收获面积都保持在 20 万公顷左右。随着收获面积的增加，菲律宾木薯总产量和单产也在呈起伏增长态势（图 4-15）。从 1961 年的总产量 51. 23 万吨，单产 5. 19 吨/公顷，增加至 1979 年的 203 万吨，单产 10. 60 吨/公顷；此后木薯产量急速减少；1983 年后木薯总产量逐年稳步提升；2016 年菲律宾木薯产量 281 万吨，比上年（271 万吨）增长了 3. 69%；每公顷单产 12. 51 吨，比上年增长了 2. 92%。

木薯主要产区在棉兰老岛，2015 年该地区生产了 150 万吨木薯，占总产量的 55. 6%。但是菲律宾农民通常只是以自然的方式种植木薯，生产与管理十分粗放。不施肥，不使用除草剂，品种单一（主要是 Gold Yellow，食用品种)，没有使用品质优良的品种，使其单产并不高；加上缺乏有效的推广体系，农民种植的积极性并不高，严重制约了菲律宾木薯生产潜力的发挥。

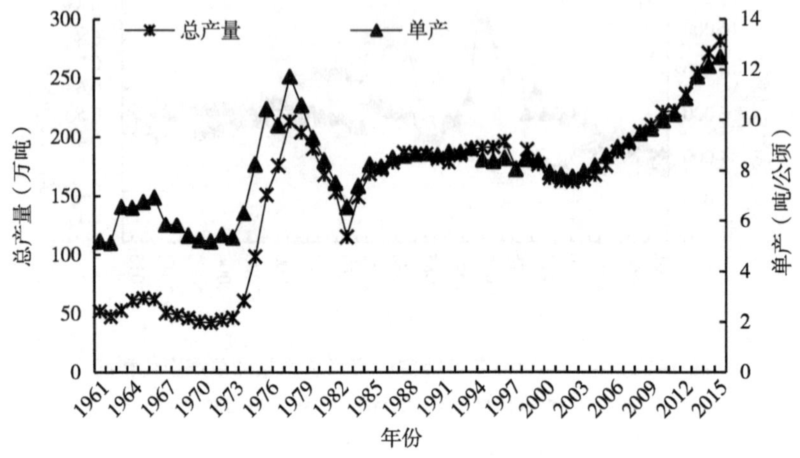

图 4-15　1961—2016 年菲律宾木薯总产量和单产变化情况

数据来源：联合国粮食及农业组织（FAO）数据库，2018

五、菲律宾农业开发策略

"二战"后，菲律宾政府的农业发展政策大致经历了 4 个不同的阶段：第一阶段是为推行以追加土地与劳力的传统农业开发政策，第二阶段是为推行集约型现代农业开发政策，第三阶段是为推行农业旗舰方案开发政策，第四阶段是为面向市场的现代农业发展政策①。

（一）传统的粗放型农业开发政策

20 世纪五六十年代期间，菲律宾政府为了减轻农村地区贫困加剧、阶级关系紧张的矛盾，加快发展经济作物的生产，政府主要采用增加土地与劳力的传统农业开发模式，将小规模的个体农户从人口稠密的吕宋地区迁移到尚未开发的内地和棉兰老岛。在 1953—1963 年，菲律宾政府用于移民拓荒的费用约 5 000 万比索，近 3 万家庭约 20 多万人口得到安置。1963 年，菲律宾政府新设立的土地署推行了一项大规模的垦荒移民方案。方案实施期间，共开垦了 38.36 万公顷的农田与住宅用地，安置了 23 573 户人家，约 16 万人口，传统农业开发模式取得一定成效。到 60 年代末期，随着人口的急剧

① 沈红芳．菲律宾农业开发战略浅析［J］．东南亚研究，2002（2）：17-22.

增长与耕地面积的减少，以及新开垦的土地因缺乏灌溉设施，无法推行一整套技术改进措施而实现粗放型农业经营，导致土地的劳动生产率下降。在荒地开拓率迅速递减的前提下，依靠土地和劳力追加的粗放型农业开发模式已无法达到农业增产的目的，于是开始过渡到集约型现代农业开发模式①。

（二）集约型现代农业开发

菲律宾在70年代兴起了“绿色革命”，即利用设立在菲律宾内湖省洛斯巴诺斯国际水稻研究所研制的高产水稻品种，施用大量特定的化肥、杀虫剂、除草剂，以及使用机械化农业工具，包括拖拉机、动力耕种机、灌溉水泵、烘干机、打谷机等，增加粮食产量，最终实现大米自给。由于现代农业价格昂贵，超过农民的支付能力，菲律宾同时推行了与绿色革命相配套的措施，即“稻谷九九丰收方案”。这项又被称之为“民族生存方案”，实质上是全国性贷款方案。为了尽快解决大米供给问题，菲律宾还实行法人公司耕种制。1974年5月颁布的政府第47号法令规定，雇工500人以上的国内法人公司在经济许可的情况下，需通过进口和直接耕种等途径，解决雇工的大米与玉米的需求问题。同年颁布的总统第472号总统法令，要求林木承租场和公共牧场承租者在他们所承租的区域内种植大米或其他粮食作物，满足雇工的需求。菲律宾政府对绿色革命贷款的其他倾斜性限制条件，如无灌溉设施或高山地区的稻农与无地者无权获得贷款等，进一步加深并扩大了农村地区的贫困与两极分化。随着菲律宾在20世纪80年代中期重新沦为大米进口国，菲律宾的以绿色革命为特征的农业开发战略宣告失败。80年代，菲律宾政府在农村地区推行规模宏大的国民生计运动（又称KKK）与农村综合开发计划，以减少70年代农业发展战略的失误所引发的农村地区尖锐的社会矛盾。但终因政府财力有限、政府贷款款项被官员挪用贪污，以及款项不适当运用，导致资金短缺而陷于停顿②。

（三）农业旗舰方案开发

在接受了以往的经验教训之后，菲律宾政府于90年代开始实施旗舰方案——农业开发战略，取代以往在农村地区进行的发展战略。菲律宾政府主要采取直接干预措施，加大对资源条件好，有潜能的农业地区的财政投资，确定农业重点产区的旗舰方案，并为确保旗舰方案的发展提供必要的农村基

① 沈红芳．菲律宾农业开发战略浅析［J］．东南亚研究，2002（2）：17-22.

② 沈红芳．菲律宾农业开发战略浅析［J］．东南亚研究，2002（2）：17-22.

础设施的投资，包括修复和新建农田灌溉设施、产后设施、农村道路、提供技术培训和农业科技研究、扩大农业信贷。主要的旗舰方案包括加强粮食生产方案、高价值商品作物发展方案、中期渔业管理与发展方案、中期家畜发展方案①。

（四）面向市场的农业发展战略

在经济全球化和自由化浪潮的压力下，菲律宾农业发展战略在1997年之后有所改变。政府开始减少对农业部门的直接干预，推行面向市场的农业发展战略。在重视粮食生产的同时，促进农业种植业的全面发展和农业加工业的发展。1997年颁布的农业和渔业现代化法案（RA8435）规定，在农村地区推行高增值农作物发展方案（GMA），取代以前的高增值经济作物发展方案（GA）。为了减轻亚洲货币危机的影响，该项方案鼓励生产需要大量进口的农产品（如绿豆、花生），以节约外汇。政府对农业的干预从直接干预为主转为以间接干预为主，目的在于对私人部门的需要做出积极的反馈，以加强农产品的市场竞争力。主要措施：取消进口限制，并对农业投入物的进口免征关税，以加强农业部门的竞争力；政府不再对非公共货物与劳务实行补贴贷款，包括不再对贷款的获得和出口进行补贴；公共投资将集中在基础设施、政府的基础服务、社交与商务合作的准备和其他发展活动，基本公共货物的供给方面②。

为了缓解亚洲金融危机之后农村地区贫困加剧状况，菲律宾政府尤为关注粮食安全，并将粮食生产放在优先位置。通过在高增值农作物发展方案（GMA）框架下推行的粮食方案，以实现建立高产、赢利、具有竞争力的粮食部门。此外，粮食方案将继续推行“稻种体系行动方案”，鼓励使用合格的高产稻种③。

第三节　畜牧业

一、畜牧业概况

菲律宾畜牧业的发展从20世纪80年代起，以生猪产业和家禽产业迅速

① 沈红芳．菲律宾农业开发战略浅析［J］．东南亚研究，2002（2）：17-22.

② 沈红芳．菲律宾农业开发战略浅析［J］．东南亚研究，2002（2）：17-22.

③ 沈红芳．菲律宾农业开发战略浅析［J］．东南亚研究，2002（2）：17-22.

增长为支撑得到大力发展。菲律宾政府为了发展本国的畜牧业，采取了优先发展畜禽产业的战略，促进奶牛/肉牛和小型反刍动物的品种改良、投资产前和产后设备及基础设施建设，并支持相关生物技术研究和发展。据菲律宾统计局数据显示，2015 年菲律宾畜牧业产值 2 541. 36 亿比索（表 4-15），占农业总产值的 32. 19%，年增长率为 3. 38%，比 2014 年增加了 4 886 百万比索；其中，牲畜产值 1 323. 81 亿比索，占农业总产值的 16. 71%，年增长率 3. 83%；家禽产值 1 217. 55 亿比索，占农业总产值的 15. 42%，年增长率 5. 74%。2016 年，菲律宾牲畜（包括水牛、黄牛、猪、山羊、乳牛）的存栏量为 3 122 万头（表 4-16），总产量达 272. 42 万吨，2017 年产量增加为 275. 30 万吨，同比增长 1. 06%；2016 年家禽（包括鸡、鸭）103. 47 亿羽。吕宋岛是菲律宾家畜家禽的主要养殖区域，维萨亚和棉兰老岛两地也有各类家畜家禽养殖地分布，但占总比例不大。

表 4-15 2011—2015 年菲律宾畜牧业产值变化

项目	2011 年	2012 年	2013 年	2014 年	2015 年
农业总产值（百万比索）	747 353	768 836	777 178	787 995	789 511
年增长率（%）	2. 17	2. 87	1. 09	1. 39	0. 19
牲畜（百万比索）	122 679	124 041	126 216	127 495	132 381
年增长率（%）	2. 01	1. 11	1. 75	1. 01	3. 83
家禽（百万比索）	105 379	110 136	114 833	115 143	121 755
年增长率（%）	4. 37	4. 51	4. 26	0. 27	5. 74

数据来源：菲律宾统计局，2018；以 2000 年的不变价计算

表 4-16 2010—2016 年菲律宾主要牲畜存栏量 （单位：千吨）

种类	2010 年	2011 年	2012 年	2013 年	2014 年	2015 年	2016 年	2017 年
水牛	148. 02	147. 52	142. 73	141. 48	143. 03	142. 04	144. 68	144. 41
牛	251. 74	256. 26	253. 98	258. 45	261. 32	266. 90	270. 42	266. 30
猪	1 898. 16	1 940. 35	1 973. 62	2 012. 17	2 032. 3	2 120. 33	2 231. 66	2 265. 01
山羊	78. 45	78. 20	75. 66	75. 42	76. 10	77. 48	77. 45	77. 34

数据来源：Country STAT Philippines，Livestock and Poultry

二、养猪业

菲律宾的养猪业是在 20 世纪 50 年代后期开始发展的，之前饲养的猪主要是脂用型猪，多为农户小规模饲养的本地猪或退化了的外国猪；之后菲律

宾开始从美国、荷兰、比利时等国引进优良品种进行培育繁殖；到70年代除边远地区外，全国其他地区都选用优良猪种进行饲养。此外，菲律宾的商业性养猪场发展较快，比如1976—1979年，菲律宾家庭养猪存栏数只增长了1.03%，而商业性养猪场的存栏数却增长了32.6%①。从20世纪60年代以来，菲律宾生猪存栏量持续增长，从1961年的527万头一直增加到1980年的1 070万头，此后存栏数略有下降，1985年减少到约721万头；此后存栏数开始持续稳定的扩增，到2017年增加到2 714万头。菲律宾生猪的平均胴体重有所提高，从1961—1983年保持在40～50千克/头，从1993—2017年维持在67.5千克/头（图4-16）。生猪存栏量和生猪胴体重的变化，20世纪60年代以来，菲律宾猪肉产量经历了先缓慢增长后急速增长的变化过程。菲律宾猪肉产量在1961年为20.6万吨，此后持续增长，从1962—1985年猪肉产量保持在30万～50万吨，从1986年开始，菲律宾猪肉产量急速增长，2016年达到最高186.33万吨，到2017年为183.73万吨。

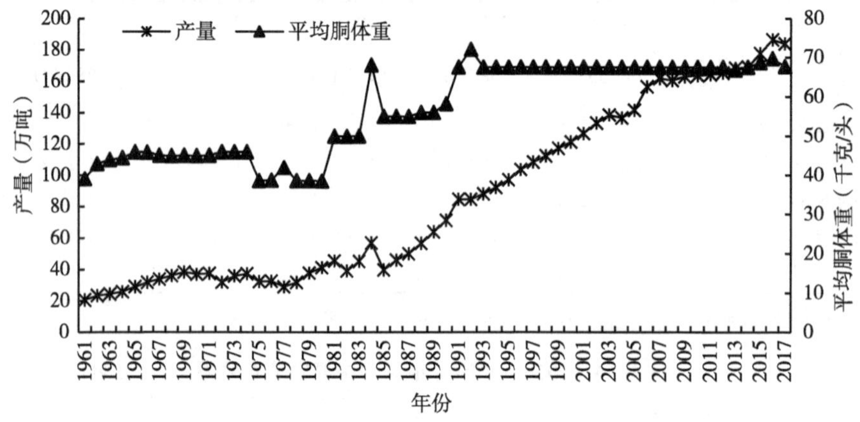

图4-16　1961—2017年菲律宾猪肉产量和生猪平均胴体重变化情况

数据来源：联合国粮食及农业组织（FAO）数据库，2018

根据表4-17可知，菲律宾是东盟第二大猪肉生产国，2017年其猪肉产量占东盟猪肉总产量的22.47%。菲律宾生产的猪肉主要供给国内消费，仅极少数是外销用；菲律宾猪肉贸易以进口为主，2016年仅出口3 089吨猪肉，而进口各类猪肉量达95 260吨。

① 陈祖荫．菲律宾的养猪业和肉食加工业［J］．食品科学，1983（2）：39-44.

表 4-17　2008—2017 年菲律宾与其他主要东盟国家猪肉产量的变化情况

（单位：万吨）

地区	2008 年	2009 年	2010 年	2011 年	2012 年	2013 年	2014 年	2015 年	2016 年	2017 年
菲律宾	160.60	162.88	163.58	164.16	165.29	168.11	169.07	177.57	186.33	183.73
越南	277.10	303.59	303.64	309.89	316.00	322.87	335.12	349.16	366.46	373.33
缅甸	46.32	52.63	57.61	60.93	66.19	73.05	82.11	86.32	87.40	96.06
泰国	89.45	87.10	89.53	87.96	94.93	96.73	94.89	94.06	92.14	90.23
印度尼西亚	20.98	20.01	21.20	22.48	23.21	29.84	30.23	33.02	33.96	34.42
柬埔寨	11.25	11.50	10.50	11.00	9.85	10.28	11.16	11.05	11.04	9.84
马来西亚	19.51	20.60	23.40	21.43	21.85	21.74	21.76	22.26	19.52	19.44
老挝	5.07	5.45	5.97	5.82	6.08	6.44	6.89	7.23	8.22	8.63
新加坡	1.93	1.75	1.88	1.90	1.96	1.90	1.97	2.14	2.13	2.07

数据来源：联合国粮食及农业组织（FAO）数据库，2018

菲律宾养猪业经过几十年的发展，现在已经形成了以国家主导、地方政府大力支持和养猪商业化迅速发展的格局。当前，菲律宾养猪业由 30%小型饲养和 70%商品化饲养构成①。政府为了发展本国养猪业，在农业部设立了动物工业局；同时，国家采取政策和法令等措施促进本国优良猪种的发展；在做好育种工作的同时，国家大力扶持饲料工业发展，如饲料所需的玉米、豆饼、鱼粉等均由国家组织进口，为了确保饲料营养成分，动物工业局还经常对饲料进行监督抽查。此外，全国成规模（一般饲养母猪不少于 100 头）的养猪户还组织成立了菲律宾养猪者协会，以交流养猪技术，向政府反映养猪业的要求，争取政府资助；同时，政府对个体农户小规模养猪也给予资助，如提供无息贷款、帮助购买仔猪和饲料等②。

三、养牛业

菲律宾的牛主要是水牛和黄牛，在早前主要用于耕作及运输。据联合国粮食及农业组织（FAO）数据（图 4-17），自 20 世纪 60 年代以来，菲律宾牛的存栏量保持在 450 万～550 万头。黄牛在 1961—1994 保持在 100 万～200 万头，1994 年后存栏量有所提高，保持在 250 万头左右；水牛在 1961—1967 年保持在 350 万头左右，1968—1974 年保持在 400 万～500 万头，此后存栏

① 菲律宾进口猪肉冲击当地养猪业［EB/OL］.［2018-12-15］. http://www.zhujiage.com.cn/article/201112/97571.html.

② 陈祖荫 . 菲律宾的养猪业和肉食加工业［J］. 食品科学，1983（2）：39-44.

量显著减少，仅200万头左右，在1993—1994年降低到最低点250万头左右；此后又逐年增加存栏量，但增加的数量也不多，到2017年菲律宾水牛存栏量为280万头。本地水牛属沼泽型水牛，历史上仅作畜力役用，日产奶量1.2千克。菲律宾每年国内消耗的奶制品约4亿美元，自产的奶制品只占全部牛奶供应量的2%①。

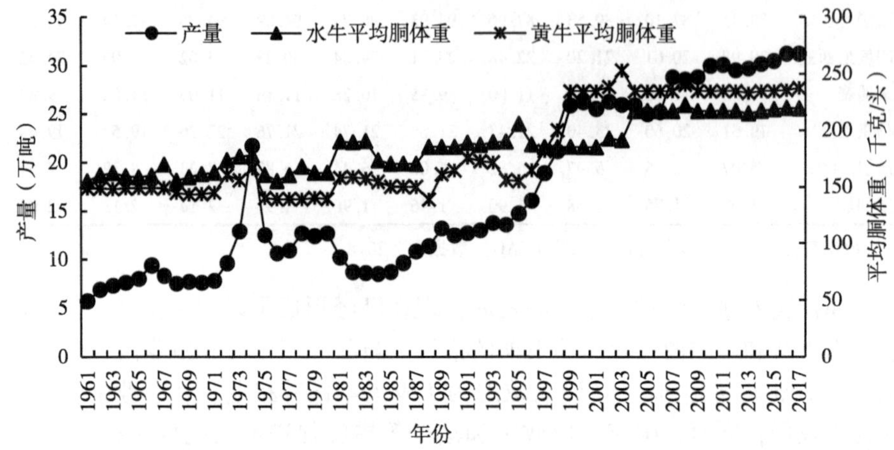

图4-17　1961—2017年菲律宾牛肉产量和平均胴体重变化情况

数据来源：联合国粮食及农业组织（FAO）数据库，2018

菲律宾水牛的平均胴体重在1961—1994年保持在150～200千克/头，1995年增加到205.3千克/头；1996—2003年保持在180千克/头左右；从2004年到2017年，保持在210千克/头，2017年为219千克/头；黄牛的平均胴体重1961年为148.6千克/头，一直到1999年才突破200千克/头，达到234.4千克/头，此后保持在230千克/头左右，到2017年为237.3千克/头。

菲律宾牛肉产量在1961—2017年呈现先增加后减少，随后再次逐渐增加的趋势。从1961年的5.7万吨增加到1974年的21.7万吨，此后牛肉产量明显下降，到1976年为10.6万吨；从1991年开始，牛肉产量开始稳步增加，到2017年，牛肉产量为31.22万吨。根据表4-18可知，菲律宾的牛肉生产量在东盟主要国家中位列前四位，2017年菲律宾牛肉产量占东盟牛肉总产量的15%。菲律宾生产的牛肉主要是供国内消费，而且还需要从国外进口

① 刘晓辉．菲律宾泰国发展水牛奶业的现状及经验［J］．中国牧业通讯，2003（16）：25-27.

大量的牛肉。2016年菲律宾国内牛肉生产量为31.23万吨，仅出口570吨；而进口各类牛肉11.60万吨。菲律宾政府为了提高国内养牛产业，从20世纪50年代开始对水牛的杂交改良工作；并得到了联合国发展计划署的援助。除此外还成立了水牛发展研究中心，对水牛的科研、饲养、采精、服务于一体开展相关工作。

表4-18　2008—2017年菲律宾与其他主要东盟国家牛肉产量的变化情况

（单位：万吨）

国家	2008年	2009年	2010年	2011年	2012年	2013年	2014年	2015年	2016年	2017年
菲律宾	28.60	28.84	30.00	30.06	29.50	29.69	30.15	30.47	31.23	31.23
印度尼西亚	43.15	44.40	47.24	52.07	54.59	54.27	53.29	54.21	55.04	56.40
缅甸	20.67	23.92	26.50	29.39	31.85	34.45	36.93	40.20	44.91	47.48
越南	33.32	36.89	38.43	38.65	38.24	37.09	37.88	38.55	39.52	40.96
老挝	4.35	4.43	4.52	4.65	4.90	4.94	5.03	5.25	5.32	5.48
马来西亚	3.83	4.22	4.65	4.88	5.13	5.17	5.29	5.05	4.80	4.96
泰国	17.37	17.89	20.11	18.79	17.37	16.62	16.19	14.70	15.12	15.42
柬埔寨	7.28	7.50	7.27	7.28	7.32	6.97	6.52	6.44	6.48	6.62

数据来源：联合国粮食及农业组织（FAO）数据库，2018

第四节　渔　业

一、渔业概况

太平洋、南海、西里伯斯海三大水域环绕的菲律宾群岛拥有多样化的渔业生态系统和丰富的渔业资源，其渔业作业区包括沿岸浅海区域、较深海域区域、珊瑚礁等海洋区域和沼泽地、鱼池、湖泊等内陆水域①。渔业是菲律宾国民经济的重要产业之一，自20世纪70年代菲律宾实施渔业发展规划以来，渔业经济发展迅速平稳。1977—2009年渔业产量增长了33.65倍，年均增长率为12.1%；1997年经历亚洲金融危机后，渔业产量增长率放缓，但仍显著高于其他农产品产量；2011年渔业总产量为483.25万吨，较1975年增长了3.72倍，年平均增长速度为3.61%；2016年，菲律宾渔业产品总产量

① 明俊超，闵宽洪，袁新华，等. 菲律宾水产养殖产业发展概况［J］. 安徽农学通报，2012，18（11）：172-176.

423.60 万吨，占全球渔业产品总产量的 2.09%，是全球 25 个主要渔业生产国之一，其中水产养殖 220.01 万吨，市政渔业 113.79 万吨，商业渔业 101.69 万吨。据菲律宾渔业与水产资源统计局数据显示（表 4-19），2009 年菲律宾渔业总产值为 2 156 亿比索，是 1977 年的 24.5 倍；到 2011 年，渔业总产值增加到 2 246.9 亿比索，在 1975—2011 年，年平均增长速度为 10.33%；到 2016 年，菲律宾渔业总产值为 2 289.34 亿比索，其中水产养殖 911.42 亿比索，占渔业总产值的 39.8%；市政渔业 789.26 亿比索，占渔业总产值的 34.5%；商业渔业 588.67 亿比索，占渔业总产值的 25.7%。

表 4-19　2011—2015 年菲律宾渔业产值变化

项目	2011 年	2012 年	2013 年	2014 年	2015 年
农业总产值（百万比索）	747 353	768 836	777 178	787 995	789 511
年增长率（%）	2.17	2.87	1.09	1.39	0.19
渔业（百万比索）	138 389	138 318	139 928	139 296	137 371
年增长率（%）	-5.56	-0.05	1.16	-0.45	-1.38

数据来源：菲律宾统计局，2018；以 2000 年的不变价计算

菲律宾还是世界主要渔业产品贸易国之一，进口量略大于出口量，但出口额明显高于进口额。据联合国粮食及农业组织（FAO）统计数据显示（表 4-20），2006 年菲律宾渔产品的出口量和出口额分别是 14.83 万吨和 41.96 亿美元；此后出口量总体上表现为先增加后减少的趋势，2013 年出口量最大为 31.80 万吨，但此后几年出口量有所减少，到 2016 年出口量为 23.44 万吨。与此同时，出口额先是持续增长，到 2013 年达到最大出口额为 118.58 亿美元，2014 年减少为 105.48 亿美元，到 2016 年出现大幅度下降为 73.58 亿美元。菲律宾出口的渔产品以新鲜或冷冻的鱼、甲壳类、软体类和其他水产品为主，如金枪鱼，新鲜、冷藏/冷冻或干燥的海藻，卡拉胶，海带粉等；菲律宾渔产品的出口国主要是美国、日本、德国、英国、中国等国家。菲律宾的渔产品进口量总体略高于出口量，但进口额却显著低于出口额。2006 年菲律宾渔产品进口量为 17.08 万吨，进口额为 10.31 亿美元；此后进口量总体上持续增加，到 2016 年达到最大进口量为 41.70 万吨；与此同时进口额也在逐年增长，到 2016 年达到最大进口额为 39.83 亿美元。菲律宾进口的渔产品主要以新鲜或冰冻的鱼、贝类鱼软体类水产品、鱼罐头和贝类鱼软体类水产品罐头为主。

表 4-20　2006—2016 年菲律宾渔业产品产量与贸易的变化情况

（单位：万吨；亿美元）

年份	产量			贸易					
	海洋捕捞	水产养殖	合计	出口量	进口量	合计	出口额	进口额	合计
2006	229.90	209.43	439.33	14.83	17.08	31.91	41.96	10.31	52.27
2007	246.09	221.68	467.77	15.94	19.36	35.30	49.95	13.29	63.25
2008	249.28	240.97	490.25	19.30	20.03	39.33	67.28	17.68	84.96
2009	251.62	247.94	499.56	18.38	27.36	45.74	58.50	20.33	78.84
2010	250.42	254.80	505.22	20.44	19.50	39.94	68.09	14.86	82.95
2011	222.24	261.01	483.25	23.17	20.37	43.54	71.12	19.33	90.45
2012	221.03	254.40	475.43	25.38	26.85	52.23	85.03	26.30	111.34
2013	220.62	237.54	458.16	31.80	25.79	57.59	118.58	27.87	146.45
2014	225.91	233.96	459.88	27.65	30.29	57.94	105.48	26.62	132.10
2015	216.44	235.02	451.46	22.52	38.48	61.00	80.53	36.97	117.50
2016	203.51	220.09	423.60	23.44	41.70	65.14	73.58	39.83	113.41

数据来源：菲律宾渔业产品产量数据来源于 *FAO Year book of Fishery and Aquaculture Statistics* 2016；菲律宾渔业产品贸易数据来源于联合国粮食及农业组织（FAO）的 *Fishery Commodities Global Production and Trade* 数据库，http：//www.fao.org/fishery/statistics/global-commodities-production/zh

菲律宾的商业渔业和市政渔业都是以捕捞为主，海洋捕捞的渔产品中高价值的经济鱼类占多数，其中产量最大的为圆竹荚鱼，其次是印第安沙丁鱼、金枪鱼、飞鱼等。水产养殖业近年来发展速度较快，但产值没有捕捞渔业产值高，主要是因为水产养殖以海藻养殖为主，产量虽高但产值比其他水产品要低。菲律宾是全球第二大水藻养殖国家，海藻养殖约占整个养殖产量的 67.95%。鱼、甲壳类、牡蛎产量也居世界前列；淡水养殖的品种主要是罗非鱼，咸淡水养殖、海水养殖主要为遮目鱼。虽然菲律宾渔业以海洋渔业为主，海洋渔业主要以捕捞为主，但菲律宾的捕捞装备比较落后，3 吨以上的轮船获得许可之后即可从事商业渔业捕捞，约占全国渔船数的 1.2% 。商业渔船主要分布在卡加延河谷区和国家首都区，占整个渔船数量的 1/3，2009 年仅卡加延河谷区的南哥打巴托市省就占全国商业捕捞产量的 17.94%①。

① 乔俊果．菲律宾海洋产业发展态势［J］．亚太经济，2011（4）：71-76.

二、渔业管理

目前，菲律宾的渔业行政机构是农业部的渔业水产资源署（BFRA）及其下属机构。渔业水产资源署是菲律宾农业部下属的负责发展、改善、管理和保护菲律宾的渔业和水生资源的政府机构。其主要职能是制订并实施全面的国家渔业产业发展计划、综合渔业研究等，但不限于海洋养殖、海洋牧场、热带/观赏鱼和海藻养殖，旨在提高资源生产率和资源利用效率，并确保渔业和水产资源的长期可持续性；签发商业渔船经营许可证；向从事商业捕鱼的渔民免费发放许可证；监测和审查菲律宾公民与在国际水域开展捕鱼活动的外国人之间的联合捕鱼协议，并确保此类协议不违反菲律宾根据国际条约和公海捕鱼公约所作的承诺；建立并维护一个全面的渔业信息系统；在渔业生产、加工和销售的各个方面提供广泛的发展支持服务；提供有关鱼类捕捞时（即船上渔船、着陆区、鱼市场、加工厂以及分销和销售链）提高鱼产品质量的咨询服务和技术援助；协调主要渔业生产者、地方政府部门、渔业和组织/合作社等开展的与渔业生产有关的工作；向地方政府部门提供咨询和协调，以维持渔市和鱼类着陆区的适当卫生和卫生习惯；与国防部、内政和地方政府部以及外交部合作建立一支专家队，以便有效监测、控制和监视菲律宾领海内的捕鱼活动，并提供必要的设施、设备和培训材料；监督渔业/水产品和鱼类加工企业进出口实施和检验制度是否符合国际标准，确保产品质量和安全；与地方政府部门和其他有关机构协调，在渔业社区制订提高生产力和市场发展方案，使妇女能够参与其他渔业/经济活动，并为发展努力做出重大贡献；制定和执行所有关于渔业资源保护和管理的法律法规和相关条例，除市政水域外，并与 NFARMC、地方政府机构和当地 FARMC 协商解决资源使用和分配的冲突；为国内消费和出口开发增值渔业产品；建议保护/加强渔业的措施；协助地方政府部门发展其在渔业资源开发、管理、监管和保护方面的技术能力；制定跨界鱼类和高度洄游鱼类养护和管理的法规和条例；履行其他相关职能，促进渔业和水产资源的开发、保护、管理和利用①。此外，根据 1998 年的《1998 年菲律宾渔业法规》（Republic Act No. 8550，The Philippines Fishery Code of 1998）（以下简称“渔业法规”），还成立了一个国家渔业研究和发展研究所，现为渔业和水生资源局的主要研究机构。

① 渔业水产资源署［EB/OL］.［2018-12-15］. https：//www. bfar. da. gov. ph/index. jsp.

在渔业政策方面，菲律宾《环境法规》（1988）中有一章专门针对渔业和水生资源并要求政府制定合理开发机制；实施规则对法律的实施确定了程序和指导原则。该法通过数项有关各类具体事项的渔业行政命令得到进一步的实施。《渔业法规》对渔业和水生资源的开发、管理、保存和利用做出了规定。该法综合了所有与这一问题相关的法律。该法的第二章第 III 条（第 45~57 款）涉及水产养殖。《渔业法规》由农业部负责执行。在农业部，负责渔业和水生资源的副部长负责制定政策和标准并行使全面的监督权。渔业和水生资源局的职责广泛，主要包括国家渔业发展规划的制定和实施、法律法规的执行（除了市政水体）以及渔业和水产养殖产品、鱼产品加工设备的进出口监督和管理。

《渔业法规》对各级渔业和水生资源管理委员会有相关规定：即国家渔业和水生资源管理委员会、直辖市或市渔业和水生资源管理委员会，以及与多个直辖市或市交界的海湾、湖泊、河流和坝区等的综合渔业和水生资源管理委员会。国家渔业和水生资源管理委员会是农业部制定政策和国家渔业发展规划的一个咨询机构。直辖市/市渔业和水生资源管理委员会协助直辖市制定渔业发展规划和在相关直辖市水域内执行法律法规。除了覆盖多个城市以外，综合渔业和水生资源管理委员会与直辖市/市渔业和水生资源管理委员会具有同样的职能。《渔业行政命令 196 号》（2000 年）对建立和落实渔业和水生资源管理委员会提供具体指导原则。

与水产养殖有关的另一个基本法案是《农业和渔业现代化法案》（1997 年）（Republic Act No. 8435, Agriculture and Fisheries Modernization Act of 1997），规定了使农业和渔业领域现代化的措施以提高效益。尽管《渔业法规》将渔业和水产资源的管理、养护和保护放在优先领域，但《农业和渔业现代化法案》将增加产量放在优先位置并鼓励快速向工业化转变。国家农业和渔业委员会（NAFC）在监测和协调农业和渔业现代化进程方面协助农业部①。

在水产品市场管理和卫生许可方面，菲律宾也有相关的法律法规，包括菲律宾渔业/水产品必须满足依据《消费者法案》（Consumer Act of Philippines）（1992 年）和《渔业法规》（1998 年）所实施的消费者产品品质与安全标准。根据《渔业法规》，所有捕捞后的设施，如加工厂、制冰厂和冷冻

① 菲律宾国家水产养殖部门概况 [EB/OL]. [2018-12-15]. http://www.fao.org/fishery/countrysector/naso_ philippines/zh.

库、港口/上岸与其他渔业设施必须向地方政府单位登记和得到许可，且所有设施应达 BFAR 相关规定的最低标准。在菲律宾推销水产品时，若无 BAFR 检测安全许可，任何人不得以任何目的进口或出口任何规格、阶段的水产品。此外，BFAR 下属的渔业加工技术处负责建立与实施渔业/水产品进出口及鱼类加工设施的检查系统，以确保产品品质和安全。1999 年，菲律宾政府颁布了多项渔业行政命令，详细规范水产品的卫生条件，其中与贸易相关的是《195 号渔业行政命令》，该命令包含管理新鲜/冷鲜/冷冻的鱼和渔业/水产养殖产品进口的规则和条例；2001 年颁布多条渔业行政命令都与养殖产品贸易相关，如《渔业行政命令 209 号》包含地方政府实施的贝类生产、捕捞、处理和运输的准则；《渔业行政命令 210 号》包含对水产品加工厂的要求、卫生标准实施程式及加工贝类和品质要求；《渔业行政命令 212 号》则包含实施危害分析重点管制点体系的准则（Hazard Analysis and Critical Control Points，HACCP）；《渔业行政命令 207 号》明确规定，除非得到渔业及水生资源局局长特别许可，否则禁止进口及养殖所有阶段的明虾与虾。2003 年发布的《渔业行政命令 221 号》针对进口活鱼及水产品、水生微生物、生物分子（包括基改生物）和濒危物种做了明确规定。此外，对于菲律宾渔业产品的进出口及关税，政府也加以明确规定，2015 年菲律宾渔产品执行关税税率皆为 3%，水产加工品关税范围介于 3%～15%，平均执行关税税率为 12.54%①。

第五节 林 业

一、林业概况

菲律宾地处热带，阳光充足，雨水充沛，适宜林木生产，拥有丰富的森林资源。菲律宾的森林覆盖面积是 790 万公顷，其中经济林面积 220 万公顷，经济林中工业人工林 32 万公顷②，主要有热带常绿雨林、季雨林、莫来夫林、山地森林、海滨红树和海滩林等类型，半数属于生产型林木，有红木、樟木等名贵木材。

菲律宾的森林主要分布在吕宋岛的民马罗巴（约 174.70 万公顷）、科迪

① 江文基，杜巧霞．菲律宾渔业管理制度及水产品进口管制措施［J］．WTO 论坛：96-101.

② Ray N. Geganto. 菲律宾造纸工业报告［J］．中华纸业，2015，36（7）：42-43.

勒拉区（约 148.70 万公顷）、卡加延河谷区（约 171.47 万公顷）、维萨亚的东维萨亚（约 111.82 万公顷）、及棉兰老的北棉兰老（约 122.96 万公顷）、达沃区（约 114.44 万公顷）、南北哥苏库萨将区（约 133.98 万公顷）。其中卡加延河谷区是菲律宾最重要的木材生产区，约有 142.34 万公顷的用材林地；其次是达沃区，约有 104.02 万公顷用材林地；东维萨亚地区有约 101.42 万公顷用材林地。

阔叶林主要分布在巴拉望岛，松林集中在海拔 800 米处及吕宋岛的中科迪勒拉山脉，红树林主要在棉兰老岛。菲律宾森林资源丰富，估计有花植物 8 120 种，乡土树种 3 500 种，裸子植物 33 种，蕨类植物 1 035 种，苔藓 753 种（地钱和角苔 518 种），地衣 789 种，真菌 3 000 种，藻类 856 种①。

菲律宾是亚太地区主要的原木和其他林产品的生产地和出口国。2018 年菲律宾原木产量为 57.09 万米^3，相比 2017 年减少了 16.25 万米^{3}②。

二、林业管理

菲律宾的林业管理由菲律宾环境与自然资源部（The Department of Environment and Natural Resources，DENR）分管。DENR 是负责保护、管理、开发和正确使用该国环境与自然资源的主要机构，特别是森林和牧场，包括保留区和流域区以及公有领域的土地，以及法律可能规定的所有自然资源的许可和管理，以确保公平分享由此产生的利益，以造福当代和后代的菲律宾人。主要宗旨：尽可能通过合理使用和生态恢复来确保国家自然资源的可用性和可持续性；提高自然资源的生产力，以满足人口增长对森林、矿产和土地资源的需求；加强自然资源对实现国民经济和社会发展的贡献；促进不同人口群体公平获取自然资源；为今世后代保护菲律宾特有的自然和文化遗产的陆地和海洋区域③。

在森林资源管理上，政府通过发放土地认证书和相关的法令对国内森林资源进行管理。对林地的管理，政府倾向于把林地租给民营企业，森林主要用于生产商业用材。1995 年菲律宾政府通过了《行政命令 263 号》将森林分配给地方社区，使得森林资源的使用权转移到社会边缘化群体手中，以维护社会公平和改善民生。截至 2004 年，菲律宾至少有 33% 的林地分配给了

① 刘思慧．菲律宾生物多样性现状及其保护策略［J］．世界林业研究，1999（4）：68-71.

② 菲律宾林业统计报告，2017.

③ DENR 的任务、愿景和使命［EB/OL］．［2018-12-15］．http：//www.denr.gov.ph/about-us/mission-vision.html.

社区管理。该政策包括 2 种林权制度安排：一种是通过颁发祖传土地认证书（CADCs）对本土居民的林权予以认可，1997 年菲律宾通过了《本土居民权利法案》，该法案规定由环境和自然资源部（DENR）负责颁发 CADCs 证书，对本土居民的林权予以认可；另一种是通过签订社区森林管理协议（CBFMAs）对移民的林权予以认可，如今，CBFM 模式的实行已经从最初只是针对个人和家庭的林地发展到了既包括本土居民也包括移民的社区层面，涉及的林地主要包括以下几个方面：成熟林；新营造的森林；被农业用地扩张威胁的草地；多功能用地、自然保护地的缓冲地带以及流域保护地。在 CBFM 模式基础上，菲律宾通过管理协议认证（CSC）的形式，授权单个家庭管理一些面积较小的林地，期限为 25 年，协议到期后最多可以再续签 25 年。协议中既规定了家庭的林地使用权，也规定了其保护森林的责任①。2004 年，为了促进菲律宾森林可持续经营，菲政府发布了《行政命令 318 号》确立了以社区为基础的森林可持续经营，授予社区主动性，减少其他主体对森林的盗伐。2011 年为了打击非法采伐，菲政府发布了《行政命令 23 号》提出构建一个国家任务小组（在省级配备分支机构）打击非法采伐，并且宣布暂停砍伐天然林。这些法律政策基础为加强减少发展中国家毁林和森林退化所致排放量加上森林可持续管理以及保护和加强森林碳储量（REDD+）资源管理奠定了实施基础②。为了减轻土地的贫瘠与改善气候，菲律宾环境部门（DENR）推出《全国绿化计划（2011—2016 年）》，计划造林 150 万公顷，其中 75 万公顷用于木材与纸浆材，30 万公顷用于生物质能源（12.6 万公顷在棉兰老岛东半部）。2012 年实际造林 23 万公顷③。

第六节　农业机械化

一、农业机械化生产的发展

菲律宾的农业机械化起源较早，从西班牙统治末期就开始引进圆盘耙、

① 吴守蓉，张臻．亚洲部分国家林权制度改革实践与启示［J］．世界林业研究，2015，28（1）：73-79.

② 曾以禹，吴柏海．部分国家 REDD+国家战略文件背景分析［J］．林业经济，2013（6）：83-89.

③ 曾以禹，吴柏海．部分国家 REDD+国家战略文件背景分析［J］．林业经济，2013（6）：83-89.

中耕机、多组犁和玉米播种机，但是其数量较少。第一批引进的农业机械来自西班牙和美国，但由于其不适合菲律宾的生产条件和生产需要，因而没有在菲律宾国内进行推广使用。第一次世界大战后，大的甘蔗种植园开始实行机械化。第二次世界大战后，菲律宾政府通过农机进口免税等政策，努力发展国内农业机械化。1947 年，菲律宾的水稻玉米生产管理局筹集了全国发展公司的一小部分资金，利用拖拉机在新怡诗夏省的沙巴尼土地上作业，并在农作物收割时邀请吕宋岛中部各地的农民前往参观。从 1946—1960 年，平均每年菲律宾进口 650 台四轮拖拉机，这些拖拉机主要是用在甘蔗种植园。1960 年后，由于人口剧增，耕地扩展率下降，粮食生产开始由粗放经营转向集约经营，并注重灌溉、化肥、良种、农业机械的投入，这时水稻也开始使用机械化种植。1960 年约有 8 500 台四轮拖拉机投入生产，其中 50%为甘蔗种植园使用，35%为水稻种植户使用。虽然第二次世界大战后政府制定了菲律宾农机化发展计划，但也仅只限于甘蔗业，这种状况一直持续到 60 年代初期。在甘蔗的主要产区如西必萨扬地区和邦邦牙省，拥有全国 35%的拖拉机。但是在农场中，农业生产机械化仍仅占 3%，74%依靠畜力，23%依靠人力。20 世纪 70 年代后，农业机械化保有量成倍增加，使用机械的农户、农场达到 70%以上。拖拉机和耕耘机机械动力约 74. 76 万千瓦，每公顷耕地拥有 0. 18 千瓦；机电灌溉面积由 1970 年的 2. 5 万公顷增加到 1975 年的 12. 3 万公顷。80 年代，由于自然灾害、国际石油价格上涨、缺乏资金等原因，使农业机械化发展趋缓。但到 1988 年，仍有 50%以上的稻田使用动力耕耘机耕作。这期间还研制了旋耕机、小型收割机、插秧机、化肥深施机、脱粒机、干燥机等，推广了水稻收割机。1980—1988 年农机拥有量虽然增长率下降，但拖拉机、联合收割机仍分别增加了 3 500 台和 180 台，平均每万公顷可耕地拥有拖拉机 25. 72 台、联合收割机 0. 78 台①。进入 21 世纪后，菲律宾的农业机械化发展呈递增态势。据菲律宾农机年会报告，截至 2007 年，菲律宾拥有 52 万辆手扶拖拉机，平均每台手扶拖拉机每季度作业 4. 1 公顷。在主要农业区，50%的农户拥有 1 台手扶拖拉机，12%的农户拥有 2 台或 2 台以上的手扶拖拉机。60%的手扶拖拉机购置于 90 年代，有 25%购置于 80 年代②。

虽然目前菲律宾农民的农业生产方式已较以往大不同，无论是在播种前

① 许多．菲律宾的农业机械化及政策简介［J］．山东农机化，1996（6）：26.

② 肖宏儒．菲律宾农业机械化现状与发展趋势［J］．农业装备技术，2007，33（6）：8-7.

的耕地环节，还是在丰收后的收获环节，机械化都随处可见，但仍低于东盟国家的平均水平。据菲律宾《商业镜报》报道，截至2017年菲律宾农机化率为2%，农业机械化程度相对较低，而且其农业机械的效率也比较低下，农产品损失率达16%，以大米为例，每年损失高达300万吨[①]。在水稻种植方面，整地作业已基本实现机械化，手扶拖拉机是主要的整地机械；耕地的机械化程度达88%、耙地的机械化程度达87.5%、平地的机械化程度达65%。育种播苗、拔秧和插栽几乎是靠手工作业，只有0.3%的面积采用水稻直播机。田间管理主要是人工作业，如人工除草、人工施肥、手动喷雾机植保。收割作业93%靠人工作业，只有7%利用割晒机。脱粒作业的机械化程度达93%。干燥的机械化程度只有5%，主要是大型米厂用来干燥稻谷。碾米全部由机械完成。菲律宾使用的农机是以小型、简单、低价为主，包括手扶拖拉机、割晒机、脱粒机、烘干机、碾米机、水泵等[②]。

二、农业机械化生产的支持

（一）农业机械化生产的政策支持

菲律宾政府鼓励农民生产和使用农机具，除了出台一系列优惠政策以鼓励国内农业生产机械化外，还从财政资金上给予支持。20世纪60年代中期，政府在发展农业的计划中，从财政资金上鼓励农民使用农业机械。1965年菲律宾中央银行和国际农场重建开发银行提供第一笔贷款用于购买四轮拖拉机和手扶拖拉机；1969年提供第二笔贷款。此后，在菲律宾耕畜口蹄疫流行期间，菲律宾土地银行和开发银行为农民提供专项贷款，用于购买手扶拖拉机和四轮拖拉机[③]。

在70年代后期，菲律宾提出农机企业应促进菲律宾农业机械化发展的方针，鼓励菲律宾农场主有选择性地实行农业机械化，要求其所采用的农机化技术必须要有较高的社会效益和经济效益，并提出要制定一个先进的农机制造业规划，确定农机产品销售后的服务项目和服务网点的分布规模，并提出信贷和援助计划等。主要内容：通过试验，研制生产适合菲律宾农业条件的农机装备；确保生产的农机装备有较高的质量，并使购买这些农机装备的

① 佚名．菲律宾提高农业机械化水平［J］．2017-09-9. http：//www.ccpit.org/Contents/Channel_ 4114/2017/0919/880477/content_ 880477.htm.

② 肖宏儒．菲律宾农业机械化现状与发展趋势［J］．农业装备技术，2007，33（6）：8-7.

③ 蒋炳奎．菲律宾的农业机械化［J］．东南亚研究，1991（4）：19-26.

农场主获利；协助农场主以合理的价格和付款期限购买农机具；培训农机使用者，使其具有一定的操作和维修能力；提供零配件及维修服务等，使机具能正常运转。同时，农业部、农机制造商和销售商协会、国际水稻研究所、菲律宾大学合作，制定出农业机械化政策草案①。

在 1999 年，菲律宾政府为了保护和发展本国农机零部件生产企业，将进口农机产品整机的进口关税税率减为 3%，而进口零部件的关税税率则调整为 10%②。国产或进口的农机产品一般是通过经销商直接卖给农民，如果农民受资金限制无力购买农机的地方，一般由经销商租给农民使用，2~3 年后收回租金③。在 1997 年，菲律宾政府为了鼓励国内农业机械化，制定了自 1998—2004 年的《菲律宾农渔业机械化长期计划》，其目的是通过创造一个积极有利的环境，改善农村机械化辅助性服务和设施，提高能源利用率来促进农渔业机械化水平的提高；提高当地制造商生产和销售农用机械设备的能力和竞争力，使其达到国际质量标准；通过提高和优化农业投入的效率及减少生产和产后损失来提高农民和渔民收入。通过该计划的实施，2000 年菲律宾国内农村机械化水平提高到 1.01 马力/公顷④。但是到了 2012 年，菲律宾的农业机械化水平仅为 0.57 马力/公顷，而同时期的泰国和马来西亚为 0.80 马力/公顷，越南为 0.70 马力/公顷，日本和韩国分别为 7.0 马力/公顷和 4.0 马力/公顷。因此，菲律宾农业部提出要在 5~10 年后赶超泰国、马来西亚和越南，实现农业机械化。为了实现这一目标，菲律宾政府把 2012 年的农机补贴从上年的 10 亿比索增加到 26 亿比索，并在一个 6 年计划中，计划购置和分配 7 000 台（套）农机，使农场农机拥有量达到 9 万台（套）⑤。

2015 年菲律宾政府向该国农民和渔民发放了总价值 15.2 亿比索（约合 3 268万美元）的项目款和农业、渔业机械。菲律宾时任农业部部长表示，农业机械化是降低农业生产成本，提高菲律宾农民竞争力的最佳途径之一。而今后，扶持农业机械化仍是菲律宾政府的优先事项⑥。

---

① 菲律宾农业机械化政策法规［EB/OL］.［2013-08-24］. https：//news.cnhnb.com/sannong/detail/5991/.

② 杨林，牛盾．菲律宾的农业机械化［J］．农业技术与装备，2000（1）：21-22.

③ 杨林，牛盾．菲律宾的农业机械化［J］．农业技术与装备，2000（1）：21-22.

④ 杨林，牛盾．菲律宾的农业机械化［J］．农业技术与装备，2000（1）：21-22.

⑤ 菲律宾农业部提出 5-10 年实现农业机械化［EB/OL］.［2012-07-02］. http：//ph.mofcom.gov.cn/aarticle/jmxw/201207/20120708208318.html.

⑥ 马铮．东南亚南亚农机前景向好［J］．农机市场，2015（9）：59-60.

（二）农业机械化的科研支持

菲律宾国家农业机械化机构联合会由农业部负责，农业部副部长任联合会的主席，农业机械化的基础理论研究工作由作物生产局、菲律宾大学、国际水稻研究所等单位共同参与。菲律宾农业机械化发展规划、鉴定推广工作由菲律宾农业机械化开发署、菲律宾农机试验鉴定中心负责。菲律宾农业机械化开发署（AMDP）设在菲律宾洛斯宾尼亚大学内，其主要任务是协助政府管理农业机械，制定农业机械化的有关政策、战略与实施农机化计划；进行农业机械化系统的社会-经济领域的研究，如有关劳动力、农业生产力、农业生产等机械化因素；根据当地条件对农机具和设备进行鉴定，改进、研制适用于当地的农机具；给农业机械厂提供技术援助，为不同的对象传播农业机械化情报资料。必要时，在产品商品化之前，向当地制造商提出产品的修改建议。菲律宾农机试验鉴定中心（ANTEC）于 1977 年成立，也设在菲律宾洛斯宾尼亚大学内，其主要任务是制定符合菲律宾生产条件的农业机械质量、性能标准和零配件与维修标准；建立农机零部件的标准化，以达到零部件的互换要求；根据新制定的标准，进行实验室和田间试验；进行机具鉴定、评定机具售后服务质量等①。

在菲律宾的农业科研工作中，注意引进国外科技成果或产品。如通过国际水稻研究所从中国引进水稻播秧机、小型收割机、水稻深施肥机、小型沼气设备，从泰国引进低扬程轴流泵等。对于引进的机具均根据当地的生产条件进行一些修改，然后再推广，如小型收割机、低扬程轴流泵已生产一批并投入生产中使用。菲律宾通过国际水稻研究所积极参加亚太地区农业机械化科技合作，菲律宾还参加亚太地区农业机械网（RNAM），该网于 1977 年在菲律宾成立，隶属于亚太地区经济和社会协会（ESCAP），而协会是联合国工业发展组织（UNIDO）和联合国粮食及农业组织（FAO）在亚洲、太平洋地区的执行机构。目前，加入亚太地区农业机械网的国家有菲律宾、印度、印度尼西亚、泰国、巴基斯坦、斯里兰卡、韩国、伊朗、孟加拉国、尼泊尔和中国等。其主要宗旨是交流制定农机化战略的经验、促进本国农机具制造业的发展、传播情报信息等②。

---

① 菲律宾农业机械化政策法规［EB/OL］.［2013-08-24］. https：//news. cnhnb. com/sannong/detail/5991/.

② 菲律宾农业机械化政策法规［EB/OL］.［2013-08-24］. https：//news. cnhnb. com/sannong/detail/5991/.

第七节　菲律宾的农业保险

一、菲律宾农业保险概况

农业生产对自然条件的依赖十分明显，尽管先进的科技改变了过去“看天吃饭”的耕作模式，但自然灾害对农业生产的破坏仍不容小觑。农业生产除了要应对自然风险外，还要防范其他风险，如社会风险、市场风险等也使得农业生产具有很大的风险不确定性，一旦发生风险，农业损失非常巨大，直接造成农产品供给紧张及农民收入减少，并影响到粮食安全乃至社会稳定①。菲律宾受其独特的国家地理位置和自然条件的影响，容易遭受飓风、海啸的袭击，自然灾害发生频繁，菲律宾政府是发展中国家较早建立农业保险制度的国家之一。菲律宾的农作物保险由半官方的股份制公司及其分支机构直接经营，各有关金融机构为其代理人。政府在公司控股且提供管理费用，有贷款的农民必须投保，无贷款的农民自愿投保②。

早在20世纪70年代，菲律宾政府为了实现粮食的自给自足，提高主要粮食作物的产量，推行与绿色革命相配套的“稻谷九九丰收方案”。该方案的实质是全国性的贷款，即以菲律宾中央银行为最终担保者，菲律宾全国约100家各类农业银行、菲律宾国家银行所署的100家分行、农业贷款局附属的约25家办事处负责向全国稻农提供利率为12%的一揽子贷款，用于购买现代农业投入物。菲律宾中央银行承诺担保参与发放贷款的私人农业银行85%的贷款损失，并通过再贴现方式，对新成立的农业银行提供利率为1%的贷款③。明确要求银行为投保农户提供不附担保的自由信贷；提供综合农业技术服务，包括推广良种、合理施肥、防治病虫害和提供灌溉等；由政府派农技员进行农业技术指导和农场活动监督；提供销售市场和价格支持。除以上措施外，考虑到自然灾害（特别是台风、干旱和鼠灾）的影响，为避免发放自由贷款的银行因灾害而受到损失，便同时实行了一项“全国农业保证计划”，并根据该计划建立了由菲律宾土地银行管理的“农业贷款保险基

---

① 谷景志．美国、日本、菲律宾3国农业巨灾保险法律制度比较［J］．世界农业，2013（12）：81-84.

② 佚名．美、加、日、菲农业保险立法简介［J］．中国减灾，2002（2）：25-28.

③ Odawara K，Estrella C F．The Democratic Answer to the Philippine Agrarian Problem［J］．Pacific Affairs，1971，43（4）：640.

金”，预防和减少银行提供信贷时因灾害遭受的损失①。菲律宾政府选择对经济发展重要的粮食作物、经济作物开展强制性保险，对水稻、玉米等几种重要的农作物保险进行重点扶持，对该类保险通过多种方式进行补贴，除了对农户直接进行保费补贴之外，参保的农民还可以享受银行贷款。政府、农户对不同农作物的保费分别承担不同的费率，且在农户享受银行贷款基础上，银行也要承担一定比例的费率②。

1978 年，菲律宾颁布了《农作物保险法》，以立法的形式确认了农业保险制度的运作框架。根据该法规定，并于 1980 年成立了菲律宾农作物保险公司（PCIC），该保险公司的性质与美国的联邦农作物保险公司的性质差不多，是国家所有，但是并非纯粹的公共性质的机构，公司采用的是股份制形式，政府持股 2/3，社会普通公众持股 1/3。具体的制度设计：①菲律宾实行的是农业强制险政策，根据《农作物保险法》规定，菲律宾农民种植的大部分粮食作物和经济作物都是在强制保险的范围内。另外，政府将强制保险与对农民的农业贷款结合在一起，对于参加保险的农民，在其贷款上给予一定的优惠。②保费由农民自行承担，但是政府按照保费数额 80%发放保费补贴，总体来说，保费基本还是由政府承担。③菲律宾政府还对保险公司提供财政补贴，帮助保险公司维持日常运转及业务的开展。④《农作物保险法》还规定，对于特殊农作物实施再保险制度，以分担承包的风险。农业保险将包括特大灾害在内的自然灾害均纳入了保险范围，因此农业巨灾保险也是在农业保险框架内运作的③。保险公司负责赔偿由于台风、洪水、干旱、地震、火山爆发、鼠疫、蝗虫等自然灾害以及病虫害所导致的损失。

1981 年，菲律宾农作物保险公司首选水稻作为保险作物，1982 年 7 月 1 日开始，增加了玉米保险。1991 年 9 月，为烟草作物提供临时性保障，1993 年 10 月起对高价值经济作物提供保障。在开展作物保险的同时，还加入了畜牧保险人集团，与 26 家私营非寿险公司共同开展畜禽保险，保障范围覆盖牛、猪、山羊和家禽等。这使得“农业保险”变得更加名副其实。

1995 年，为适应形势的变化，通过《菲律宾第 8175 号法案》对菲律宾

① 姚壬元．菲律宾政策性农作物保险的做法及其启示［J］．保险职业学院学报，2010，24（2）：63-67.

② 李攀．从政府主导到政府引导-政策性农业保险法律制度完善研究［D］．武汉：华中农业大学，2018.

③ 谷景志．美国、日本、菲律宾 3 国农业巨灾保险法律制度比较［J］．世界农业，2013（12）：81-84.

农作物保险公司授权部分进行了修订。法律对农作物保险实施的原则、方式、管理及经营机构、农作物保险与农业信贷体制的关系、政府补贴方式等做了规定，为农作物保险的发展提供了法律保障；在补贴的具体方式上，水稻、玉米等农作物保险的保险费率为8%，其中农民只承担2%；如果农民是银行的贷款者，银行承担1.5%的费率，政府承担4.5%的费率；如果农民是非贷款者，政府承担6%的费率①。

二、菲律宾农业保险类型

目前，菲律宾农作物保险公司的全国性农业保险计划有两类：一类是一般作物保险计划，包括水稻和玉米保险、高价值商品作物保险和非作物农业财产保险；另一类是特殊保险计划，主要包括畜禽保险、食品安全和减困计划、水产品或鱼类保险、烟草行业保险、GMA-杂交水稻保险。

（一）一般作物保险计划

1. 水稻和玉米保险

菲律宾的水稻和玉米保险，主要保障作物自然灾害和作物病虫害风险。符合条件的参与者包括借贷农户和个人融资农户，前者是指政府监管下的金融计划借贷者，后者指愿意接受政府认定资格的生产技术人员监督的农户。个体农户可以以作物保险申请书向借贷机构申请贷款；团体借贷农户则必须提交借贷人名单、标准农场规划、预算表和控制图或位置示意图；不贷款农户申请保险，则应在实际播种前，对作物保险申请书进行备案；个体农户可以向菲律宾作物保险公司的理赔官员提交代理备案申请书，农户参加团体作物保险，还应当提交参与人和农场相关资料。

对于灾害报损，农户须在发生作物损失10日内提交报损单，对于进行性灾害，报损最晚不得迟于预定收获日前20天。索赔书也应在不迟于灾害发生后45天内备案。实际理赔期水稻为10.54天，玉米为8.16天。

关于损失调整和理赔，一旦发生大面积灾害或病虫害，立即组成灾害评估小组，按照个人投保或团体险分别理赔，评估人员主要来自菲律宾作物保险公司、农业部、全国保险协会等机构。对于团体险农户，由农户协会指定人士参与灾害评估。

---

① 姚壬元．菲律宾政策性农作物保险的做法及其启示［J］．保险职业学院学报，2010，24(2)：63-67.

2. 高价值商品作物保险

高价值商品作物承保芦笋、香蕉、甜瓜、甘蔗、番茄、花生、马铃薯、大蒜、洋葱和工业用木材等保险。另外，菲律宾农作物保险公司还开办了非作物农业财产保险，主要承保火灾、雷电、偷盗和地震灾害造成的仓库、磨房、灌溉设施及其他农业设备损失。

（二）特殊保险计划

畜禽保险主要包括水牛、耕牛、猪、山羊、家禽的意外死亡和疾病险，投保人主要是菲律宾畜禽管理服务公司成员。水稻和玉米保险是支持政府食品安全和减困计划的一个险种，通过农业合作银行、农业银行、非政府组织以及其他借贷机构开展，目的是推动农户和借贷机构通过菲律宾农作物保险公司进行作物保险。

水产品或鱼类保险不是大面积推广的险种，主要是指面向菲律宾鱼类和水资源局认定的养鱼户的鱼塘、鱼笼等水产项目遭受自然灾害或风险的保险项目。

烟草保险项目是菲律宾农作物保险公司和菲律宾国家烟草公司共同设立的烟叶保险。

GMA-杂交水稻保险是针对杂交水稻（AxR）育种农户和杂交水稻（F_1）商业农户的灾害保险。

菲律宾作物保险的赔付率很高，1968—1975 年水稻作物损失大约为 24.5 亿比索。菲律宾政府的审计报告显示，2001—2004 财政年度，菲律宾农作物保险公司分别承保水稻和玉米农户 59 763 户和 9 970 户，收取保费 7 017万比索，政府补贴 8 988万比索，保险额达到 268 亿比索，极大地支持和保障了菲律宾农业发展①。

① 李超民．菲律宾农作物保险的经验与启示［J］．中国农业会计，2006（6）：46-48.

第五章　菲律宾农产品市场与消费

第一节　热带农产品价格及其变化

一、热带农产品价格及其变化

（一）植物类农产品

1. 谷物

菲律宾种植的谷物类产品主要是稻谷和玉米。从历年稻谷、玉米的市场价格变化趋势（图 5-1）可以发现，1991—2017 年菲律宾谷物类农产品的价格波动较大，1991—1996 年农产品价格上升，1996—1998 年价格下降较快，2003—2014 年农产品价格逐渐恢复并上升，到 2014 年达到最高点，此后价格再次下降。

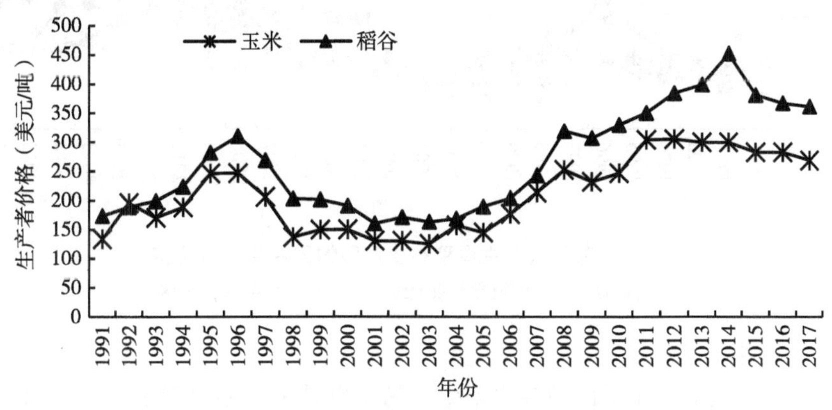

图 5-1　菲律宾主要谷物的生产者价格变化

数据来源：联合国粮食及农业组织（FAO）数据库，2018

以稻谷为例进一步分析菲律宾谷物类产品的价格变化情况。从图 5-2 可知，与世界主要稻谷生产国相比，菲律宾稻谷的市场价格基本上处于中等水平；而且在 1991—1995 年其价格占据绝对优势，比其他主要生产国的稻谷价格都要高；此后，从 1995 年一直到 2016 年，菲律宾稻谷的市场价格处于中等水平。从变化趋势来看，菲律宾稻谷市场价格呈高低起伏状态，持续波动。例如，在 2007/2008 年的世界粮食危机影响下，2008 年菲律宾稻谷的价格比 2007 年有较大幅度的上升，涨幅高达 31.14%，达到 318.8 美元/吨；到 2009 年价格下跌，降为 306.8 美元/吨。此后菲律宾稻谷市场价格持续上升，到 2014 年达到自 1991 年以来的最高点。菲律宾稻谷的收获面积在 2013 年达到最大面积（为 474.61 万公顷），2014 年收获面积略有减少（为 473.97 万公顷），产量在 2014 年达到最高产量；但其价格并未因收获面积和产量的增大而降低，反而达到历史最高点。虽然 2015 年后价格已经有所回落，但是由于近年来菲律宾受台风严重影响农作物产量，食品价格仍较高，菲律宾政府正在考虑控制稻谷价格，若价格仍没有下调，政府将会对市场上出售的稻谷价格实行价格上限，而零售商必须服从①。

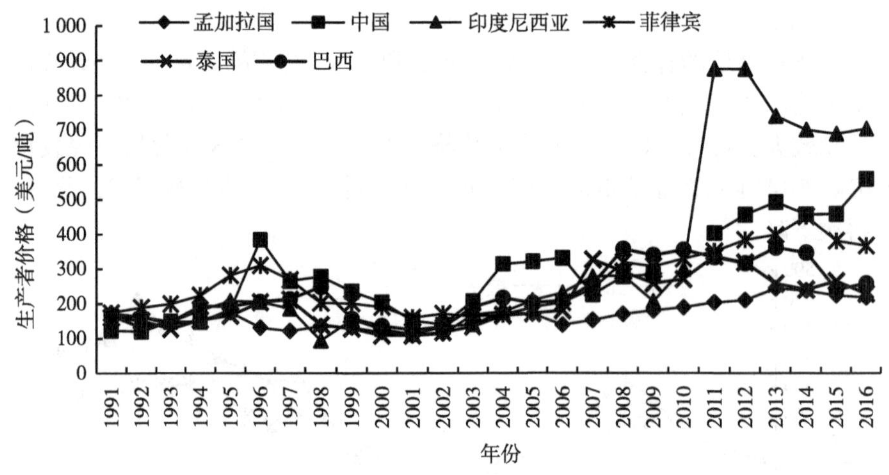

图 5-2　菲律宾与主要稻谷生产国的稻谷生产者价格

数据来源：联合国粮食及农业组织（FAO）数据库，2018

2. 水果类

菲律宾是世界重要的热带水果生产国，也是重要的热带水果出口国。按收获面积来看，主要热带水果有香蕉、杧果、山竹、番石榴、菠萝、柑橘类、番木瓜等。从图 5-3 来看，菲律宾主要水果中，杧果、山竹、番石榴及

① 菲律宾考虑控制大米和猪肉价格［EB/OL］．［2018-12-15］．https：//news.mysteel.com/18/0926/09/CAA216F9A2D198B7.html.

柑橘类水果的生产者价格变化起伏较大，从 20 世纪 90 年代的高价格剧烈起伏到近年趋于平缓，但总体价格有所降低；而其他的水果包括香蕉、菠萝、木瓜的价格变化趋势虽并不十分明显，但价格总体在稳步上涨。

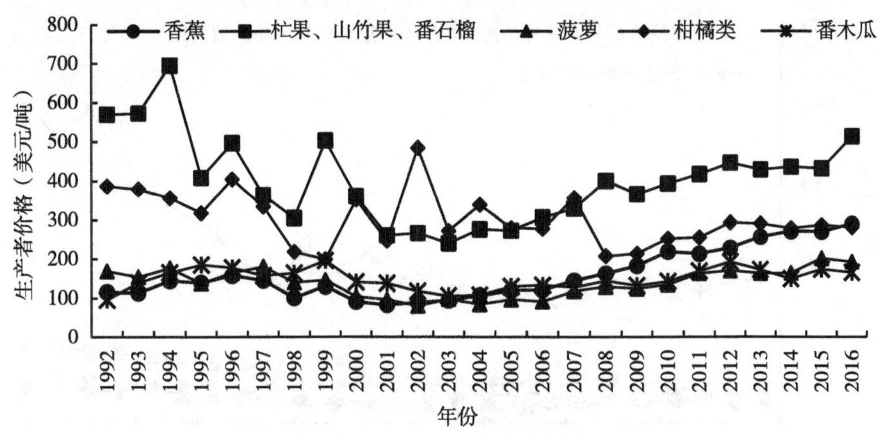

图 5-3　菲律宾主要水果的生产者价格变化

数据来源：联合国粮食及农业组织（FAO）数据库，2018

香蕉是菲律宾生产的主要水果，也是作为外汇创收的重要热带水果之一。从历年菲律宾香蕉生产者价格变化可以看出，菲律宾香蕉自 2001 年后价格持续升高，从 2001 年的 82. 4 美元/吨一直上涨到 2016 年的 289. 4 美元/吨，年均增长幅度达 9. 83%（图 5-4）。菲律宾是世界香蕉的主要生产国和

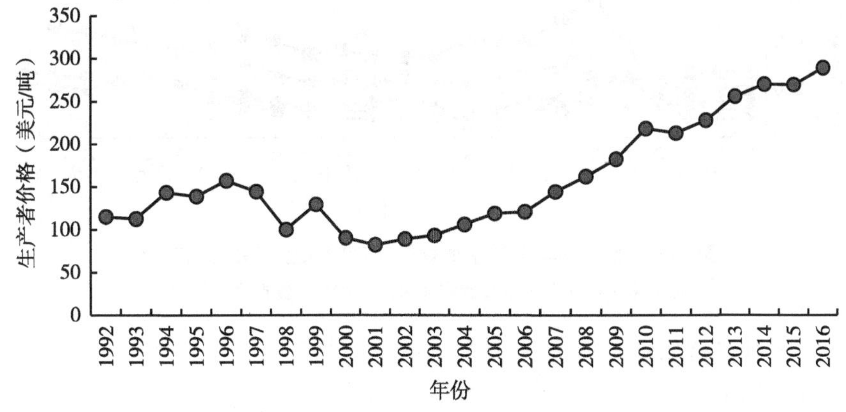

图 5-4　菲律宾香蕉的生产者价格变化

数据来源：联合国粮食及农业组织（FAO）数据库，2018

出口国之一，与其他主要香蕉生产国和出口国的香蕉生产者价格相比（图5-5、图5-6），菲律宾香蕉的生产者价格并不占优势。从历史数据看，菲律宾的香蕉生产者价格在主要香蕉生产国和出口国排位中居于中下水平。

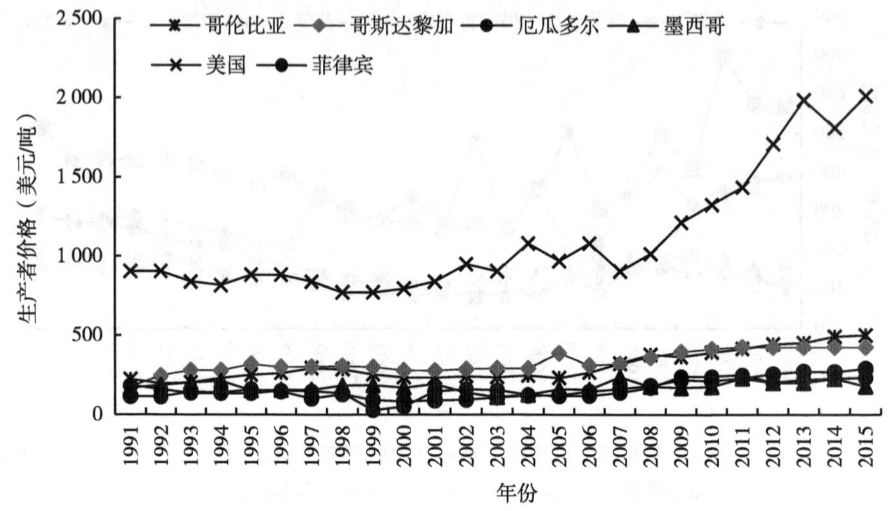

图 5-5　世界主要香蕉出口国的生产者价格对比

数据来源：联合国粮食及农业组织（FAO）数据库，2018

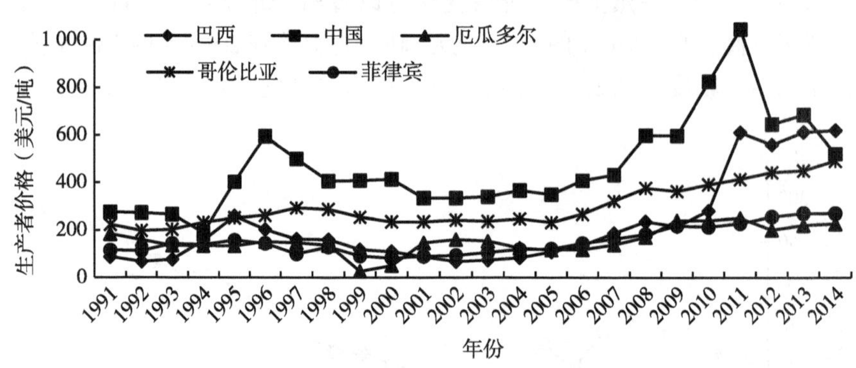

图 5-6　菲律宾与世界主要香蕉生产国的生产者价格对比

数据来源：联合国粮食及农业组织（FAO）数据库，2018

3. 其他经济作物

（1）椰子

菲律宾是世界椰子的主要生产国。2016 年，菲律宾椰子产量位列世界第二，占世界总椰子产量的 23.14%。从历年菲律宾椰子生产者价格来看（图 5-

7)，菲律宾椰子的价格在起伏状态中逐步提高。1991—1999 年菲律宾椰子生产者价格变化不大，保持在 65～100 美元/吨，2000 年椰子生产者价格显著下跌为 44.8 美元/吨，2001 年继续下降仅为 32.6 美元/吨；从 2002 年开始，椰子生产者价格逐步稳定上升，到 2011 年达到历史价格最高点达 185.9 美元/吨；此后又开始下跌，到 2016 年菲律宾椰子生产者价格为 165.1 美元/吨。

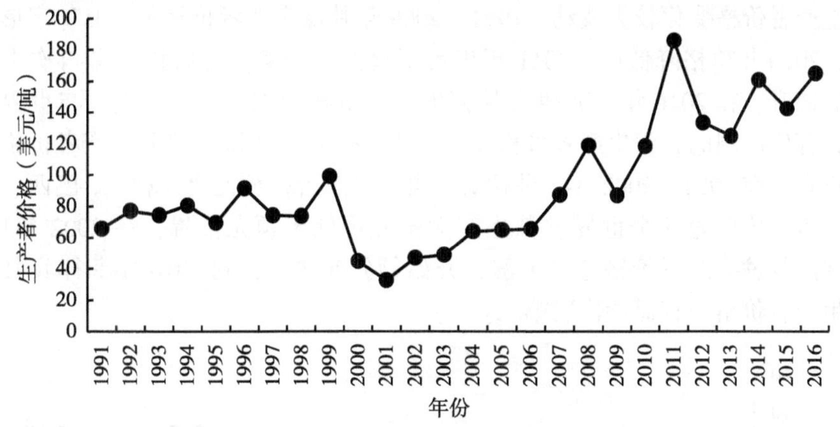

图 5-7　菲律宾椰子的生产者价格变化

数据来源：联合国粮食及农业组织（FAO）数据库，2018

从图 5-8 世界主要椰子生产国的椰子生产者价格对比来看，菲律宾椰子的生产者价格在价格上明显不占优势，从 1992—2016 年，与墨西哥、斯里

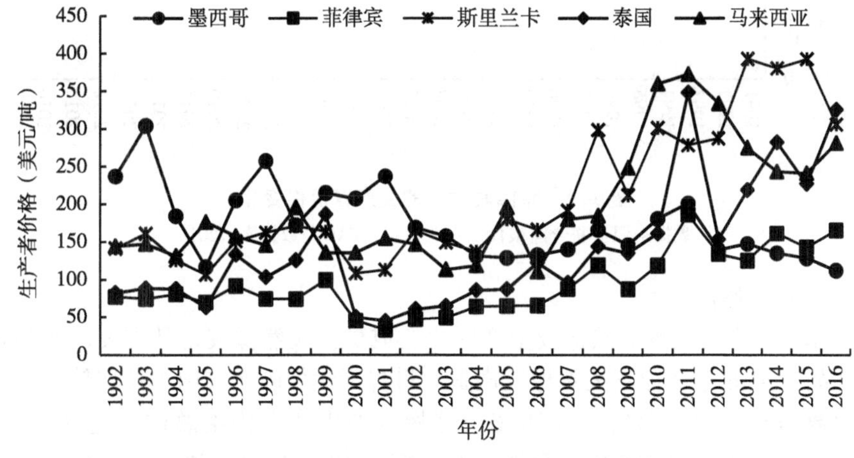

图 5-8　菲律宾与世界主要椰子生产国的椰子生产者价格对比

数据来源：联合国粮食及农业组织（FAO）数据库，2018

兰卡、泰国、马来西亚这几个椰子主产国的椰子生产者价格相比都处于末位。

(2) 甘蔗

甘蔗是菲律宾的重要经济作物，菲律宾是美国主要的糖进口来源国。从菲律宾甘蔗生产者价格变化情况看（图 5-9），自 1991 年以来，菲律宾甘蔗的生产者价格变化较为波动。1991—2009 年甘蔗生产者价格呈“U”字形起伏，2010 年价格降低后，2011 年出现明显上涨趋势，之后价格又再次下跌而后回升。在 2016 年，菲律宾甘蔗生产者价格为 67.6 美元/吨。与世界主要甘蔗生产国的甘蔗生产者价格相比（图 5-10），菲律宾甘蔗生产者价格相对较高，在 1991—2002 年，菲律宾甘蔗生产者价格相比澳大利亚、巴西、中国、哥伦比亚等几个世界甘蔗生产大国几乎处于领先位置；在 2002 年后，中国的甘蔗生产者价格急剧上涨，开始领先菲律宾，到 2016 年菲律宾甘蔗的生产者价格一直保持位居第二。

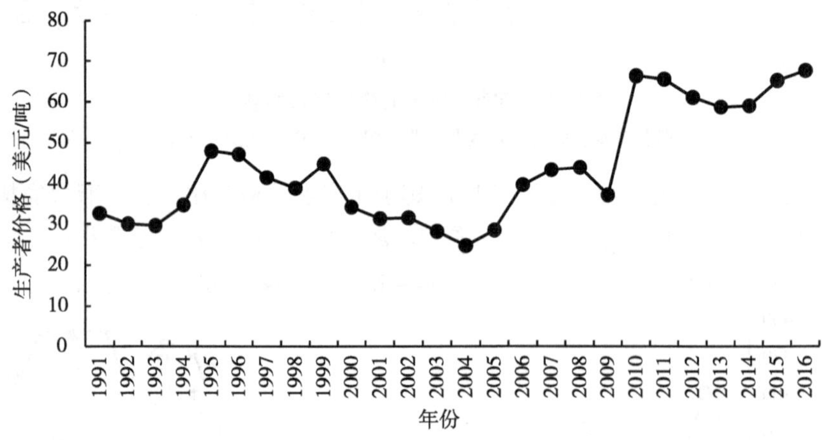

图 5-9　菲律宾甘蔗的生产者价格变化

数据来源：联合国粮食及农业组织（FAO）数据库，2018

(3) 天然橡胶

菲律宾作为世界天然橡胶生产国协会成员，天然橡胶是其重要的出口创汇产品，2016 年菲律宾天然橡胶产量在世界天然橡胶产胶国中位居第九。从历史数据看（图 5-11），菲律宾天然橡胶的生产者价格总体呈起伏状态，1991—1995 年，生产者价格缓慢上升；但从 1996 开始下跌，2001 年再次回弹，到 2008 年达到一个新的高点；2009 年价格再次下跌，2010—2011 年价

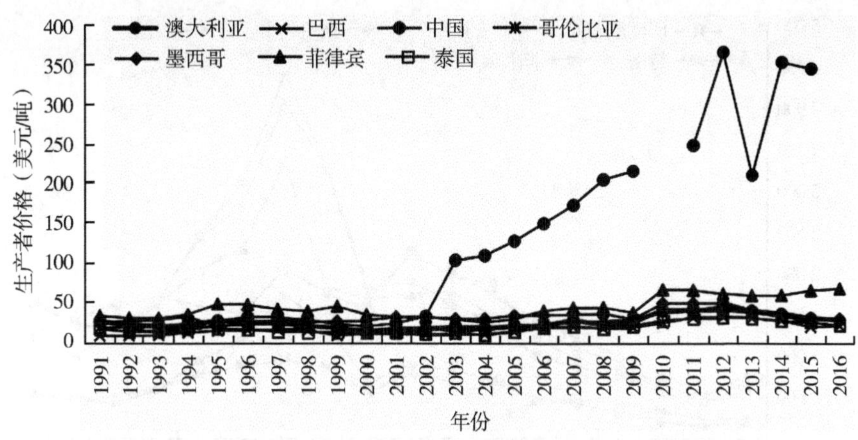

图 5-10　菲律宾与世界主要甘蔗生产国的甘蔗生产者价格对比

注：2010 年中国甘蔗生产者价格数据库未收录

数据来源：联合国粮食及农业组织（FAO）数据库，2018

格暴涨，达到历史最高点，此后从 2012 年开始，受世界天然橡胶价格的影响，菲律宾天然橡胶生产者价格开始暴跌，一直到 2016 年才有所回升。纵观世界其他天然橡胶主产国生产者价格变化（图 5-12），菲律宾天然橡胶生产者价格的变化趋势与其他国家的相似。而相比其他天然橡胶主产国，菲律宾的天然橡胶生产者价格并不占优势，反而是价格较低的。在东盟国家中，价格低于泰国和越南，仅略高于印度尼西亚的天然橡胶生产者价格。

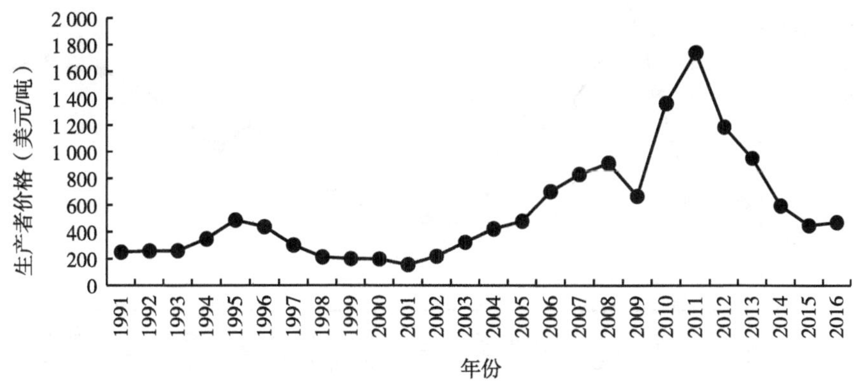

图 5-11　菲律宾天然橡胶的生产者价格变化

数据来源：联合国粮食及农业组织（FAO）数据库，2018

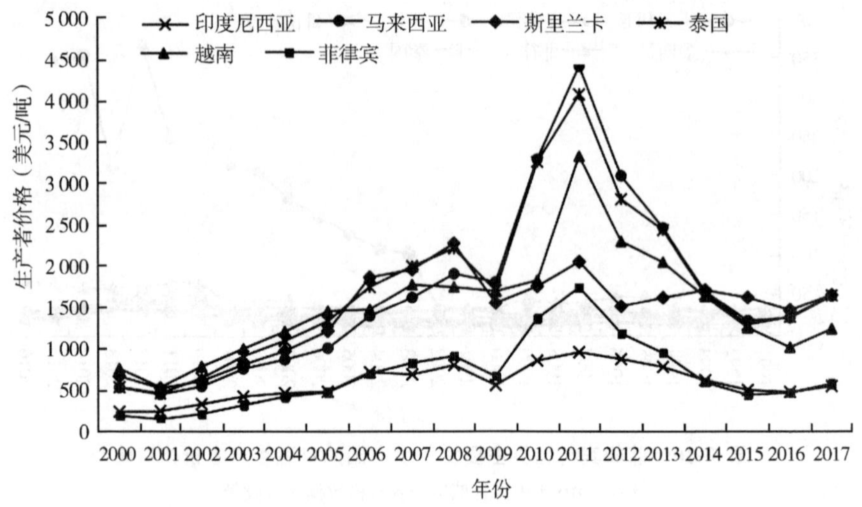

图 5-12　菲律宾与世界主要天然橡胶生产国的天然橡胶生产者价格对比

数据来源：联合国粮食及农业组织（FAO）数据库，2018

（4）咖啡

20 世纪 90 年代以前，菲律宾曾经是主要的咖啡出口国之一，产量的 15%～30% 用于出口。此后菲律宾咖啡逐渐从出口国变成了进口国。从 1991—2017 年菲律宾咖啡生产者价格变化情况（图 5-13）可以看出，菲律

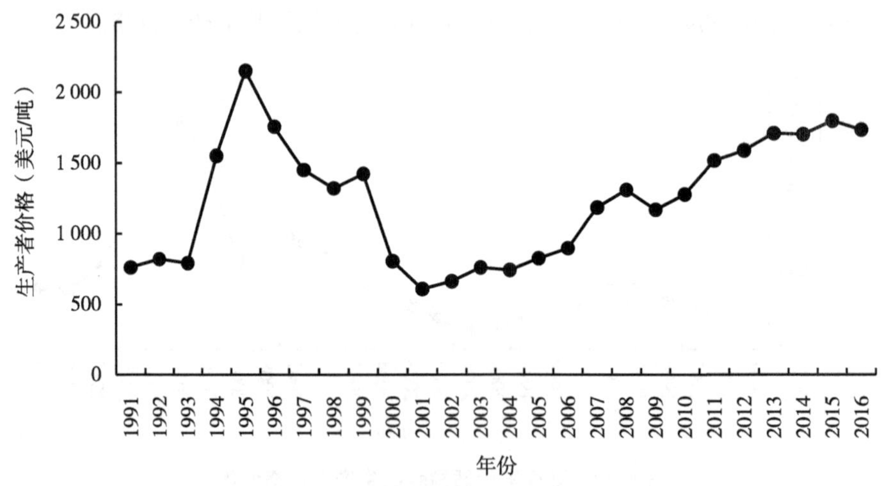

图 5-13　菲律宾咖啡的生产者价格变化

数据来源：联合国粮食及农业组织（FAO）数据库，2018

宾咖啡的生产者价格主要有 3 个阶段：1991—1995 年，菲律宾咖啡在经历 1991—1993 年的平稳期后价格急剧上涨，在 1995 年达到历史最高点，为 2 151. 1 美元/吨；从 1995 年开始，菲律宾咖啡价格迅速下跌，到 2001 年仅 6 年时间就跌到历史最低点，仅为 604. 5 美元/吨；从 2002 年至今，菲律宾咖啡的价格再次缓慢回升。与世界主要咖啡生产国的咖啡生产者价格相比（图 5-14），菲律宾咖啡的价格明显不占优势；与哥伦比亚、印度尼西亚、墨西哥、泰国几个国家的价格相比，菲律宾的咖啡生产者价格仅高于墨西哥咖啡。

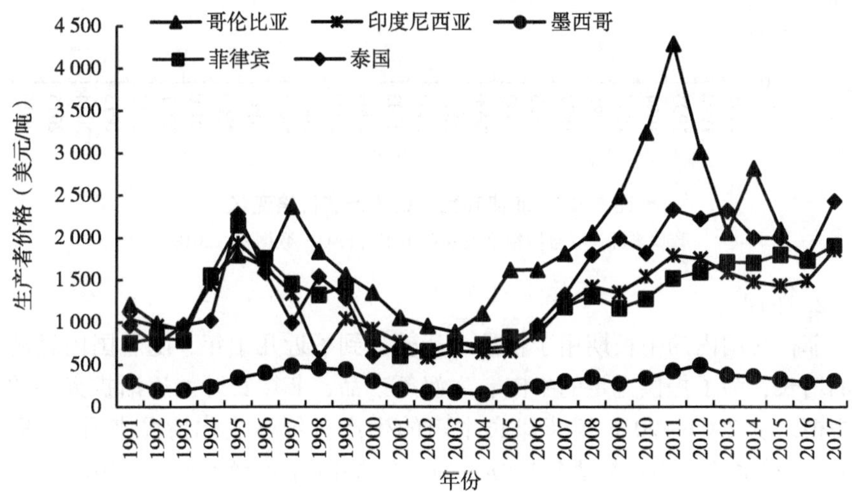

图 5-14　菲律宾与世界主要咖啡生产国的咖啡生产者价格对比

数据来源：联合国粮食及农业组织（FAO）数据库，2018

（二）动物类农产品

1. 猪肉

菲律宾猪肉价格的变化大致可以分为 3 个阶段（图 5-15）：1991—1995 年价格逐渐上升；1995—2003 年猪肉价格不断降低，到 2003 年跌到历史最低点，为 1 352. 8 美元/吨；此后，自 2003 年以来猪肉价格持续攀升，2013 年，由于受国内高昂的饲料价格的影响，菲律宾多个地区的养殖场关闭，从而导致菲律宾猪肉的产出大幅下滑，直接紧缺也导致国内猪肉供应量的减少，这使得这一年的猪肉价格大幅增加，达到 3 221. 2 美元/吨，2014 年猪肉价格继续攀升达到历史最高点，为 3 233. 3 美元/吨。虽然 2015 年后菲律宾猪肉价格已经有所回落，但是由于近年来菲律宾受台风的影响，农作物产量下降，食品价格仍较高。

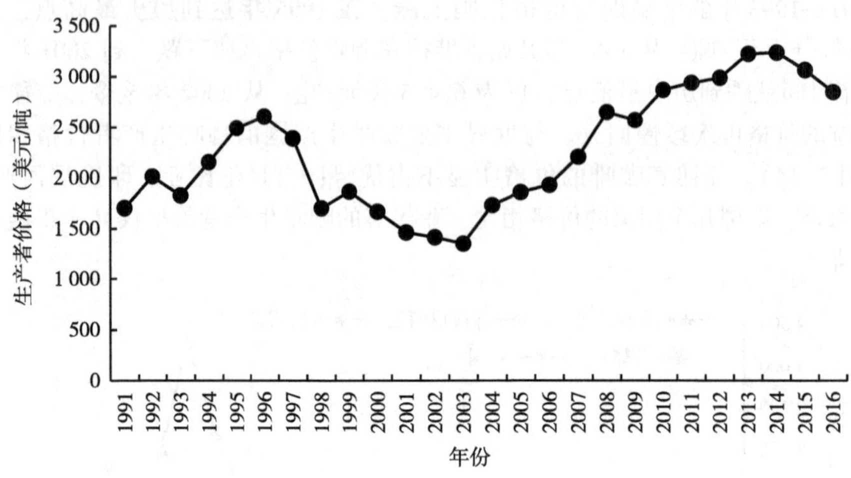

图 5-15　菲律宾猪肉的生产者价格变化

数据来源：联合国粮食及农业组织（FAO）数据库，2018

2. 牛肉

菲律宾国内的牛长期用于耕地、运输，到了近几十年，随着国内经济水平的增长，为了提供充足的牛肉、牛奶等产品，菲律宾开始逐渐扩大牛的养殖规模。从 2004—2016 年菲律宾牛肉的生产者价格变化情况来看（图 5-16），菲律宾的牛肉价格逐年持续走高，到 2013 年才趋于平稳，2016 年有所下降。

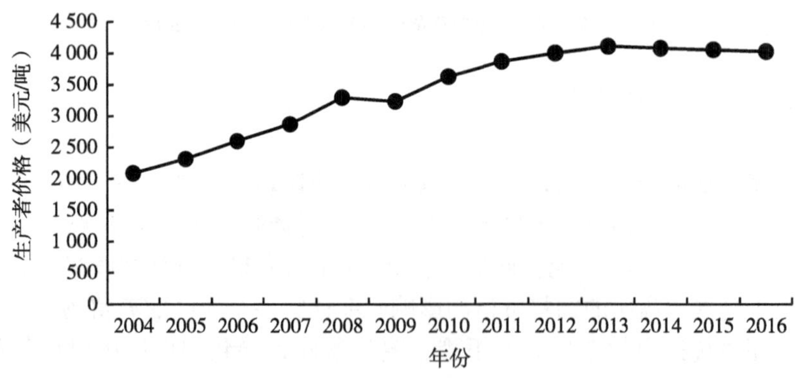

图 5-16　菲律宾牛肉的生产者价格变化

数据来源：联合国粮食及农业组织（FAO）数据库，2018

3. 禽类

菲律宾的禽类价格大体呈“U”字形（图 5-17），1991—2003 年，菲律宾鸡肉、鸡蛋的价格上涨再下跌至最低点，鸡肉价格为 1 407.9 美元/吨，鸡蛋价格为 1 123.5 美元/吨；从 2004 年开始，鸡肉、鸡蛋价格开始稳步上涨，到 2011 年达到历史最高点，其鸡肉价格为 2 855.4美元/吨，鸡蛋价格为 2 162.4美元/吨；从 2012 年起，鸡肉、鸡蛋价格开始回落。2017 年受禽流感的影响，菲律宾鸡肉、鸡蛋价格继续下跌。

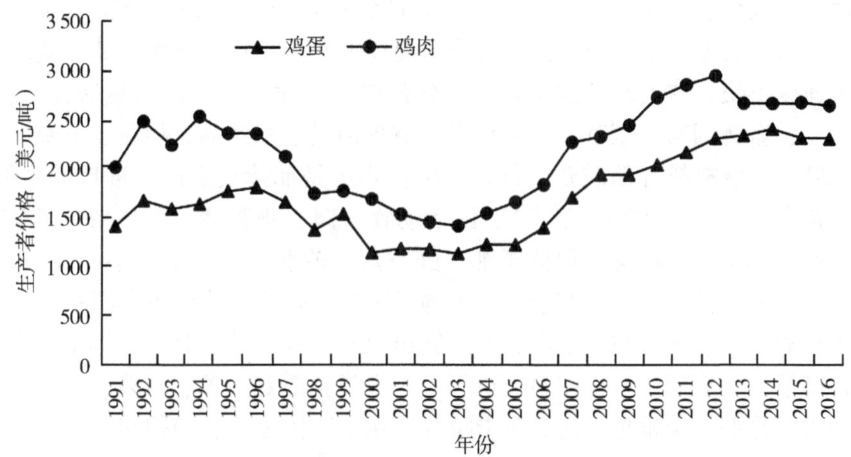

图 5-17　菲律宾鸡蛋与鸡肉的生产者价格变化

数据来源：联合国粮食及农业组织（FAO）数据库，2018

二、农产品价格相关政策

菲律宾农业发展速度不快，但由于人均占有的农业资源较多，所以农产品一直是供过于求，以致于农产品价格长期偏低，农民实际收入较低。菲律宾作为一个农业消费大国，在各国政府对农产品的补贴规模日益递增时，并未出台相关政策提高农业补贴和保护水平，反而在加入 WTO 后放松农业管制，实行私有化改革，不断减少对农业的干预。从 1995 年开始，政策性银行停止对农业的贷款，政府对农业的预算、价格信贷、研发及基建等方面的支持不断减少，农业预算份额逐年递减。一系列对农业投资方面的削减，使得发达国家高补贴的农产品冲击着菲律宾国内脆弱的农业相关产业，使国内廉价的农产品出口激增，而菲律宾国内具有明显优势的农产品出口也由于农产品价格下降、进口产品的出现而萎缩，从而阻碍了菲律宾农业的发展①。

第二节 热带农产品贸易

一、菲律宾农产品贸易概况

菲律宾是东盟的重要成员国，也是世界热带农产品的重要生产国。虽然菲律宾的气候、光照、土壤、水资源等自然环境条件十分适合发展农业生产，但由于长期以来的历史原因及受国内经济发展条件的影响，菲律宾农业发展速度不快，农业对外贸易并不十分强势。菲律宾农产品较短缺，粮食、奶制品、畜禽饲料、烟草、蔬菜水果、畜禽肉类、水产品、棉花、大豆、农用化肥、农业机械等都需要进口。其中食物类是菲律宾农产品进口的主体，包括粮食（小麦、水稻、玉米）、鲜活动物、肉、奶制品、水产品、蔬菜水果、糖、咖啡、饮料等。但椰子油、鲜香蕉、菠萝及其产品、小虾及对虾、金枪鱼、海藻及卡拉胶、椰子粉、干椰子饼粕、鲜杧果等优势农产品（主要集中在椰子类、水果类、水产品类）则出口到世界各地。其中，椰子类主要出口椰子油、干椰子粉、椰肉油饼等；水果类主要是香蕉、菠萝、杧果；水产类主要是虾、金枪鱼、海藻及卡拉胶。在东盟国家中，菲律宾的农产品进出口贸易额优势并不明显。2016 年，菲律宾农产品出口额 49.81 亿美元，在印度尼西亚（308.79 亿美元）、泰国（300.75 亿美元）、越南（236.65 亿美元）、新加坡（99.07 亿美元）、缅甸（43.77 亿美元）、马来西亚（209.62 亿美元）、老挝（9.33 亿美元）、柬埔寨（4.74 亿美元）等东盟国家中仅位列第六。菲律宾主要从美国、阿根廷、澳大利亚、新西兰等国进口小麦及面粉，大豆油和大豆饼粕、牛奶与奶油及制品。2016 年，菲律宾进口额 103.88 亿美元，在东盟国家中同样位列第六。

菲律宾农产品进口额远大于出口额。据联合国商品贸易统计数据库（UN Comtrade）统计数据显示（图 5-18），2000 年菲律宾贸易额为 46.456 亿美元，其中，进口额为 27.262 亿美元，出口额为 19.193 亿美元，进口的农产品是其出口的农产品的 1.4 倍，贸易逆差 8.07 亿美元；2001 年，贸易额有所增长，为 46.72 亿美元，其中进口额 27.88 亿美元，出口额 18.84 亿美元，贸易逆差 9.04 亿美元；2001—2007 年菲律宾农产品贸易额增势平稳；

① 杨逢珉，顾彦．菲律宾农产品贸易政策浅析经济研究导刊［J］. 2009（31）：162-166.

2008 年首次突破百亿美元，贸易额达 105.41 亿美元；到 2009 年，受世界金融危机影响，菲律宾农产品进出口贸易遭遇重创，同比锐减 18.79%；2010 年经济开始复苏，贸易额达 107.77 美元，超过 2008 年的贸易额，此后一直到 2014 年，农产品对外贸易额持续高涨；2015 年贸易额再次下跌，2015 年东盟经济共同体宣布建成，东盟内部成员取消关税，加之越南、泰国、印度尼西亚等东盟成员农产品价格优势，来自东盟成员国的农产品进口开始大幅增长；2016 年菲律宾农产品贸易额回升至 154.07 亿美元，2017 年贸易额继续上涨，高达 185.10 亿美元，达历史最高值，同比增长 20.14%，其中出口额 118.08 亿美元（同比增长 13.26%），进口额 67.02 亿美元（同比增长 34.55%），贸易逆差达 51.06 亿美元。2000—2017 年菲律宾农产品贸易发展均为逆差，逆差金额累计达 364.26 亿美元①。

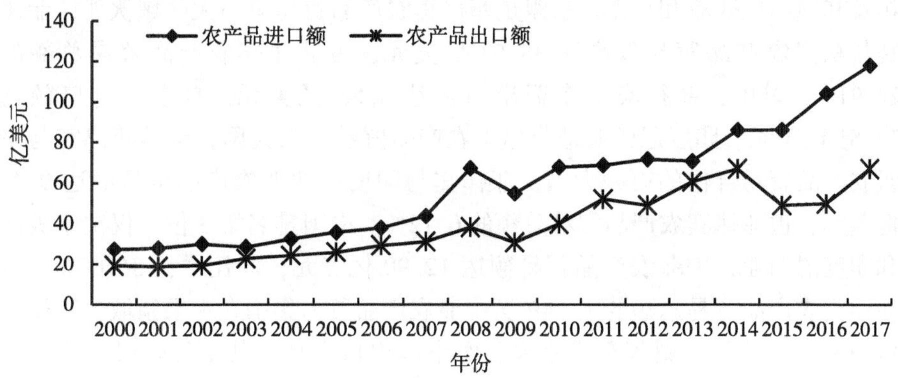

图 5-18　菲律宾农产品进出口额变化情况

数据来源：联合国商品贸易（UN Comtrade）统计数据库，2018

农产品是菲律宾外贸的总要组成部分，尤其是其农产品进口方面。2000—2016 年，农产品贸易额占菲律宾外贸总额的比例增加明显，由 2000 年的 6.08%增加至 2015 年的 10.49%，其中，出口额占比由 2.56%增至 3.81%，进口额占比由 3.63%增至 6.69%。菲律宾农产品贸易额占东盟农产品贸易总额的比例呈下降趋势，由 2001 年的 9.18%下降至 2016 年的 6.83%，进口额和出口额的占比分别由 2001 年的 13.32%、6.23%降至 2016 年的 9.95%、4.08%②。至 2016 年，菲律宾在东盟农产品贸易中排名第 6

① 郑国富．菲律宾农产品贸易现状及发展路径探析［J］．农业展望，2018（2）：79-83.

② 郑国富．菲律宾农产品贸易现状及发展路径探析［J］．农业展望，2018（2）：79-83.

位，落后于印度尼西亚、泰国、越南、马来西亚和新加坡。

菲律宾进口的农产品主要是谷物类的小麦、玉米、大米等，食用水果、坚果以及豆制品、动植物油脂、固态乳和牛奶等，主要来源国是美国、澳大利亚、乌克兰、泰国和越南。出口的农产品主要是椰子类产品，鲜食或干的水果（包括香蕉、菠萝、椰子等），以及其他植物产品制胶液体等，鲜食或冰冻鱼或渔产品，主要出口国是荷兰、美国等。菲律宾农产品贸易的主要合作伙伴为东盟、美国、欧盟、中国、日本、澳大利亚、韩国和印度尼西亚等。2017 年，美国与菲律宾农产品贸易排名第一位，菲美农产品贸易额高达 36.58 亿美元，同比增长 7.69%，约占菲律宾农产品贸易总额的 1/4，其中，菲律宾对美国出口额达 12.75 亿美元，自美国进口额达 23.83 亿美元，菲美贸易逆差约 10 亿美元，菲律宾自美国进口的主要商品为提炼豆油所得的饼粕及其他固体残渣和小麦。东盟是菲律宾农产品贸易第一大区域伙伴，菲律宾与东盟农产品贸易额高达 38.53 亿美元，占菲律宾农产品贸易总额的 24.91%，其中，菲律宾对东盟出口额达 4.88 亿美元，自东盟进口额达 33.65 亿美元。印度尼西亚是菲律宾农产品贸易第二大国，也是菲律宾与东盟农产品贸易合作的第一大国，菲律宾与印度尼西亚农产品贸易额达 9.47 亿美元，占菲律宾农产品贸易总额的 6.12%。中国排名第 3 位，仅次于美国和印度尼西亚，中菲农产品贸易额达 12.90 亿美元，同比增长 36.00%，占菲律宾农产品贸易总额的 8.34%；中菲农产品贸易集中在水果领域，菲律宾自中国进口苹果、梨等温带水果，对中国出口香蕉、菠萝等热带水果。此外，2013 年菲律宾与日本、澳大利亚、韩国和印度双边农产品贸易额分别为 6.34 亿美元、5.97 亿美元、4.49 亿美元和 2.73 亿美元①。

二、菲律宾农产品出口

（一）出口概况

2017 年，菲律宾农产品出口总额为 67.02 亿美元，其中出口规模较大的农产品主要是食用水果、坚果类，占农产品出口总额的 26.62%；动植物油脂、乳化产品等占菲律宾农产品总出口额的 24.84%；蔬菜、水果、坚果等加工品占比 8.95%；鱼类、甲壳类、软体动物、水生无脊椎动物等渔类产品占农产品出口总额的 7.95%（图 5-19）。

---

① 郑国富．菲律宾农产品贸易现状及发展路径探析［J］．农业展望，2018（2）：79-83.

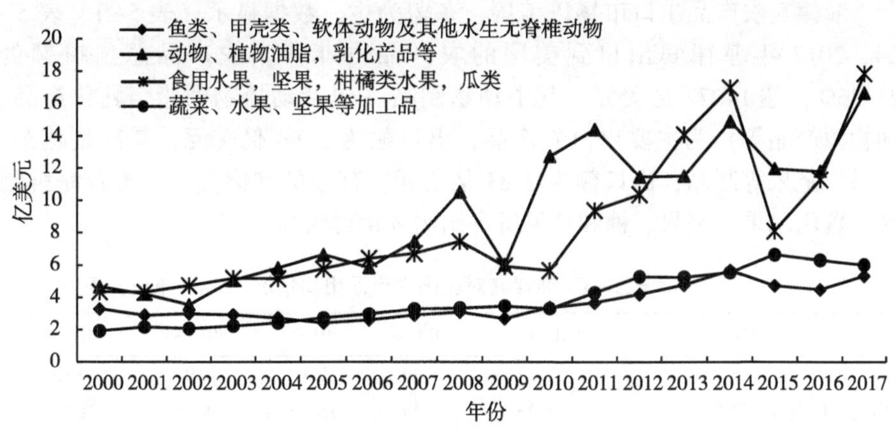

图 5-19　菲律宾主要农产品的出口情况

数据来源：联合国商品贸易（UN Comtrade）统计数据库，2018

2017 年，菲律宾农产品出口前 10 位品种：①鲜或干香蕉，出口额为 11.28 亿美元，同比增长 82.23%，占比 16.83%，雄居世界榜首，主要出口目的地是日本（出口额 3.90 亿美元）、中国（出口额 2.90 亿美元）、韩国（1.76 亿美元）、阿拉伯联合国（出口额 0.95 亿美元）；②初榨椰子油，出口额为 9.43 亿美元，占比 14.07%，是全球该产品第一大出口国，占世界该产品总出口的半壁江山，主要出口目的地为荷兰（出口额 6.55 亿美元）和美国（出口额 1.27 亿美元）；③其他椰子油及分离品，出口额为 5.75 亿美元，占比 8.57%，主要出口目的地是美国（出口额 3.82 亿美元）、日本（出口额 0.69 亿美元）；④鲜或冷的金枪鱼、鲣鱼及狐鲣（狐鲣属），整条或切割，出口额为 3.70 亿美元，占比 5.52%，主要出口目的地是德国（0.98 亿美元）、英国（0.67 亿美元）等；⑤食用坚果或椰子，出口额为 3.40 亿美元，占比 5.07%，主要出口国是美国（0.93 亿美元）、荷兰（0.46 亿美元）等；⑥以其他方式制备或保存的水果（包括菠萝，不论是否含糖、其他甜味剂或烈性酒），出口额为 2.76 亿美元，占比 4.12%，主要出口国是美国（1.34 亿美元）、韩国（0.16 亿美元）；⑦未经加工的固体蔗糖，出口额为 2.06 亿美元，占比 3.07%，主要出口国是美国（1.29 亿美元）、中国（0.34 亿美元）等；⑧新鲜或干的菠萝，出口额为 2.01 亿美元，占比 4.64%，主要出口国是日本（0.63 亿美元）、韩国（0.46 亿美元）；⑨其他植物产品制胶液及增稠剂，出口额为 1.61 亿美元，占比 2.40%；⑩果汁或蔬菜汁，出口额为 1.47 亿美元，占比 2.19%。

菲律宾农产品出口市场以美国、东盟为主。数据显示（表5-1，表5-2），2017年菲律宾出口到美国的农产品占菲律宾农产品总出口额的21.96%，达14.72亿美元，其中动物制品（包括动植物油脂、乳化产品、动物源产品等）为主要出口农产品，出口额为5.64亿美元；其次是蔬菜、水果、坚果等制品，出口额为2.87亿美元；其他的如肉类、鱼类及海鲜制品、食用水果、坚果、糖和糖果所占比例也相对较高。

表5-1　菲律宾对美国农产品出口情况　（单位：千万美元）

种类	2013年	2014年	2015年	2016年	2017年
活动物	0.37	0.39	0.01	0.01	0.01
肉类、鱼类及其制品	29.43	25.70	16.75	14.56	21.92
乳品及其乳制品	1.66	0.04	0.02	0.02	0.07
动物制品	51.75	65.86	55.95	46.44	56.35
植物制品	0.09	0.18	0.28	0.30	0.18
蔬菜、水果、坚果等制品	30.55	28.93	33.85	34.10	28.65
蔬菜	0.12	0.20	0.08	0.09	0.26
水果	11.07	10.23	8.59	10.89	12.72
饮料、烈性酒	1.29	3.25	5.42	5.37	6.66
谷物	0.00	0.00	0.00	0.00	0.02
谷物加工品	4.36	4.03	2.92	2.97	3.08
糖和糖果	9.06	7.67	2.22	8.53	13.19
动物饲料	2.21	0.52	0.07	0.00	0.03
烟草及其替代品	2.07	1.90	1.13	0.53	1.05
其他	2.79	9.62	4.33	3.64	3.01
总计	146.82	158.54	131.63	127.46	147.19

数据来源：联合国商品贸易（UN Comtrade）统计数据库，2018

表5-2　菲律宾对其他国家的农产品出口状况　（单位：千万美元）

种类	2013年	2014年	2015年	2016年	2017年
活动物	1.55	1.10	0.22	0.18	0.21
肉类、鱼类及其制品	87.45	75.48	61.34	57.97	84.35
乳品及其乳制品	2.66	3.91	8.08	8.56	1.99
动物制品	64.07	83.85	64.46	72.30	110.38
植物制品	0.31	0.47	0.82	0.58	0.43
蔬菜、水果、坚果等制品	39.83	48.50	51.55	48.19	47.80
蔬菜	2.54	2.26	1.65	1.73	2.25

（续表）

种类	2013 年	2014 年	2015 年	2016 年	2017 年
水果	129.71	159.43	72.34	101.91	165.70
饮料、烈性酒	2.54	7.35	7.33	7.15	8.25
谷物	0.66	0.61	0.59	0.14	0.23
谷物加工品	29.90	31.55	20.55	17.27	27.06
糖和糖果	23.67	10.04	2.72	2.80	12.33
动物饲料	20.96	14.60	10.37	6.42	7.40
烟草及其替代品	31.97	43.03	28.68	24.45	28.73
肉及食用杂碎	3.46	3.51	1.62	1.00	0.99
其他	19.55	26.22	26.25	19.99	24.94
总计	460.83	511.90	358.58	370.63	523.03

数据来源：联合国商品贸易统计数据库 UN Comtrade，2018

（二）活动物与动物产品

2017 年，菲律宾活动物出口额为 211.24 万美元，比 2000 年增加 43.69 万美元，年均递增 1.37%，比 2016 年增加 23.07 万美元，增长 12.26%。其中，对中国出口额 78.62 万美元，占活体动物出口总额的 37.22%；其次是尼泊尔，出口额 27.42 万美元，占比 12.98%；对韩国出口额 10.90 万美元，占比 5.16%；对其他亚洲国家的出口额为 54.80 万美元，占比 25.94%。对东盟国家中出口额最大的是文莱（7.35 万美元），其次是缅甸（5.33 万美元）、泰国（3.78 万美元）。

肉及食用杂碎出口额为 986.68 万美元，比 2000 年增加了 976.18 万美元，年均递增 30.64%，比 2016 年减少了 11.79 万美元，减少 1.18%。其中，最大出口目的国是日本，出口额为 964.08 万美元，占肉及食用杂碎总出口额的 97.71%；其次是缅甸，出口额 9.97 万美元，占比 1.01%；出口卡塔尔 2.86 万美元，占比 0.3%。

鱼类、甲壳类、软体类及其他水产无脊椎动物的出口额为 53 286.75 万美元，比 2000 年增加 20 522.84 万美元，年均递增 2.9%，比 2016 年增加 8 435.09 万美元，增长 18.81%。2017 年出口 70 个国家和地区，其中，对日本出口额 10 676.908 万美元，占比 20.04%，其次是美国，出口额 9 159.36 万美元，占比 17.19%；出口中国香港 8 606.62 万美元，占比 16.15%；出口中国内地 4 905.62 万美元，占比 9.21%。在东盟国家中出口额最大的是新加坡（814.87 万美元），其次是泰国（555.37 万美元）、印度尼西亚（94.18万美元）。

乳制品、禽蛋、天然蜜及未列名食用动物产品的出口额为2 060.29万美元，比2000年增加735.00万美元，年均递增2.63%，比2016年减少6 513.45万美元，减少76%。此类农产品出口38个国家，而大部分出口到东盟市场。其中，出口马来西亚379.30万美元，占比18.41%；其次是越南，出口额323.03万美元，占比15.68%；新加坡出口额255.00万美元，占比12.38%；印度尼西亚出口额204.50万美元，占比9.93%；阿拉伯联合酋长国出口额181.11万美元，占比8.79%；而出口到中国内地市场的出口额为53.15万美元，占比2.58%。

未列名动物产品的出口额为224.53万美元，比2000年减少了38.43万美元，比2016年减少422.43万美元。主要出口43个国家和地区，主要的出口目的国是美国，出口额47.83万美元，占比21.30%；其次是中国内地市场，出口额38.52万美元，占比17.15%；日本出口额23.87万美元，占比10.63%；英国出口额12.76万美元，占比5.68%。

（三）植物产品

2017年，活树及其他植物，球茎、根及类似品，切花及装饰用叶的出口额为603.82万美元，比2000年增加413.51万美元，年均增长幅度为7.03%，比2016年减少277.85万美元，减少31.51%。此类农产品出口31个国家和地区，其中主要出口目的国是美国，出口额178.01万美元，占比29.48%；其次是荷兰，出口额162.53万美元，占比26.92%；日本114.18万美元，占比18.91%；法国48.08万美元，占比7.96%；德国16.79万美元，占比2.78%；对中国内地市场的出口额为1.75万美元，占比0.23%。

食用蔬菜及部分根菜与块茎菜类的出口额为2 513.57万美元，比2000年减少了84.23万美元，比2016年增加692.95万美元，增长了38.06%。此类农产品主要出口28个国家和地区，其中最大出口目的国是日本，出口额为1 353.67万美元，占比53.85%；其次是东盟的泰国，出口额322.70万美元，占比12.84%；加拿大265.40万美元，占比10.56%；美国260.31万美元，占比10.36%；对中国内地市场的出口额为2.05万美元。

食用果实及坚果、柑橘属果实或甜瓜之外皮的出口额为17.84亿美元，比2000年增加了1.35亿美元，年均增长幅度为8.65%，比2016年增加了6.56亿美元，增长了58.17%。菲律宾此类农产品出口世界94个国家和地区。其中主要出口市场是日本，出口额为4.78亿美元，占比26.78%；其次是中国内地市场，出口额为 3.44 亿美元，占比 19.28%；出口美国 1.27 亿美元，占比 7.13%；出口阿拉伯联合酋长国 1.09 亿美元，占比 6.11%；出口欧盟市场 1.01 亿美元，占比 5.67%。在欧盟市场中，排名前三的是荷兰（0.47 亿美元）、德国（0.18 亿美元）、法国（0.14 亿美元）。

咖啡、茶及香料的出口额为 353.32 万美元，比 2000 年增加 255.95 万美元，年均递增 7.88%，比 2016 年增加 86.65 万美元，增加 32.49%。其中 90.80%出口到了东盟的泰国，约 320.82 万美元；2.67%出口到亚洲的其他国家（9.40 万美元）；2.29%出口到美国（8.08 万美元）。2017 年该类农产品并未出口到中国内地市场。

谷物类的农产品出口额为 256.92 万美元，比 2000 年增加了 189.90 万美元，年均递增 8.23%，比 2016 年增加 113.32 万美元，增长了 78.92%。54.46%的谷物出口到了越南，约 139.93 万美元，20.58%出口到印度尼西亚（52.89 万美元），8.92%出口到美国（22.93 万美元）。2017 年该类农产品并未出口到中国内地市场。

制粉工业产品，麦芽、淀粉、土木香粉（菊芋粉）、面筋等的出口额为 2 301.36 万美元，比 2000 年增加 2 152.18 万美元，年均递增 17.46%，比 2016 年增加 183.76 万美元，增加了 8.68%。此类农产品主要出口世界 38 个国家和地区，东盟国家是主要的出口目的国，2017 年 67.95%出口到了东盟国家，约 1 563.70 万美元；排名前三的国家是泰国（780.84 万美元）、缅甸（471.50 万美元）、越南（210.05 万美元）。出口到美国的约 118.13 万美元。出口到中国香港 193.97 万美元，占总出口额的 8.43%；对中国内地市场的出口额仅 7 604 美元。

油料种子及含油质果实，杂项谷粒、种子及果实，工业用或药用植物，刍草及饲料等的出口额为 2 249.24 万美元，比 2000 年减少了 2 549.73 万美元，比 2016 年增加 546.97 万美元，增加了 32.13%。此类农产品主要出口到世界 45 个国家和地区，其中 16.51%（约 371.40 万美元）出口到西班牙，15.58%（约 350.48 万美元）出口到中国内地市场，10.56%（约 237.57 万美元）出口到泰国，9.24%（约 207.77 万美元）出口到马来西亚；东盟仍是此类农产品的主要出口市场，其次是中国、欧盟和美国。

虫漆、植物胶、树脂、其他植物汁液及萃取物的出口额为 1.63 亿美元，比 2000 年增加了 1.23 亿美元，年均递增 8.63%，比 2016 年减少了 2 868.87 万美元，减少 14.97%。此类农产品主要出口世界 77 个国家和地区，其中对美国的出口额最大，为 3 716.54 万美元，占 22.81%；其次是比利时，出口额为 1 079.75 万美元，占比 6.63%；对丹麦的出口额为 983.94 万美元，占 6.04%。对东盟国家的出口排名前三的是泰国（961.43 万美元）、越南（206.08 万美元）、印度尼西亚（184.99 万美元）。其中，对中国内地市场的出口额为 419.10 万美元，占 2.57%。

编结用植物性材料及未列名植物产品的出口额为 122.60 万美元，比 2000 年增加了 60.52 万美元，年均递增 4.08%，比 2016 年减少 105.68 万美元，减少 46.29%。此类农产品主要出口到世界 16 个国家和地区，其中美国是最大的出口目的国，2017 年对美国的出口额为 46.95 万美元，占比 38.29%；其次是中国内地市场，出口额为 45.81 万美元，占比 37.36%；出口到加拿大 8.61 万美元，占比 7.02%。

天然橡胶和树胶等的出口额为 1.00 亿美元，比 2000 年增加 8 579.29 万美元，年均递增 12.13%，比 2016 年增加 6 369.39 万美元，增加 175%。此类农产品主要出口世界 14 个国家和地区，其中对东盟主要是销往马来西亚，出口额为 8 597.46 万美元，占 85.90%；其次是韩国，出口额为 483.86 万美元，占 4.83%；越南，出口额 206.67 万美元，占 2.06%；对中国内地市场的出口额为 93.44 万美元，仅占 0.93%。

（四）动植物油脂及其分解物，调制食用油脂，动植物蜡

动植物油脂及其分解物，调制食用油脂，动植物蜡等的出口额为 16.65 亿美元，比 2000 年增加 11.99 亿美元，年均递增 7.78%，比 2016 年增加 4.84 亿美元。此类农产品主要出口到世界 64 个国家和地区，其中最大的市场是欧盟市场，出口到欧盟市场的金额为 8.32 亿美元，占 49.98%；排名靠前的 5 个国家分别是荷兰（6.75 亿美元）、意大利（0.68 亿美元）、西班牙（0.38 亿美元）、德国（0.26 亿美元）、瑞典（0.09 亿美元）。第二大市场是美国，出口到美国的金额为 5.63 亿美元，占 4.77%。

（五）调制食品，饮料、酒类及醋，烟草类及烟草类代用品等

肉、鱼或甲壳、软体及其他水产无脊椎动物等的调制品的出口额为 5.30 亿美元，比 2000 年增加 4.56 亿美元，年均递增 12.26%，比 2016 年增加 2.53 亿美元，增加 91.40%。此类农产品主要出口到世界 75 个国家和地区。其中，出口到欧盟的为 2.78 亿美元，占 52.40%，是此类农产品最大的出口市场，排名靠前的五个国家分别是英国（0.78 亿美元）、西班牙（0.18 亿美元）、荷兰（0.16 亿美元）、波兰（0.12 亿美元）、德国（0.10 亿美元）。对其他国家和地区的出口额为 2.52 亿美元，占 47.60%，排名靠前的五个国

家是美国（1.28 亿美元）、日本（0.49 亿美元）、阿拉伯联合酋长国（0.14 亿美元）、秘鲁（0.07 亿美元）、巴布亚新几内亚（0.05 亿美元）。此外，对中国的出口额为 266.81 万美元，占 0.5%。

糖及糖果的出口额为 2.55 亿美元，比 2000 年增加 1.71 亿美元，年均递增 6.73%，比 2016 年增加 1.42 亿美元，增加 125.24%。此类农产品主要出口到世界 54 个国家和地区。其中美国是最大的出口市场，2017 年对美国的出口额为 1.32 亿美元，占 51.70%；其次是中国内地市场，出口额为 0.35 亿美元，占 13.61%；对日本的出口额为 0.20 亿美元，占 7.93%；对越南的出口额为 0.19 亿美元，占 7.79%；出口韩国 0.17 亿美元，占 6.73%。

可可及可可制品的出口额为 1 499.16 万美元，比 2000 年增加 644.42 万美元，年均递增 3.36%，比 2016 年减少 396.75 万美元，减少 20.92%。此类农产品主要出口到世界 43 个国家和地区，其中东盟是最主要的出口市场，2017 年出口到东盟各国的金额为 967.14 万美元，占 64.51%，排名前三的国家分别是马来西亚（602.22 万美元）、新加坡（147.53 万美元）、泰国（86.19 万美元）。其次是美国，出口到美国的金额为 306.06 万美元，占 20.42%；出口澳大利亚 57.80 万美元，占 3.86%。其中对中国内地市场的出口额为 41.44 万美元，占 2.76%。

谷类、面粉、淀粉及奶的调制食品，糕饼类食品的出口额为 2.56 亿美元，比 2000 年增加 2.16 亿美元，年均递增 11.49%，比 2016 年增加 0.92 亿美元，增加 55.90%。此类农产品出口到世界 87 个国家和地区，其中，出口到东盟国家的金额为 8 539.32 万美元，占 33.36%，主要是马来西亚（5 213.74 万美元）、泰国（1 379.38 万美元）、新加坡（510.91 万美元）；对阿拉伯联合酋长国市场的出口额为 2 913.59 万美元，占 11.38%；对美国市场的出口额为 2 833.98 万美元，占 11.07%；出口到欧盟的金额为 685.69 万美元，占 2.68%；对中国内地市场的出口额为 584.00 万美元，仅占 2.28%。

蔬菜、果实、坚果及植物其他部分的制品的出口额为 6.00 亿美元，比 2000 年增加 4.09 亿美元，年均递增 6.96%，比 2016 年减少 2 855.25 万美元，减少 4.54%。此类农产品主要出口到世界 93 个国家和地区，其中，美国是最大的市场，2017 年出口到美国市场的金额为 2.49 亿美元，占 41.45%；出口到欧盟的金额为 1.19 亿美元，占 19.80%，主要是荷兰（2 468.37 万美元）、德国（1 653.05 万美元）、西班牙（1 538.77 万美元）、法国（1 530.65 万美元）、英国（1 486.53 万美元）；出口到东盟国家的金额为 2 314.16 万美元，占 3.85%；对日本市场出口金额为 3 135.07 万美元，占 5.22%；对中国内地市场的出口额为 3 187.83 亿美元，占 5.31%。

杂项调制食品的出口额为 1.56 亿美元，比 2000 年增加 1.07 亿美元，年均递增 7.14%，比 2016 年减少 2 235.07 万美元，减少 12.57%。此类农产品主要出口到世界 83 个国家和地区，其中，美国是最大的出口市场，2017 年出口到美国的金额为 3 002.62 万美元，占 19.31%；出口到东盟的金额为 2 838.37 万美元，占 18.25%，主要是越南（644.70 万美元）、缅甸（602.83 万美元）、新加坡（476.62 万美元）；出口到阿拉伯联合酋长国的金额为 2 149.59 万美元，占 13.82%；欧盟市场的比例较小，2017 年仅出口 563.77 万美元到欧盟市场，占 3.63%；出口到中国内地市场的金额为 177.21 万美元，仅占 1.14%。

饮料、酒类及醋的出口额为 1.31 亿美元，比 2000 年增加 1.16 亿美元，年均递增 13.67%，比 2016 年增加 2 690.25 万美元，增加 25.96%。此类农产品主要出口到世界 69 个国家和地区，其中，48.60%出口到美国市场，出口额为 6 343.60 万美元；出口到欧盟的金额为 1 823.64 万美元，占 13.978%，主要是英国（848.25 万美元）、荷兰（434.51 万美元）、法国（288.23 万美元）；对东盟市场的出口额为 1 426.82 万美元，占 10.93%，主要是新加坡（442.65 万美元）、越南（343.45 万美元）、泰国（300.70 万美元）；对中国内地市场的出口额为 372.99 万美元，占 2.86%。

食品工业产制过程的残渣及废品、调制动物饲料的出口额为 7 428.41 万美元，比 2000 年增加 4 356.13 万美元，年均递增 5.33%，比 2016 年增加 1 010.47 万美元，增加 15.74%。此类农产品主要出口到世界 29 个国家和地区，其中印度是最大的出口市场，2017 年对印度市场的出口额为 2 356.86 万美元，占 31.73%；其次是韩国，出口额为 1 676.62 万美元，占 22.57%；对越南的出口额是 1 656.61 万美元，占 22.30%；对中国内地市场的出口额为 373.71 万美元，占 5.03%。

烟叶及烟叶制品的出口额为 2.98 亿美元，比 2000 年增加 2.59 亿美元，年均递增 12.83%，比 2016 年增加 4 795.36 万美元，增加 19.20%。此类农产品主要出口到世界 45 个国家和地区，其中东盟是最大的市场，2017 年对东盟各国的出口额为 1.66 亿美元，占 55.73%，主要是泰国（6 205.44 万美元）、马来西亚（3 492.69 万美元）、印度尼西亚（3 104.89 万美元）、新加坡（2 701.63 万美元）、越南（1 079.33 万美元）；其次是韩国，对韩国市场的出口额为 5 914. 95 万美元，占 19. 87%；第三是欧盟市场，对欧盟市场的出口额为 2 576. 50 万美元，占 8. 65%，主要是比利时（757. 66 万美元）、德国（423. 22 万美元）、波兰（413. 82 万美元）；对美国市场出口额为 1 047. 05万美元，占 3. 52%；2017 年并没有此类农产品出口到中国内地市场，仅出口至中国香港市场，出口额为 8. 4 万美元。

（六）主要热带农产品出口情况

1. 椰子类产品

菲律宾是世界上数一数二的产椰大国，一年收获约 120 亿个椰子，椰子除生产椰汁、椰肉、椰油、椰粕外，还可以生产椰子纤维、活性炭、椰纤维碎渣等。在菲律宾 10 个椰子壳的收购成本才 0. 6 比索（约 0. 1 元人民币），而且加工方法非常简单。目前，菲律宾只对椰肉进行了利用，而椰壳、椰子纤维、椰壳渣等还没很好的开发利用。椰子类是菲律宾第一出口农产品，椰子类出口产品很多，主要是椰子油、干椰子粉、椰肉油饼、椰子水等。

椰子油是菲律宾第一创汇农产品。2009—2014 年年均出口 97. 73 万吨，其中 2013 年出口 109. 6 万吨；2014 年 79. 53 万吨，月均出口量为 6. 92 万吨；2015 年 1 月出口量达 7. 93 万吨（比 2014 年同期 4. 24 吨提高了 87. 1%），椰子油价格平均达 1 137 美元/吨，高于棕榈仁油的价格 1 010 美元/吨，但 2015 年椰子油出口 84. 37 万吨，较 2014 年减少了 1. 5%。由于菲律宾出现数十年来最严重的干旱天气，2016 年头 7 个月，菲律宾椰子油出口量为 37. 34 万吨，低于上年同期的 49. 18 万吨。2018 年椰子油出口额为 11. 1 亿美元。

棉兰老岛的东达沃省是菲律宾椰子的主要生产地区，2018 年出口的椰子油占菲律宾椰子油出口总量的 60. 6%；干椰子的出口额也占很大比重。

菲律宾椰子油的主要出口市场是荷兰、美国、马来西亚、中国和日本等。其他国家如印度尼西亚、意大利、新加坡、韩国等也从菲律宾进口少量椰子油。菲律宾干椰子粉的主要出口市场是美国、加拿大、英国、德国、澳大利亚、中国台湾。椰子油饼的主要出口市场是韩国、荷兰，其他的出口到新加坡、德国、英国。此外，出口的椰子类产品还包含椰子水、椰糠等。

2. 香蕉

香蕉是菲律宾产量和出口额最高的水果，占农业总产值的 4. 36%。出口的香蕉产品主要是香蕉鲜果、香蕉片、香蕉酱等。菲律宾出口的香蕉主要来自于棉兰老岛的 3 个地区，即达沃地区、北棉兰老岛和南哥苏萨桑，占出口总量的74.8%；其中达沃地区是第一大香蕉出口地。2014年香蕉产品的出口总量为317万吨，出口总值达11.4亿美元；其中新鲜香蕉出口量为199万吨，出口额6.84亿美元。受全球经济下滑和厄尔尼诺气候的影响，菲律宾香蕉出口量持续下滑，据报道，2015年菲律宾香蕉出口额4.4亿美元，比2014年减少61.3%；新鲜香蕉出口量下降到不足75万吨，出口额降为2.42亿美元。但是近年来香蕉出口有所增加，2018年菲律宾香蕉出口价值为15亿美元。

菲律宾香蕉产品主要输往欧盟、美国、日本、韩国、中国和加拿大等国家和地区。日本是菲律宾香蕉鲜果最大的进口国，菲律宾每年有约51%的香蕉鲜果出口至日本市场；鲜果的其他主要进口市场还有阿拉伯联合酋长国、科威特和伊朗等中东国家、韩国、中国等。香蕉片主要出口至美国、德国、英国和北爱尔兰地区。香蕉酱的主要出口市场则是美国、沙特阿拉伯和加拿大。同时，菲律宾还大力开发香蕉新品种出口到外国，如开发贡蕉出口到日本、中国、韩国等市场，开发红蕉出口到日本，开发牛角大蕉出口到新西兰等。海外出口市场对菲律宾香蕉需求不减，尤其是日本和中东市场。

目前，菲律宾是中国最大的香蕉供应商，占中国香蕉进口总额的82%。而中国是菲律宾香蕉仅次于日本的第二大出口市场。未来，中国很可能成为菲律宾香蕉最大的出口市场。

3. 菠萝

菠萝产品出口在菲律宾水果中处于第二位，出口品种包括鲜菠萝、干菠萝、精制品/蜜饯、浓缩汁、非浓缩汁。其中，以精制品/蜜饯、浓缩汁、鲜菠萝为主。作为世界第二大菠萝出口国，菲律宾主要针对亚洲市场出口菠萝，也是中国大陆进口菠萝的主要供应国。2014年，菲律宾菠萝总出口量为46.19万吨，其中9%出口到中国大陆，占据了当年中国大陆进口菠萝市场88%的份额。2015年，菲律宾菠萝出口额为1.054亿美元，位列世界菠萝出口第四位，日本是最大的进口国（占总出口量的35.7%），其次是韩国（占总出口量的24.9%）。

菠萝精制蜜饯制品主要出口到美国、日本、加拿大等国，其他出口到韩国、比利时、德国、西班牙、荷兰、中国等国家。菠萝浓缩汁主要出口到美国、荷兰、日本等国；以及日本、加拿大、新加坡、黎巴嫩等国。鲜菠萝主要出口到日本、韩国；其他少量出口到中国、新西兰、美国等国家和地区。

4. 杧果

杧果是菲律宾出口量与出口额位居第三的水果。菲律宾杧果主要加工为杧果干、杧果巧克力、杧果汁等。

菲律宾杧果主要出口到中国香港和日本，这两大市场是亚洲最大的杧果进口市场；此外，菲律宾杧果也出口至韩国、新加坡、美国、澳大利亚、墨西哥等国。近年来，菲律宾进一步扩大其杧果出口市场，2016 年已进入迪拜市场。据了解，菲律宾目前正在积极与越南、印度尼西亚以及中东国家谈判，希望这些国家开放其国内市场以进口菲律宾杧果。菲律宾杧果鲜果出口居全球第三，杧果总产量的 6%用于出口，其中出口量的 90%是杧果鲜果，10%是杧果加工产品。2013 年马尼拉地区鲜杧果出口量为 790 吨，出口额为 1 329 万美元；2014 年马尼拉鲜出口 1 120 吨的新鲜杧果，出口额为 1 620 万美元。2013 年菲律宾加工杧果出口额为 3 533 万美元，杧果干出口额为 3 076 万美元。

三、菲律宾农产品进口

（一）进口概况

2017 年，菲律宾农产品进口总额为 118. 08 亿美元（图 5-20），其中进口规模较大的农产品主要是谷物，占进口农产品总额的 15. 24%；其次是食品工业产制过程的残渣及废品、调制动物饲料等，占进口总额的 12. 07%；杂项调制食品，占进口总额的 12. 03%；动植物油脂及其分解物、调制食用油脂、动植物蜡等，占进口总额的 9. 61%。

2017 年，菲律宾农产品进口前 10 位的品种：①小麦，进口额为 12. 99 亿美元，占比 11. 00%，同比增加 25. 63%，主要来自美国、澳大利亚和乌克兰等；②提炼豆油所得油渣饼及其他固体残渣，进口额为 9. 84 亿美元，占比 8. 33%，同比增加 5. 02%；③未列名食品，进口额为 7. 13 亿美元，占比 6. 04%，同比增加 3. 48%；④化学改性动植物油脂，混合制非食用油脂，进口额为 6. 39 亿美元，占比 5. 11%，同比增加 4. 75%；⑤冻去骨牛肉，进口额为 3. 81 亿美元，占比 3. 22%，同比增加 21. 33%；⑥含脂量≤1. 5%的固态乳及奶油，进口额为 3. 35 亿美元，占比 2. 84%，同比减少 4. 29%；⑦精米，进口额为 3. 22 亿美元，占比 2. 73%，同比增加 87%，主要来自泰国和越南；⑧以咖啡浓缩精汁或以咖啡为基本成分制品，进口额为 2. 46 亿美元，占比 2. 08%，同比减少 12. 46%；⑨冻鸡块及杂碎，进口额为 2. 36 亿美元，占比 2. 00%，同比减少 10. 28%；⑩狗或猫等动物饲料，进口额为 2. 30 亿美元，占比 1. 95%。

菲律宾农产品进口市场仍是以美国、东盟为主。数据显示（图 5-20），2017 年菲律宾从美国市场进口的农产品占进口总量的 20.60%，达 24.33 亿美元，主要是进口食品工业产制过程的残渣及废品、调制动物饲料，进口额为 8.20 亿美元；其次是谷物，进口额为 6.97 亿美元；乳制品、禽蛋、天然蜜及未列名食用动物产品，进口额为 2.93 亿美元；肉及食用杂碎等，进口额为 1.93 亿美元。

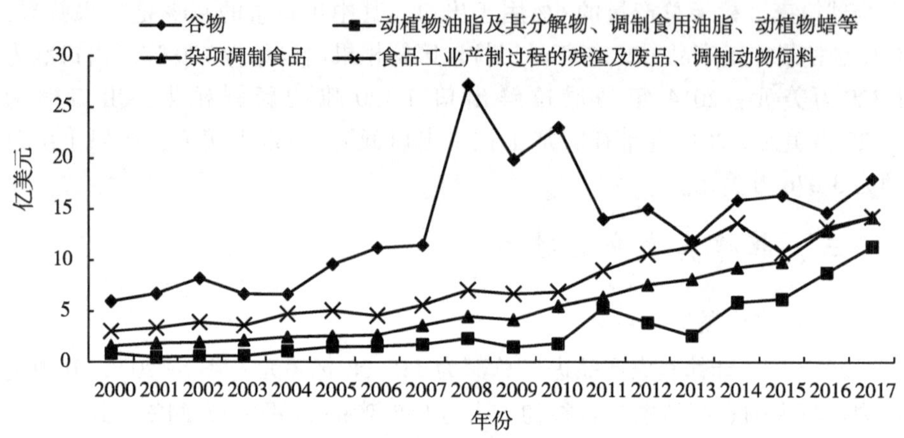

图 5-20　菲律宾主要农产品的进口情况

数据来源：联合国商品贸易（UN Comtrade）统计数据库，2018

（二）活动物与动物产品

2017 年，菲律宾活动物进口额为 682.62 万美元，比 2000 年减少 6 033.77 万美元，比 2016 年减少 1 205.92 万美元，减少 63.85%。其中澳大利亚是最大的进口来源国，进口额为 416.24 万美元，占 60.98%；其次是荷兰，进口额为 185.93 万美元，占 27.24%；从西班牙进口 55.27 万美元，占 8.09%；从中国进口 3.90 万美元，占 0.57%。

肉及食用杂碎的进口额为 10.99 亿美元，比 2000 年增加 9.41 亿美元，年均递增 12.10%，比 2016 年增加 1.73 亿美元，增加 18.75%。主要从世界 26 个国家和地区进口此类农产品，其中美国是最大的来源国，2017 年进口额为 1.93 亿美元，占 17.52%；其次是澳大利亚，进口额为 1.36 亿美元，占 12.39%；从印度的进口额为 1.18 亿美元，占 10.77%；从德国的进口额为 1.04 亿美元，占 9.51%；加拿大为 1.01 亿美元，占 9.16%。从中国进口此类产品仅 5.18 万美元。

鱼类、甲壳类、软体类及其他水产无脊椎动物的进口额为5.40亿美元，比2000年增加4.69亿美元，年均递增12.72%，比2016年增加1.46亿美元，增加37.16%。主要从世界50个国家和地区进口此类农产品，其中从中国市场的进口额为1.67亿美元，占30.87%；其次是越南，进口额为1.05亿美元，占19.46%；巴布亚新几内亚，进口额为1.04亿美元，占19.21%；日本，进口额为2 414.14万美元，占4.47%；韩国，进口额为2 122.06亿美元，占3.93%。

乳制品、禽蛋、天然蜜及未列名食用动物产品的进口额为9.60亿美元，比2000年增加5.56亿美元，年均递增5.22%，比2016年增加1.19亿美元，增加14.12%。主要从世界53个国家和地区进口此类农产品，其中新西兰是最大的进口来源国，2017年从新西兰进口3.85亿美元，占40.13%；其次是美国，进口额为2.09亿美元，占21.80%；欧盟市场主要是从德国（4 827.12万美元）、荷兰（4 618.72万美元）、法国（3 168.69万美元）、比利时（2 088.33万美元）、波兰（1 470.33万美元）进口此类农产品；东盟市场主要是马来西亚（2 060.65万美元）、新加坡（1 040.14万美元）；从中国市场的进口额为485.72万美元，占0.51%。

未列名动物产品的进口额为3 662.74万美元，比2000年增加3 289.09亿美元，年均递增14.37%，比2016年增加42.76万美元，增加118%。主要从世界25个国家和地区进口此类农产品，其中最大的进口来源国是美国，2017年的进口额为2 022.88万美元，占55.23%；其次是欧盟的德国（533.21万美元）、意大利（146.11万美元）、匈牙利（119.61万美元）；加拿大（309.84万美元）、日本（138.33万美元）；从中国的进口额为13.40万美元，占0.37%。

（三）植物产品

活树及其他植物，球茎、根及类似品，切花及装饰用叶的进口额为217.51万美元，比2000年增加90.57万美元，年均递增3.22%，比2016年减少32.41万美元，减少12.96%。主要从世界11个国家和地区进口此类农产品，其中最大的进口来源国是以色列，进口额为88.79万美元，占40.82%；其次是荷兰，进口额为65.64万美元，占30.18%；美国，进口额为21.41万美元，占9.84%；从中国的进口额为20.00万美元，占9.20%。

食用蔬菜及部分根菜与块茎菜类的进口额为1.18亿美元，比2000年增加8 139.98万美元，年均递增7.10%，比2016年增加364.68万美元，增加

3.18%。主要从世界37个国家和地区进口此类农产品，其中中国是最大的进口来源国，2017年，从中国的进口额为4 625.51万美元，占39.12%；其次是美国，进口额为2 106.84万美元，占17.82%；缅甸，进口额为1 235.44万美元，占10.45%；加拿大，进口额为1 209.61万美元，占10.23%。

食用果实及坚果、柑橘属果实或甜瓜的外果皮等的进口额为3.51亿美元，比2000年增加3.07亿美元，年均递增13.07%，比2016年增加2 398.27万美元，增加7.33%。主要从世界34个国家和地区进口此类农产品，其中最大的进口来源国是中国，进口额为2.15亿美元，占61.20%；其次是美国，进口额为6 376.23万美元，占18.18%；奥地利，进口额为1 806.78万美元，占5.15%；巴基斯坦，进口额为1 468.76万美元，占4.19%。

咖啡、茶、马黛茶及香料的进口额为9 455.35万美元，比2000年增加7 635.53万美元，年均递增10.18%，比2016年减少2 677.86万美元，减少22.07%。主要从世界38个国家和地区进口此类农产品，其中东盟市场是最主要的进口来源国，2017年从越南进口6 433.65万美元，占68.04%；其次是印度尼西亚（561.53万美元，占5.94%）、马来西亚（534.10万美元，占5.65%）、新加坡（416.78万美元，占4.41%）；此外印度也是主要进口来源国，进口额为504.53万美元，占5.33%；从中国的进口额为234.40万美元，占2.49%。

谷物的进口额为18亿美元，比2000年增加12.05亿美元，年均递增6.72%，比2016年增加3.35亿美元，增加22.91%。主要从世界32个国家和地区进口此类农产品，其中，美国是最大的进口来源国，进口额为6.97亿美元，占38.70%；其次是澳大利亚，进口额为4.18亿美元，占23.20%；越南，进口额为1.93亿美元，占10.72%；泰国，进口额为1.81亿美元，占10.06%；乌克兰，进口额为1.27亿美元，占7.07%；从中国的进口额为1 355.25万美元，占0.75%。

制粉工业产品，如麦芽、淀粉、土木香粉（菊芋粉）、面筋等的进口额为2.41亿美元，比2000年增加1.77亿美元，年均递增8.11%，比2016年增加530.92万美元，增加2.26%。主要从世界36个国家和地区进口此类农产品，其中，欧盟和东盟是其主要的进口来源市场，东盟主要进口来源国是泰国（3 736.48万美元，占15.53%）、越南（3 327.07万美元，占13.83%）、印度尼西亚（1 928.93万美元，占8.02%）；欧盟主要的进口来源国是德国（1 547. 46 万美元，占 6. 43%）、法国（1 178. 02 万美元，占 4. 90%）、丹麦（935. 84 万美元，占 3. 89%）；此外，澳大利亚（3 747. 37，占 15. 58%）、土耳其（1 913. 55 万美元，占 7. 95%）等也是主要的进口来源国；从中国的进口额为 2 843. 40 万美元，占 11. 82%。

油料种子及含油质果实、杂项谷粒、种子及果实，工业用或药用植物，刍草及饲料的进口额为 2. 69 亿美元，比 2000 年增加 1. 69 亿美元，年均递增 5. 97%，比 2016 年增加 7 642. 65 万美元，增加 39. 60%。主要从世界 50 个国家和地区进口此类农产品，其中，美国是最主要的进口来源国，进口额为 8 840. 93 万美元，占 32. 81%；其次是巴布亚新几内亚，进口额为 5 250. 43 万美元，占 19. 49%；所罗门群岛，进口额为 2 049. 89 万美元，占 7. 61%；瓦努阿图，进口额为 1 870. 86 万美元，占 6. 94%；印度，进口额为 1 632. 13 万美元，占 6. 07%；从中国的进口额为 2 090. 58 万美元，占 7. 76%。

虫漆、植物胶、树脂及其他植物汁液及萃取物的进口额为 3 887. 52 万美元，比 2000 年增加 2 418. 92 万美元，年均递增 5. 89%，比 2016 年减少 161. 14 万美元，减少 3. 98%。主要从世界 38 个国家和地区进口此类农产品，其中，中国是最主要的进口来源国，进口额为 1 526. 04 万美元，占 39. 25%；其次是美国，进口额为 461. 83 万美元，占 11. 88%；丹麦，进口额 363. 63 万美元，占 9. 35%；印度尼西亚，进口额 293. 20 万美元，占 7. 54%；法国，进口额 242. 15 万美元，占 6. 23%。

编结用植物性材料及未列名植物产品的进口额为 82. 57 万美元，比 2000 年减少 90. 80 万美元，比 2016 年增加 38. 09 万美元，增加 85. 62%。主要从世界 10 个国家和地区进口此类农产品，其中，越南是最主要的进口来源国，进口额为 75. 74 万美元，占 91. 72%；其次是中国，进口额为 2. 16 万美元，占 2. 61%；泰国，进口额为 1. 77 万美元，占 2. 14%。

天然橡胶和树胶等的进口额为 3 919. 86 万美元，比 2000 年增加 3 882. 31 万美元年均递增 28. 22%，比 2016 年增加 1 743. 43 万美元，增加 79. 38%。

（四）动植物油脂及其分解物，调制食用油脂，动植物蜡等

动植物油脂及其分解物，调制食用油脂，动植物蜡等的进口额为 11. 35 亿美元，比 2000 年增加 10. 51 亿美元，年均递增 16. 54%，比 2016 年增加 2. 56 亿美元，增加 29. 19%。主要从世界 40 个国家和地区进口此类农产品，

其中，东盟市场是最主要的进口来源地，主要是马来西亚（进口额为 5.95 亿美元，占 52.44%）、印度尼西亚（进口额为 4.35 亿美元，占 38.30%）、泰国（2 050.37 万美元，占 1.81%）；其他主要来源国有澳大利亚（1 570.83 万美元）、西班牙（1 003.66 万美元）、美国（328.24 万美元）；其中从中国的进口额为 378.76 万美元，占 0.33%。

（五）调制食品，饮料、酒类及醋，烟草类及烟草类代用品等

肉、鱼或甲壳、软体及其他水产无脊椎动物等的调制品的进口额为 4 996.16 万美元，比 2000 年增加 3 727.35 万美元，年均递增 8.39%，比 2016 年增加 221.38 万美元，增加 4.63%。主要从世界 35 个国家和地区进口此类农产品，其中，美国（进口额为 1 556.90 万美元，占 31.16%）和中国（进口额 1 223.49 万美元，占 24.49%）是最主要的进口来源国；其他的主要来源国是泰国（847.39 万美元）、澳大利亚（274.40 万美元）、巴西（156.21 万美元）、新西兰（135.45 万美元）、马来西亚（124.31 万美元）、印度尼西亚（118.62 万美元）。

糖及糖果的进口额为 4.24 亿美元，比 2000 年增加 3.21 亿美元，年均递增 8.67%，比 2016 年减少 1.31 亿美元，减少 23.52%。主要从世界 49 个国家和地区进口此类农产品，其中中国是最主要的来源国，2017 年从中国的进口额为 2.08 亿美元，占 48.91%；其次是东盟的泰国（7 588.95 万美元）、印度尼西亚（3 589.54 万美元）、越南（1 697.83 万美元）；其他的主要来源国有韩国（2 856.86 万美元）、美国（1 652.83 万美元）；欧盟市场也是此类农产品的主要进口来源国，主要有比利时（334.08 万美元）、德国（272.18 万美元）、法国（228.05 万美元）等。

可可及可可制品的进口额为 1.79 亿美元，比 2000 年增加 1.29 亿美元，年均递增 7.78%，比 2016 年减少 7 032.69 万美元，减少 28.15%。主要从世界 41 个国家和地区进口此类农产品，其中东盟市场的主要国家是马来西亚（3 984.50 万美元，占 22.20%）、印度尼西亚（2 918.46 万美元，占 16.26%）、新加坡（1 678.99 万美元，占 9.36%）；欧盟市场的主要来源国家是荷兰（1 077.94 万美元，占 6.00%）、德国（306.33 万美元）、比利时（193.08 万美元）；其他的包括美国（2 850.65 万美元，占 15.88%）、瑞士（1 169.07 万美元，占 6.51%）；从中国的进口额为 1 259.07 万美元，占 7.02%。

谷类、粉、淀粉及奶的调制食品的进口额为 4.13 亿美元，比 2000 年增加 3.14 亿美元，年均递增 8.75%，比 2016 年增加 2 695.60 万美元，增加 6.98%。主要从世界 51 个国家和地区进口此类农产品，其中东盟是其最主要的进口来源市场，主要是印度尼西亚（1.27 亿美元，占 30.71%）、马来西亚（6 792.43 万美元，占 16.44%）、新加坡（6 452.52 万美元，占 15.62%）、泰国（3 009.80 万其美元，占 7.39%）；其次是澳大利亚（2 009.97 万美元，占 4.87%）、美国（1 788.58 万美元，占 4.33%）；从中国的进口额为 1 924.11 万美元，占 4.66%。

蔬菜、果实、坚果及植物其他部分的制品的进口额为 3.02 亿美元，比 2000 增加 2.41 亿美元，年均递增 9.92%，比 2016 年增加 6 897.15 万美元，增加 29.64%。主要从世界 51 个国家和地区进口此类农产品，其中美国是最主要的进口来源国，进口额为 1.00 亿美元，占 33.18%；欧盟市场主要是比利时（3 457.45 万美元，占 11.46%）、荷兰（1 989.49 万美元，占 6.59%）、德国（644.75 万美元，占 2.14%）；东盟市场主要是来自泰国（2 007.77 万美元，占 6.65%）、马来西亚（750.75 万美元，占 2.49%）、越南（503.03 万美元，占 1.67%）；此外从加拿大进口额 1 879.46 万美元，占 6.23%；从中国市场进口额 5 040.67 万美元，占 16.71%。

杂项调制食品的进口额为 14.21 亿美元，比 2000 年增加 12.64 亿美元，年均递增 13.83%，比 2016 年增加 1.29 亿美元，增加 10.02%。主要从世界 51 个国家和地区进口此类农产品，其中东盟市场是最主要的进口来源，主要是印度尼西亚（3.56 亿美元，占 25.05%）、新加坡（2.42 亿美元，占 17.05%）、泰国（1.90 亿美元，占 13.36%）、越南（1.11 亿美元，占 7.84%）；其次中国市场，进口额为 1.44 亿美元，占 10.11%；美国，进口额为 1.29 亿美元，占 9.06%；欧盟市场主要是荷兰（2 582.24 万美元）、意大利（539.84 万美元）、法国（448.71 万美元）。

饮料、酒类及醋的进口额为 5.63 亿美元，比 2000 年增加 4.95 亿美元，年均递增 13.21%，比 2016 年增加 9 047.40 万美元，增加 19.14%。主要从世界 49 个国家和地区进口此类农产品，其中美国和泰国是最主要的来源国，从美国的进口额为 1.80 亿美元，占 32.02%；从泰国的进口额为 1.02 亿美元，占 18.16%；东盟市场除了泰国，其他的主要来源国是印度尼西亚（5 734.19 万美元）、新加坡（3 566.90 万美元）、越南（1 267.45 万美元）；其他的主要来源国包括西班牙（4 666.09 万美元）、巴基斯坦（4 295.75 万美元）；从中国的进口额为 1 342.51 万美元，占 2.38%。

食品工业产制过程的残渣及废品、调制动物饲料的进口额为 14.26 亿美元，比2000年增加11.22亿美元，年均递增9.52%，比2016年增加1.62亿美元，增加8.05%。主要从世界57个国家和地区进口此类农产品，其中美国和阿根廷是最主要的进口来源国，从美国的进口额为8.20亿美元，占57.50%；从阿根廷的进口额为2.66亿美元，占18.68%；欧盟市场主要是意大利（6 361.31万美元）、荷兰（2 601.29万美元）、德国（2 076.87万美元）；东盟市场主要是泰国（2 854.07万美元）、越南（2 203.32万美元）、新加坡（1 744.07万美元）；从中国的进口额为2 047.28万美元，占1.44%。

烟叶及烟叶制品的进口额为2.66亿美元，比2000年增加1.15亿美元，年均递增3.39%，比2016年增加2 544.59万美元，增加10.58%。主要从世界48个国家和地区进口此类农产品，其中东盟是最主要的进口来源市场，主要是马来西亚（4 239.68万美元，占15.94%）、泰国（1 682.45万美元，占6.33%）、新加坡（955.50万美元，占3.59%）；其他的主要是德国（1 711.06万美元）、新西兰（1 699.37万美元）、埃及（1 419.90万美元）；从中国的进口额为2 629.91万美元，占9.89%。

第三节　热带农产品消费

一、热带农产品的流通

（一）流通渠道

菲律宾热带农产品流通的主要渠道包括农产品批发市场、农贸市场、大型超市与其他零售终端，其中农产品批发市场在菲律宾农产品流通中有着重要作用，尤其是对于初次上市的农产品。菲律宾农产品批发市场大部分都位于马尼拉、宿雾等城市，经营蔬菜、水果、肉类、海产品、花草等批发业务。不仅具有营业执照的超市、餐馆可以进入市场采购，附近的农民、个体等也可以在市场内自由买卖。如马尼拉东部奎松市菜市场是马尼拉最大的蔬菜批发市场，供应了几乎整个城市的蔬菜，农村的农民可以直接将农产品运送到该批发市场进行销售。宿雾的卡尔邦市场Carbon Market是宿雾最大的水果市场，所有附近山区种植的新鲜水果都会运到这里出售。

菲律宾农产品的其他流通渠道主要包括农贸市场、超市、便利店、肉店、菜店等，是菲律宾农产品流通的零售终端。其中，农贸市场布局合理，在不同区域设置的交易市场，居民可以就近购买所需农产品。此外，还有各大公司在菲律宾开设的各类大型超市、折扣超市和农贸市场相结合的终端市场，如 SM Supermarket、METRO、Rustan's、Landmark 等。目前，有不少大型超市都采取直接与生产商签订长期的买卖合同，为消费者提供新鲜、实惠的农产品。

（二）流通的变化趋势

总的来说，菲律宾农产品的流通渠道趋于减少，一方面主要是为了保障农产品尤其是生鲜农产品的新鲜度，提高农产品的附加值；另一方面是消费者越来越关注农产品的质量安全，有品质保障的农产品、生态农业应运而生。如菲律宾首都马尼拉附近的玛雅农场，其前身是一面粉厂，为了充分利用面粉厂产生的大量麸皮，建立了养畜场和鱼塘；为了增加农场收入，建立了肉食加工和罐头制造厂；为了控制粪肥污染和循环利用各种废弃物，玛雅农场陆续建起十几个沼气生产车间，每天产生沼气十几万米^3，提供了农场生产和家庭生活所需要的能源。另外，从产气后的沼渣中，还可回收一些牲畜饲料，其余用作有机肥料。产气后的沼液经藻类氧化塘处理后，送入水塘养鱼养鸭，最后再取塘水、塘泥去肥田。农田生产的粮食又送面粉厂加工，进入又一次循环。农场与高档酒店对接，直接提供高品质的农副产品①。

二、主要热带农产品消费

（一）粮食产品的消费

菲律宾的粮食供给远未能达到满足国内粮食需求，因此，每年均需要进口大量的粮食以满足国内粮食需求。谷物类粮食在菲律宾粮食生产中占据重要地位，占粮食总产量的99%左右，其中以稻谷和玉米为主。稻谷在菲律宾粮食中所占份额最大，在大多年份里所占份额均高达70%以上②。据菲律宾统计局数据显示（表5-3），1990年菲律宾稻谷生产量为609.5万吨，进口60.6万吨，加上上年的库存169万吨，全年稻谷的总供应量为839.1万吨。其中种子用粮16.3万吨，饲料用粮39.6万吨，加工用粮24.4万吨，库存189.9万吨；当年人均用粮92.53千克/年，人均253.51克/天。虽然随着农

① 世界生态农业典范——菲律宾玛雅农场［EB/OL］.［2018-12-15］. http://baijiahao.baidu.com/s? id=1601060754370144307&wfr=spider&for=pc.

② 陈丽霞．菲律宾粮食供给概况及其影响因素分析［J］．东南亚纵横，2014（6）：13-16.

业生产技术的发展以及对自然灾害的预防增强，国内稻谷生产量在逐年增加，但仍无法满足国内用粮需求，进口量也在逐年增加，进口最多的年份是2008年，稻谷进口量达243.2万吨，当年国内粮食生产量为1 099.7万吨，而国内稻谷总供应量为1 560.1万吨，进口量占总供应量的15.56%。从1990—2017年，菲律宾用于食用的稻谷比例不断扩大，其他用于种子、饲料、加工及库存的稻谷比例也有增加但量小。2017年菲律宾粮食总供应量为1 625.6万吨，其中进口88.5万吨，国内生产1 260.7万吨；其中用于直接食用的为1 240.70万吨，占稻谷食用量的76.32%，人均118.25千克/年，人均食用量比1990年增加了25.72千克/年。此外，用于加工即间接食用的稻谷为50.4万吨，占稻谷食用量的3.10%，比1990年增加了26万吨。稻谷制品比例趋于增加，消费方式呈现多元化。

表5-3　1990—2017年菲律宾稻谷和玉米的利用状况　（单位：万吨）

年份	种类	稻谷	玉米	年份	种类	稻谷	玉米
1990年	种子	16.30	7.60	2010年	种子	21.40	5.00
	饲料	39.60	315.50		饲料	67.00	414.50
	加工	24.40	64.80		加工	41.30	85.10
	库存	189.90	60.20		库存	342.40	15.30
	食用	568.90	85.70		食用	1 060.10	152.00
	合计	839.10	533.80		合计	1 532.20	671.90
2000年	种子	19.80	5.00	2017年	种子	23.60	5.10
	饲料	52.70	293.20		饲料	81.90	514.50
	加工	32.40	60.20		加工	50.40	105.60
	库存	216.60	19.00		库存	229.00	95.20
	食用	789.20	142.10		食用	1 240.70	156.90
	合计	1 110.70	519.50		合计	1 625.60	877.30

数据来源：陈丽霞，菲律宾粮食供给概况及其影响因素分析，东南亚纵横，2014（6）：13-16

（二）热带水果的消费

菲律宾的热带水果主要是香蕉、杧果、菠萝、番木瓜等，菲律宾的新鲜水果除了供应国内市场消费，还出口到世界各地，特别是菠萝、香蕉、杧果等，特别是近年来，出口量不断增加。1990年菲律宾热带水果出口量为93.63万吨，2000年增加到177.78万吨，到2017年出口量增加至336.87万吨，比1990年增加了259.79%。从图5-21可以看出，菲律宾国内直接食用水果的规模占据大部分，且逐年增加，2017年略有减少；加工水果所占比例也较大；还有一部分作为饲料及其他用途。2017年菲律宾水果食用用途为682.11万吨，占水果类总使用量的51.20%，人均食用量为178.15克/天，其中食用量最大的水果是香蕉，达113.7克/天，其次是菠萝，食用量为28.44克/天。在1990年，菲律宾水果的直接食用量为365.12万吨，占总量的59.31%，人均食用量为162.93克/天。相比较1990年而言，菲律宾国内水果的消费量在减少，而出口规模在不断扩大。

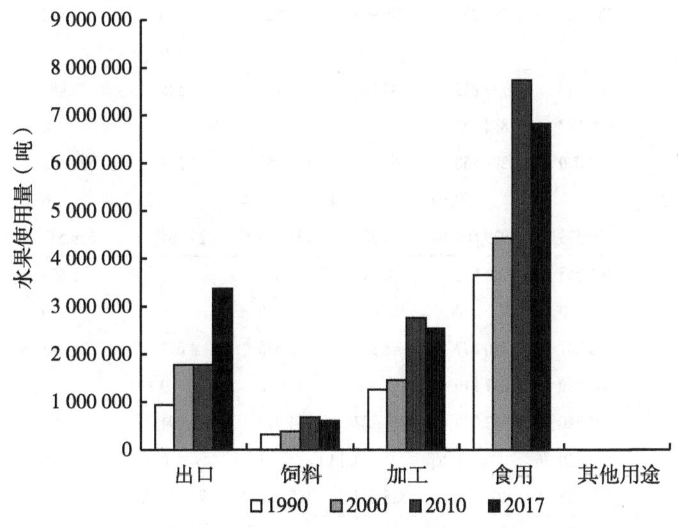

图5-21　菲律宾水果食用情况

数据来源：菲律宾统计局，2018

以香蕉为例说明菲律宾具体水果的消费情况（表5-4）。香蕉是菲律宾生产的第一大水果，也是菲律宾出口额最高的水果，占农业总产值的4.36%；香蕉产品出口主要是香蕉鲜果、香蕉片、香蕉酱等。达沃市是菲律宾第一大香蕉出口地。1990年菲律宾香蕉出口78.18万吨，直接食用量为190.29万吨，用于饲料的为16.55万吨，加工用途的68.94万吨，其他用途的30.95吨；香蕉出口量逐年增加，到2017年香蕉出口量为285.56万吨，直接食用435.44万吨，饲料用途37.86万吨，加工用15.78万吨，其他用途41.5吨。不论是食用还是加工或用于饲料，规模远超1990年。

表 5-4　1990—2017 年菲律宾各类热带水果的利用状况　（单位：吨）

年份	类别	菠萝	香蕉	杧果	番木瓜	榴梿	其他	合计
1990	出口	135 726	781 828	12 464	773	0	5 481	936 272
	种子	0	0	0	0	0	0	0
	饲料	77 156	165 467	26 491	5 045	1 579	37 441	313 179
	加工	565 812	689 447	0	0	0	0	1 255 259
	食用	642 969	1 902 874	415 031	79 037	24 744	586 533	3 651 188
	其他用途	10.46	30.95	6.75	1.29	0.4	9.54	59.39
	合计	1 421 673.46	3 539 646.95	453 992.8	84 856.29	26 323.4	629 464.5	6 155 957
2000	出口	135 424	1 599 352	38 996	2 524	0	1 452	1 777 748
	种子	0	0	0	0	0	0	0
	饲料	85 448	199 813	48 560	7 127	1 546	33 487	375 981
	加工	626 622	832 555	0	0	0	0	1 459 177
	食用	712 070	2 297 850	760 772	111 653	24 218	524 642	4 431 205
	其他用途	9.31	30.04	9.94	1.46	0.32	6.88	57.95
	合计	1 559 573.31	4 929 600.04	848 337.9	121 305.5	25 764.32	559 587.9	8 044 169
2010	出口	164 553	1 590 066	20 115	1 391	1	1 653	1 777 779
	种子	0	0	0	0	0	0	0
	饲料	120 281	450 677	48 334	9 875	4 653	36 445	670 265
	加工	882 059	1 877 819	0	0	0	0	2 759 878
	食用	1 002 340	5 182 779	757 227	154 715	72 894	571 006	7 740 961
	其他用途	10.76	55.65	8.13	1.66	0.78	6.13	83.11
	合计	2 169 243.76	9 101 396.65	825 684.1	165 982.7	77 548.78	609 110.1	12 948 966
2017	出口	494 273	2 855 635	16 116	2 255	193	195	3 368 667
	种子	0	0	0	0	0	0	0
	饲料	130 647	378 642	43 255	9 887	3 976	30 844	597 251
	加工	958 074	1 577 675	0	0	0	0	2 535 749
	食用	1 088 721	4 354 384	677 661	154 901	62 289	483 114	6 821 070
	其他用途	10.38	41.5	6.46	1.48	0.59	4.6	65.01
	合计	2 671 725.38	9 166 377.5	737 038.5	167 044.5	66 458.59	514 157.6	13 322 802

数据来源：菲律宾统计局，2018

（三）主要经济作物消费情况

菲律宾的经济作物主要是椰子、甘蔗、天然橡胶等，以加工成半成品或成品出口。椰子在 1990 年国内生产量为 1 194.20 万吨（表 5-5），直接出口仅 1 220 吨，其余的都在国内使用。除了用于种子的 11.94 万吨，加工成食品（如椰子油、干椰子粉、椰肉油饼、椰子水）的有 477. 68 万吨，加工成非食品（如产椰子纤维、活性炭、椰纤维碎渣）的有 644. 80 万吨，而直接食用的为 59. 65 万吨，人均食用量 9. 7 千克/年，26. 58 克/天；2017 年国内生产量为 1 404. 91 万吨，直接出口 1 334 吨，14. 05 万吨用于种子，561. 97 万吨用于加工食品用途，758. 58 万吨用于加工成非食品，直接食用量为 70. 18 万吨，人均食用量 6. 69 千克/年，18. 33 克/天。

表 5-5　1990—2017 年菲律宾椰子利用状况　　（单位：吨）

年份	生产量	进口	总供应量	出口	国内使用总量	种子	加工成食品	加工成非食品	直接食用量	人均食用量（千克/年）	人均食用量（克/天）
1990	11 941 960	0	11 941 960	1 220	11 940 740	119 420	4 776 784	6 448 000	596 536	9. 7	26. 58
2000	12 994 654	0	12 994 654	1 581	12 993 073	129 947	5 197 862	7 016 259	649 005	8. 48	23. 23
2010	15 510 283	0	15 510 283	2 449	15 507 834	155 103	6 204 113	8 374 230	774 388	8. 31	23. 00
2017	14 049 131	11	14 049 142	1 334	14 047 808	140 491	5 619 657	7 585 816	701 844	6. 69	18. 33

数据来源：菲律宾统计局，2018

甘蔗是菲律宾主要经济作物，菲律宾是东南亚的主要产糖国之一，其蔗糖是美国糖类的主要来源；甘蔗多作为糖原料加工成精糖和原糖出口，直接出口的较少。数据显示（表 5－6），1990 年，菲律宾甘蔗生产量为 1 866. 69 万吨，全部供国内使用，其中直接食用的仅 18. 67 万吨，而用于加工的达 1 848. 02 万吨，占总量的 99%。2017 年菲律宾甘蔗生产量增加到 2 928. 69 万吨，其中用于国内加工使用的有 2 899. 40 万吨，仍占总量的 99%，直接食用量为 29. 29 万吨，这说明菲律宾的甘蔗出口创汇一直占重要地位，国内对甘蔗的加工利用规模在持续扩大。

表 5-6　1990—2017 年菲律宾甘蔗利用状况　　（单位：吨）

年份	生产量	进口	总供应量	出口	加工用途	直接食用量	人均（千克/年）	人均（克/天）
1990	18 666 861	0	18 666 861	0	18 480 192	186 669	3. 04	8. 33
2000	21 223 438	0	21 223 438	17	21 011 204	212 217	2. 77	7. 59
2010	17 929 269	0	17 929 269	b/	17 749 976	179 293	1. 93	5. 29
2017	29 286 893	b/	29 286 893	1	28 994 024	292 868	2. 79	7. 64

数据来源：菲律宾统计局，2018，注：b/示不足 1 吨

三、消费的影响因素及发展趋势

农产品消费需求是指在一定时期内，消费者愿意按照现行价格购买某种商品农产品的数量。一般来说，影响农产品市场消费的因素有消费者的收入水平、中间需求（包括农业、工业及相关行业）的变化、消费者的偏好、文化习俗、人口数量与结构以及替代品的价格等[①]。就菲律宾来说，影响消费者对热带农产品的选择有很多因素，如农产品价格波动不仅会直接影响农民的收入水平，也会影响居民的消费水平。农产品价格上涨，导致居民家庭消费支出的增多，直接降低其消费水平。而从消费需求角度来看，随着收入的增加，居民食品消费不再满足于基本需求，而是向健康和营养化发展，这也导致消费结构发生了变化。此外，从消费观念的角度出发，居民的消费观念越来越趋于向绿色健康多样化，更加注重营养价值，增加了对营养程度高的食品购买量，消费结构发生变化[②]。

此外，当地政府的政策对农产品消费的影响也是一大主要因素。菲律宾政府在国内农产品消费上也采取了一定的积极措施来保障消费者的权益，特别是对于一些必要的消费品。菲律宾出台了食用农产品的基本法《食品安全法》，对菲律宾食用农产品的生产、销售和进出口都有严格规定，确保食物和食品安全达到高标准。菲律宾农业部和卫生部等相关部门依据该法制定了食用农产品相关的政策和规范。此外，对于食用农产品的标准化，菲律宾并没有制定农药最大残留限量的国家标准，而是完全参照国际食品法典委员会的规定，如蔬菜、水果、肉类等都必须符合国际食品法典委员会和世界动物卫生组织制定的标准。

对于国内产量不足而无法满足国内需求的农产品，政府部门也在采取一定的政策措施来提高农产品产量，如菲律宾的大米一直以来都处于供不应求的状态，特别是在 2008 年，国际粮价随着石油价格一路飙升，大米每吨由 400 美元迅速上涨至 700 多美元，全球粮食危机爆发。此时，菲律宾国内米价由每千克 24.06 比索猛涨至 27.20 比索，随后突破 30.00 比索，市场出现严重恐慌和囤积现象，菲律宾政府一边采取严格措施管理市场，一边四处购粮。但此时几乎全球所有的出口渠道均已关闭。最终，菲律宾政府不惜动用

① 丁士军，史俊宏．全球化中的大国农业——英国农业［M］．北京：中国农业出版社，2013.

② 冷凯君，陈金波，刘莉芝，等．农产品价格波动对居民食品消费行为的影响研究［J］．商业经济研究.2017（13）：103-106.

东盟政治伙伴关系，才从越南和泰国购得了大米。但价格达到了创纪录的每吨 1 200 美元，而 2007 年价格为每吨 350~400 美元。经过这场危机，菲律宾政府意识到，粮食供应短缺和价格上涨都会引发社会骚乱和政治危机，唯有自力更生、实现自给，才是根本出路。2008 年 4 月 4 日，菲律宾政府召开粮食峰会，专题研究农业发展问题。阿罗约总统在会上提出“田野计划（FIELDS）”。其中，F 代表肥料，I 代表灌溉，E 代表推广，L 代表信贷，D 代表农机，S 代表种子。菲律宾政府计划为此拨款 480 亿比索（约合 12 亿美元）。之后，菲律宾农业部正式提出“大米自给计划”，旨在以实施“田野计划”为依托，到 2013 年稻谷总产量达到 2 158 万吨，实现 98%的自给，减少对大米进口的依赖。2010 年 6 月阿基诺三世政府上台后，延续了此计划，但将 2013 年稻谷总产量目标修正为 2 111 万吨①。虽然一直到目前，菲律宾国内大米仍无法达到自给状态，但政府部门一直在积极地实施此项计划，以期早日实现国内大米自给。

随着菲律宾国内经济的发展，居民收入的提高，农产品消费也在发生改变。农产品是居民生存发展的基础，随着居民消费结构的升级，农产品直接消费量可能会下降，但总消费量将保持逐步增加的态势，尤其是深加工农产品的需求量将增加；随着居民消费档次的提升和消费理念的转变，农产品消费定位将在温饱的基础上加速向享受和发展转变，在追求消费数量的基础上，居民将更注重消费质量和消费安全，高端农产品的市场需求量将逐步提高，农产品消费结构将在多样化的基础上向高端化转移②。

① 仇志军．菲律宾为何迟迟未能实现大米自给［J］．中国稻米，2015，21（5）：50-52.

② 李圣军．新时期农产品消费特点及发展趋势［J］．AO 农业展望，2013（5）：65-69.

第六章 菲律宾农业科技发展

第一节 农业科技管理体系

一、农业科技行政管理结构

菲律宾政府对国内农业的科研工作十分重视，20 世纪 70 年代以来，政府提供的农业科研经费占国民生产总值的 0.47%，高于亚太地区其他国家平均 0.2%~0.4%。1972 年为了解决菲律宾国内各种研究单位之间项目重复以及人力、物力极度分散等问题，成立了菲律宾农业和资源研究委员会（隶属菲律宾农业部，现更名为菲律宾农业、林业、自然资源研究开发委员会，缩写为 PCARRD）。1986 年，其成员发展到 108 个，包括国家、地区、研究站三级应用和协作机构。菲律宾农业、林业、自然资源研究开发委员会是一个国家级的组织，负责制定农业研究政策，协调各级农业研究机构间的农业研究和开发工作。各研究机构并不对该委员会负责，而直属其对口部门领导，通常是科学技术部的机构以及其他组织机构，如农业部的农业研究司等①。

二、农业科研机构概况

菲律宾国内的研究机构主要可以分为四类，即政府部门研究机构、高等教育研究机构、非营利性研究机构及私立投资研究机构。在政府部门研究机构中，位于洛斯巴尼奥斯的科技部（Department of Science and Technology，DOST）下属的农业与资源研发委员会（Philippine Council for Agriculture and Resources Research and Development，PCARRD），处于中央协调机构的位置。PCARRD 为 14 个地区的 132 个研究机构提供支持服务，这些研究机构整合起来形成了国家农业与资源研发网络（National Agriculture and Resources Re-

---

① 朱会义，刘高焕．菲律宾农业研究的分级化管理及其政策启示［J］．中国农业科技导报，2003，5（1）：75-79.

search and Development Network，NARRDN）。农业学院和大学是作为高等教育机构而设立的，其主要职责是培养高级农业科技人才。然而，由于这些农业院校拥有一批受过高级训练的人员，有能力进行农业研究，因此，这些农业院校也参与了农业研究工作。在菲律宾全国 50 多所农业院校中，农业科研力量最强的是设在洛斯曼纽的菲律宾大学农学院①。

菲律宾从事农业研究的公共机构的研究资金主要有三个方面的来源：利用征收税捐资助具体研究活动；来自国际的贷款和赠款；政府预算拨款。在利用税捐方面，菲律宾对一些农产品的贸易征收了一部分税款来资助该特定农产品的研究与发展活动，如对食糖、椰子、烟叶和林产品的出口征收一部分税款，再把这些税款分别用来资助食糖研究所、椰业署、烟叶署和林产品工业发展委员会的研究活动。在利用国际贷款方面，自 20 世纪 70 年代以来菲律宾积极利用一部分国外贷款和赠款来资助研究或技术推广，如 70 年代末菲农研委员会就利用美国国际开发署提供的贷款来培训农业研究人员和建设农业科研基础设施。除上述两种资金来源外，菲律宾公共机构的大部分研究基金还是来自预算拨款②。菲律宾全国各单位的农业科研经费统一由财政部拨款，但研究项目和预算都要经过农业和资源开发研究委员会审定。

国际机构对菲律宾农业研究系统也有重要影响，包括提供贷款的机构、提供援款的机构和研究机构。世界银行、亚洲开发银行和美国国际开发署是对菲律宾提供发展与研究贷款的三个主要机构，它们都对菲律宾一些农业研究项目提供了贷款。国际发展研究中心、德国发展基金组织以及联合国机构等提供援款的机构则通过向菲律宾资助指定研究类型，来影响菲律宾的农业研究方向。国际农业研究中心这类国际研究机构主要是解决发展中国家主要农作物的生产问题，该中心对菲律宾的农业研究给予积极影响。而非国际农业研究中心的研究机构，如亚洲植物研究中心和热带农业研究中心，也积极帮助菲律宾开展研究③。

菲律宾还存在不少非政府组织型的农业研究机构，如菲律宾农村重建运动研究所、菲律宾农民研究所等。

三、农业推广体系概况

近年来，菲律宾的农业推广体系发展迅速，在国内外的资金资助下，快

① 蒋细定．菲律宾国家农业研究系统［J］．南洋问题研究，1992（4）：88-95.

② 蒋细定．菲律宾国家农业研究系统［J］．南洋问题研究，1992（4）：88-95.

③ 蒋细定．菲律宾国家农业研究系统［J］．南洋问题研究，1992（4）：88-95.

速建立起了适应市场经济的农业推广机构，有力地促进了农业发展。早在菲律宾农业人口仅 4 500 多万时，其农业推广人员就多达 1.97 万人，农业部的农业官员 3.2 万多人。菲律宾的农业推广部门集农业、畜牧、合作经济于一体，不但推广生产技术，提供优良品种，还负责产前、产后服务和市场销售等工作。菲律宾的农业推广体系除了专门的农业推广组织，其国内的农业科研和教学部门也都承担了部分农业推广的任务，不仅为推广官员进行技术培训，有时还直接培训到农民或农户①。

如菲律宾农业大学农学院就专门设有农业推广专业，其教育重点围绕政府提出的粮食生产、农业发展及农村繁荣等内容。农学院的推广教育及其校外计划，主要包括：为政府培训农业技术员和农户；通过适当的途径和方法把科技情报传送到最终使用者手里；在农户田地里试验作物品种和采用栽培技术进行实地示范；在一个自然村或若干个自然村，甚至在一个省或一个地区，贯彻推行科研成果，以促进农业生产和农村经济的发展；教学人员和科研人员作为政府机关或农户组织（如农户协会）的顾问或者咨询人员，协助制订农业发展规划和贯彻执行农业技术培训计划；培训粮食作物高产计划和推行多种经营的农业技术员；一体化的水稻科研、培训和推广计划（URRTEP）的稻田示范试验；定期出版和发行各种专业性科普刊物，如《作物和土壤通讯》《家畜和家禽研究新闻》以及其他各种推广性质的出版物。其校内的推广教授和科研人员按照教学计划还需要进入到自然村中开展短期（2~3 天或 3~5 天不等）的单科或单项技术推广工作，回答农户提出的各种技术问题②。

菲律宾国内农业推广方法多样，如政府资助的国家农业推广采用的是自下而上、参与式的推广方法；公司+农户+农业银行的合同式农业推广，则是公司向农户推广信息和技术服务，农业银行向农户提供贷款，农户为公司生产农产品，是一种三角连带合同式关系；还有示范推广，通过建立不同类型的农业推广示范户，将其成功经验先在农民协会、小组内通过现场观摩学习，让小组成员和其他农户从实践中提高认识、改变态度、掌握技术，培养农户自觉参与农业推广的意识；此外还有技术教育，由各大中院校设立的农业推广培训部、各省设立的技术学校开展农业技术推广③。

① 吴沛良，封岩．泰菲两国农业推广的特点［J］．世界农业，1995（6）：14-15.

② 薛德榕．菲律宾农业教育、科研和推广见闻［J］．高等农业教育，1984（2）：67-70.

③ 王维．论东南亚三国农业技术推广方法［J］．青海农技推广，2000（3）：59-60.

虽然菲律宾的农业推广体系建立得较早，但整体水平较低，推广结构和模式不合理，农业推广资金投入不足，推广体系还不够完善，农业基础条件差，制约着推广力度。而且菲律宾的农业推广模式是政府部门以直线领导指挥，推广体系直属于政府中央或省州级农业部门，按自然区划设置并实行垂直管理，经费由政府完全保障。同时采用公私合营的推广体制，运用多元化的推广模式（即政府、企业相结合的多元化推广模式）。农业生产的主体是农户和农业企业，政府和农业企业是农业科技推广的主体。政府希望通过建立推广体系推广农业技术，农业企业通过实施产销一体化经营，提供全程技术服务。但政府的直线权威领导与推广的企业以经济利润为目的运作之间存在着根本的矛盾。因此，在政府部门的直接领导下，推广往往因各种原因出现被动的局面，而推广企业在无经济利润时，就会降低推广的质量，甚至不再继续推广。

同时，在农业技术推广体系和农业科学研究体系两者间还存在相互独立，研究工作与生产实际需要有严重脱节的现象。一方面一些科研成果无法应用于生产的现象时有发生；另一方面生产上急需解决的问题研究不够。这不仅影响了科技成果的转化率和使用率，进而还影响到本国的农业生产力水平的提高和农业持续、稳定发展①。菲律宾杂交水稻的推广即为其中一个例子。一方面菲律宾缺乏杂交水稻技术的专业人员，基层杂交水稻技术人员综合素质不高，农民对现代农业高新技术接纳能力差，直接影响了杂交水稻新技术成果的推广转化质量；另一方面由于农业推广的工作环境和待遇不好，基层农村技术部门很难吸引高学历人才，加上一些非专业人员的进入，造成技术队伍中整体专业素质较差的问题。基层技术部门缺乏知识更新和进修机会，对现代杂交水稻新技术的熟悉程度和操作能力不够，且技术机构专业分工过细，技术人员知识结构单一，不能很好地适应当前市场经济与高效农业多样化发展。而高级的技术人员与基层技术人员之间缺乏实质性的沟通，更多的高级技术人员是以研究理论为主，缺乏实践经验②。

① 刘冰．杂交水稻技术在东南亚地区推广的研究［D］．长沙：湖南农业大学，2007.

② 刘冰．杂交水稻技术在东南亚地区推广的研究［D］．长沙：湖南农业大学，2007.

第二节　重点农业科研机构

一、国际水稻研究所①

国际水稻研究所（International Rice Research Institute，IRRI）由福特及洛克菲勒基金会与菲律宾政府合作于1960年成立，是一个自主的、非营利性的农业研究与培训中心。总部位于菲律宾的洛斯巴诺斯，是国际农业研究磋商组织下属的国际性研究机构之一，也是亚洲最大最早的农业研究机构，在亚洲和非洲的17个水稻种植国家设有办事处。该机构有来自世界众多的捐赠者和发展伙伴的支持，具有亚洲的绿色（生态）革命之称，在区域食品安全方面扮演了重要的角色，致力于帮助占世界上一半人口的亚洲国家提供生存所需的食物。主要力量是机构的1 300名员工，大部分员工在总部菲律宾工作，还有一部分在各个国家代表机构工作。聘请的都是国际上该专业领域最优秀的科学家，其使命是缓解贫穷和饥饿状况，提高水稻生产质量、保护环境并使水稻资源可持续利用，保证水稻产量持续增长。经费主要是经国际农业研究咨询小组核定，由世界银行拨付。中国和国际水稻研究所在水稻生产方面合作了30多年，双方的合作对亚洲水稻的发展产生了积极的影响，我国政府每年定向资助9万美元。IRRI在20世纪60年代的水稻矮化育种中成绩显著。所育成的系列矮秆国际稻（IR）适应性广、产量高。目前中国大部分常规水稻良种和籼型杂交稻恢复系都带有国际稻的遗传物质。因此，IRRI对中国的水稻科研与生产也功不可没。现在，IRRI正在应用现代生物技术与遗传工程方面的进步，努力培育超级稻、抗旱稻和抗病稻。

二、菲律宾天然橡胶研究所②

为了发展国内天然橡胶产业，2010年6月，菲律宾政府成立了菲律宾橡胶研究所（Philippine Rubber Research Institute），坐落在菲律宾三宝颜市棉兰老岛大学。该研究所由菲律宾农业部直接管理，从事橡胶栽培及育种工作，以便为国内橡胶产业、汽车制造业及其他制造业提供乳胶来源。研究所的主要任务是生产天然橡胶并培育出高质量的种苗，为橡胶产品提供服务；

---

① 国际水稻研究所介绍［EB/OL］.［2018-12-15］. http：//www. irri. org.

② 菲律宾天然橡胶研究所［EB/OL］.［2018-12-15］. http：//prri. da. gov. ph/.

对橡胶生产者、加工者和合作社提供培训和能力建设方案，增加优质橡胶的产量并提高植胶户的收入水平，特别是贫困小农的收入水平；发起关于橡胶的研究和开发项目，确保生产标准满足国内和国际贸易对优质橡胶的需求，缩小技术和政策差距；等等。目前，菲律宾天然橡胶研究所主要开展以下项目研究：在农场示范橡胶间种不同香蕉品种；收集有希望和潜在的橡胶克隆；与国际橡胶研究发展委员会（IRRDB）合作开展多边克隆交换计划；对橡胶乳木无性系的生产性能进行分析研究；等等。

三、菲律宾水稻研究所[①]

菲律宾水稻研究所（Philippine Rice Research Institute）成立于1985年，隶属于农业部的一个研究机构，总部设在菲律宾水稻主产区——吕宋平原，下设5个中心试验站，89个网络站，分布全国各地。主要从事水稻新品种选育、试验、推广，也开展水稻相关的土壤、农机、环保及稻谷加工等方面的研究与服务工作，所有经费由菲律宾政府拨付。目的是将自主育成的新品种及国际水稻所的新品种与实用技术尽快用于农业生产，提高稻谷产量，解决菲律宾稻谷自给问题。该所共育成39个品种，并大面积应用于农业生产，为菲律宾水稻增产做出了重要贡献。近年来，该所也致力于杂交水稻的技术研究。

四、菲律宾椰子研究署[②]

菲律宾椰子研究署（Philippine Coconut Authority-Research and Development Branch）是菲律宾椰子管理局下属的研究和发展部门，其致力于通过对椰子和油棕的相关研究，促进和维持其具有全球竞争力的椰子与棕榈油产业的发展。主要开展品种改良、生物技术、农作物农艺、营养与农作系统等方面的研究；开展食品和非食品产品的开发工作；等等。菲律宾椰子研究署下设3个研究中心，分别是阿尔贝研究中心、三宝颜研究中心和达沃研究中心。

阿尔贝研究中心致力于将现代生物技术应用于椰子和油棕的品种改良、病虫害防治及椰子克隆繁殖和胚胎培养；同时中心还开展技术服务，包括建立椰子组织培养实验室的技术援助，病虫害鉴定咨询技术援助，农产管理技术援助，生物防治剂以及化学和物理方法防治功效试验等；目前阿尔贝研究中心已获得诸多研发突破，如制订了综合防治椰子粉虱的管理方案；设计了

---

① 菲律宾水稻研究所介绍［EB/OL］．［2018-12-15］．https：//www. philrice. gov. ph.

② 菲律宾椰子研究署［EB/OL］．［2018-12-15］．http：//pca. da. gov. ph/coconutrde/.

非致命采样程序来收集椰子花序，成功地从花序和幼芽再生获得椰子克隆；构造了第一个椰子连锁图；研发出通过给予冷冻融化解冻蛋白油乳化液而生产优质初榨椰子油的方法；等等。

三宝颜研究中心致力于椰子和油棕的品种改良、耕作系统，食品和非食品（农业废料）加工和利用方面进行椰子和油棕的研发。在品种改良方面主要利用远缘种群间的杂种优势提高椰子产量；改善当地的早熟和矮化品种；筛选和培育抗病虫害品种；繁殖适应性广泛的椰子基因等研究。在椰子木材利用方面，优化加工和利用椰子木材、纤维和其他椰子生物质的研究；开发和商业化纤维和木材加工机械；开发推广和商业化利用椰子木、纤维和其他生物质家具、纤维板、手工艺品和其他产品的技术。

达沃研究中心主要是针对作物的农艺学、耕作系统和病虫害综合治理方面的农业问题提供适当的技术，以期提高农场的生产力和收入。

五、菲律宾根茎作物研究培训中心

为了更好地开展木薯、甘薯等根茎类作物的生产，菲律宾农业部通过农业研究局建立了菲律宾根茎作物研究培训中心（PRCRTC），其任务是对根茎类作物食用或饲用能量源的可能性进行深入研究，并负责通过研究、推广和技术开发向种植根茎类作物的农民提供技术支持。该中心的产品包括木薯、甘薯和芋头，并且已在猪和家禽中进行了许多饲养试验，目前在研究水产动物的日粮，同时对根茎类作物生产和利用的开展持续研究。

六、菲律宾大学①

菲律宾大学（University of the Philippine）是菲律宾于1908年成立的国立大学，由8个大学和1所自治学院组成的大学系统，有17个校区分布在菲律宾群岛。1972年时任菲律宾共和国总统的马科斯下令对菲律宾大学进行改组，旨在建成菲律宾全国一流大学。1973年菲律宾大学成立第一个分校——洛斯巴尼奥斯分校。该分校所处地区是菲律宾主要农业区和菲律宾最大的森林自然保护区，是开展农林专业教学和科学实验的最佳地区。众多分校中，洛斯巴尼奥斯分校以农林专业为主，维萨亚分校以渔业和水产养殖等专业为主，马尼拉分校以医学为主，迪利曼分校以科学和数学、社会科学和人文科学为主。洛斯巴尼奥斯分校内有国际水稻研究所和东南亚

① 菲律宾大学介绍［EB/OL］.［2018-12-15］. https：//www. up. edu. ph.

教育组织部长农业研究中心等国际研究机构。此外学校还建有国家分子生物学和生物技术研究所、植物育种研究所、国家作物保护中心、农业系统和土壤资源研究所、食品科学与技术学院、动物科学研究所、农业机械检测评估中心、La Granja 研究和训练站、Makiling 山地生态系统中心、热带资源和生态系统可持续性培训中心、合作社与生物企业发展研究所、技术转让与创业中心、自然历史博物馆及解剖博物馆和寄生虫收集中心等研究机构。

七、菲律宾达拉农业大学[①]

达拉农业大学（Tarlac College of Agriculture）前身为达拉农学院，成立于 1944 年，是一所位于菲律宾达拉省的公立大学。2016 年 5 月正式升格为达拉农业大学。学校下设 6 个学院，分别为农业与林学学院、文理学院、工商管理学院、教育学院、工程与技术学院、兽医学院，开设有农业、林业、动物、食品技术及农业工程等相关专业。

八、菲律宾邦邦牙省农业大学[②]

菲律宾邦邦牙省农业大学（Pampanga State Agricultural University）是一所州立大学，校园坐落在阿拉亚特西坡山麓间政府农业用地上，占地约 700 公顷。学校主要提供农业科学与技术、师范教育、工业技术与工程、信息技术、企业管理与会计、菲律宾传统课程及其他相关领域的高等教育、高等技术的专业指导与培训，同时还开展相关农业研究、推广服务和市场活动以支持邦邦牙省的发展。目前在校学生 7 000 人，学校下设 6 个学院，分别为农业系统与技术学院、艺术与科学学院、教育学院、机械与自动化学院、食品科学学院、兽医学院。农业系统与技术学院的成果主要包括热带水果产品（主要以杧果产品为主）、甘蔗产品和香料产品等。

九、菲律宾国立渔业生物学研究中心

菲律宾国立渔业生物学研究中心（National Fisheries Biological Center）隶属菲律宾农业部国家渔业研发院（National Fisheries Research and Development Institute，NFRDI），是该院下设的 4 个研究中心之一。中心占地面积

---

① 菲律宾达拉农业大学［EB/OL］.［2018-12-15］. http：//www. tca. edu. ph/.

② 菲律宾邦邦牙省农业大学［EB/OL］.［2018-12-15］. http：//www. psau. edu. ph/.

2.5公顷，拥有12个淡水池塘，主要开展观赏鱼和土著鱼的养殖技术开发与保护，同时还致力于菲律宾著名的火山湖Taal lake中渔业资源的管理与养护，尤其是世界上仅在Taal lake中分布的菲律宾小沙丁鱼（*Sardinella tawilis*）的资源保护。

第三节　农业科技发展水平及需求

一、农业科技发展

1. 农作物遗传多样性与育种改良

遗传多样性是育种工作的基础，菲律宾的国际水稻研究所建立了一个国际水稻种质资源库，收集了世界各地13.2万多种水稻种质，其中包括水稻的栽培种，野生近缘种以及相关属的种；有25种野生稻的品种，包括亚洲、非洲的野生稻。在遗传育种方面，在2009年国际水稻研究所选育出的水稻抗旱新品种，平均每公顷产量达到4.4~5.7吨，每年可为菲律宾农民节省干旱损失10亿比索①。三宝颜椰子研究中心培育选育了约20个椰子品种，也发现了一些能抗旱的椰子品种，并从中选育出抗旱的椰子品种②。其建立的菲律宾椰子管理局（PCA）种质库，有世界上最重要的本地和外国椰子生态型组合，重点是本地种质，目前种质库共收集了262个种质，包括107个高种，53个矮种和102个杂种/品系③。菲律宾橡胶研究所（PRRI）正在开展评估在PRRI苗圃条件下橡胶树种质幼年期的遗传多样性，以促进选择有效亲本材料进行杂交，并鉴定高度杂合的群体④。

2. 农作物病虫害防治研究

阿尔贝椰子研究中心致力于将现代生物技术作用于椰子和油棕的病虫害防治，研究发现了控制椰子及其间作害虫的潜在生物农药，如从毛鱼藤

---

① 菲律宾选育出水稻抗旱新品种［J］. 江苏农村经济，2009（4）：13 菲律宾国际水稻研究所水稻育种研究员、农学博士叶国友围绕亚洲大米做主题演讲［EB/OL］.［2018-10-09］. http://hlj. sina. com. cn/news/ljyw/2018-10-09/detail-ifxeuwws2428238. shtml.

② 黄艳译. 菲律宾三宝颜椰子研究中心培育新品种［J］. 世界热带农业信息，2011（10）：24.

③ 三宝颜研究中心［EB/OL］.［2019-12-01］. http://www. pca. da. gov. ph/coconutrde/index. php/research-centers/zamboanga-research-center.

④ Phenotypic Diversity of Small-Scale Hevea Germplasm Grown in PRRI Nursery at their Juvenile Stage［EB/OL］.［2019-12-05］. http://prri. da. gov. ph/phenotypic-diversity-of-small-scale-hevea-germplasm-grown-in-prri-nursery-at-their-juvenile-stage-completed/.

(*Derris elliptica*)、印楝(*Azadirachta*)、万寿菊(*Tagetes erecta*)、荆条(*Vitex negundo*)中提取防治害虫的有效成分等；成功繁殖了一种处于若虫阶段的捕食椰干害虫仓双环猎蝽(*Peregrinator biannulipes*)；对椰子死亡病(Cadang-cadang)进行了研究，并对椰子死亡类病毒(CCCVd)的病原体性质进行了鉴定和阐明①。达沃椰子研究中心制定了针对椰子犀牛甲虫、椰子毛虫的病虫害综合防治策略，设计了一种“钻头塞(DPP)”方法来防治亚洲象鼻虫的损害等②。稻瘟病是造成全球稻谷产量损失30%的病害，为此，国际水稻研究所将与澳大利亚联邦科学与工业研究组织(CSIRO)合作开展水稻功能多样性的转基因研究，如稻瘟病的抗病性③。

3. 动植物基因图谱的绘制

国际水稻研究所进行了3 000个基因的测序工作，今后将挖掘基因库以获取一些具有特殊形状的基因；还与中国、美国、法国联合开展“3 010份亚洲栽培稻基因组研究”工作，将为全球水稻的精准育种提供清晰便捷的“导航地图”④。阿尔贝椰子研究中心构造了第一个椰子连锁图，该图包含约2 000个DNA标记和几个QTL，这些QTL被鉴定具有高果仁/油产量、抗病性和其他特性⑤。

4. 农作物生产管理技术

达沃椰子研究中心确定了椰子从幼苗到成树的营养需求，确定了用于椰子和间作植物的有效无机和有机肥料，并开发出能提高生产力和盈利能力的椰子种植技术，还开发了椰子叶修剪(CLP)技术或去除较低处的叶子，以更好地控制阳光⑥。菲律宾橡胶研究所研究了不同施肥量对橡胶树生产和产量的影响，并开展了使用有机肥料和无机肥料对橡胶树生长和产量影

---

① 阿尔贝椰子研究中心[EB/OL].[2019-12-05]. http://www.pca.da.gov.ph/coconutrde/index.php/research-centers/albay-research-center.

② 达沃椰子研究中心[EB/OL].[2019-12-05]. http://www.pca.da.gov.ph/coconutrde/index.php/research-centers/davao-research-center.

③ IRRI和CSIRO合作开发保护稻米作物免遭毁灭性疾病的新方法[EB/OL].[2019-12-05]. https://www.irri.org/news-and-events/news/irri-and-csiro-collaborate-new-ways-protect-rice-crops-devastating-diseases.

④ 杨舒．为全球水稻育种指引方向[J].光明日报，2018年04月27日08版.

⑤ 阿尔贝椰子研究中心[EB/OL].[2019-12-05]. http://www.pca.da.gov.ph/coconutrde/index.php/research-centers/albay-research-center.

⑥ 达沃椰子研究中心[EB/OL].[2019-12-05]. http://www.pca.da.gov.ph/coconutrde/index.php/research-centers/davao-research-center.

响的研究①。

5. 热带农产品加工技术及加工废弃物利用方面

菲律宾近年来重视发展有机香蕉的栽培技术及香蕉片的加工工艺，其香蕉业在国内、国际市场的前景均好。早在1974年菲律宾的Barba博士采用1%硝酸钾喷洒杧果树，利用药剂催花结果的特性解决杧果树不结果的问题，提高杧果产量，这一技术被菲律宾乃至亚洲与拉丁美洲的热带地区广泛推广使用，引领与支撑菲律宾杧果产业的发展。Barba博士也因此获得2011年东南亚发展银行终身成就奖。在农产品废弃物综合利用方面，菲律宾大学还研发出利用杧果加工产业的废品生产高价值的食物和非食物产品，包括从杧果皮和种子酶提取精油、生产生物乙醇、提取酚醛抗氧化剂、开发健康饮品等。三宝颜椰子研究中心优化加工利用椰子木材、纤维和其他椰子生物质，开发和商业化纤维和木材加工，并推广椰子废弃物的利用。如利用椰子农场的残留物（例如成熟的椰子茎、果壳、树叶和叶状体的木材）制造水泥粘合纤维板。2019年该中心开始建设一座两层的金属框架CFB房屋，以测试水泥砂浆板的适用性；此外考虑到菲律宾国内燃料供应问题，研究中心也考虑到了椰子甲酯的生产和利用问题②。

二、农业科技发展领域

1. 粮食安全生产

确保食品保障仍然是菲律宾政府的主要任务之一，因此，农业部和气候变化委员会将气候适应和灾害管理作为农业气候变化应对工作的首要任务。

2. 转基因作物研究

在对待转基因作物方面，菲律宾有较高的积极性。早在1990年，菲律宾就根据第430号总统令，成立了菲律宾生物安全委员会。2002年菲律宾第8号行政令，明确了关于来源现代生物技术的植物和植物产品进口和环境释放的法律和法规。菲律宾政府2002年批准可商业化种植抗虫转基因玉米，2003年开始商业化种植；2005年批准商业化种植抗除草剂的转基因玉米和

---

① Effects of Conservation Pits Applied With Organo-inorganic Fertilizers on the Growth and Yield of Rubber [EB/OL]. [2019-12-05]. http://prri. da. gov. ph/effects-of-conservation-pits-applied-with-organo-inorganic-fertilizers-on-the-growth-and-yield-of-rubber/.

② 三宝颜研究中心 [EB/OL]. [2019-12-01]. http://www. pca. da. gov. ph/coconutrde/index. php/research-centers/zamboanga-research-center.

复合性状（既抗虫，又抗除草剂）的转基因玉米①。《2011—2016 年菲律宾发展计划》支持了转基因产品的标签工作以及对环境风险的预防办法②。

3. 高价值农作物研发

菲律宾为了发展国内具有高价值的农作物，包括马尼拉麻、香蕉、可可、咖啡、杧果、橡胶等，制定了作物 2017—2021 年的研发路线。例如 2017—2021 年香蕉的研发内容，其总的目标是降低棉兰老岛的卡文迪什香蕉（Cavendish）真菌病 Foc TR4 的发病率；将拉卡坦香蕉（Lakatan）的束顶病（BBTV）发病率从 70%减低到 20%；将萨巴大蕉（Saba）的产量从 14 吨/公顷提高到 19 吨/公顷。并对每一年香蕉的具体研究任务进行了分析规划，其中 2017 年主要是完成萨巴香蕉的价值链分析；完成萨巴香蕉矮小株品种的多点评估；调查并修复受香蕉苞片花叶病毒（BBrMV）侵染的萨巴香蕉矮小株的根源；开展抗枯萎病的卡文迪什香蕉和抗束顶病的拉卡坦香蕉的商业化预评估。2018 年主要开展对辐射矮小萨巴香蕉的多点评价；STCBF 对萨巴矮小株、抗枯萎病的卡迪文什和抗束顶病的拉卡坦进行分析；香蕉生产的贸易和市场政策分析等。

4. 农业可持续发展研究

2015 年菲律宾启动了农业可持续发展伙伴计划（Philippine partnership for sustainable agricultural development，PPSA），将咖啡、木薯、玉米、椰子和渔业列为优先发展领域，PPSA 设立了国家秘书处及委员会，制订发展计划，协调政府、企业、社会团体和农民间的关系，支持现有或新设立的现代农业企业，共同帮助农村发展。

5. 农业现代化发展

菲律宾 80%的农田用于种植水稻、玉米和椰子三种作物，而其他的农作物如咖啡、可可、木薯、热带水果、橡胶等也是菲律宾具有加工和增值出口潜力的农作物，因此现代化和现代技术有必要涵盖所有的农作物，要实现菲律宾农业的现代化，就有必要持续加强所有农作物生产的现代化建设；同时农业耕作方式也是农业现代化发展的必然要求③。因此，需要对农业生产的

---

① 李海英，刘定富．菲律宾转基因玉米的发展及对玉米产业的影响［J］．中国种业，2013（6）：21-22.

② Perfecto G. Corpuz，William Verzami，菲律宾农业生物技术年报（2011 年）［J］．生物技术进展，2012，2（5）：366-376.

③ Modernization of Agriculture［EB/OL］．［2019-12-05］．http：//www. da. gov. ph/foundation/1-modernization-of-agriculture/.

种子、生产管理技术进行改良、提升，从而提高产量和农业生产力。这就要求菲律宾政府采取建立主要农作物优势区域规划、发展设施农业栽培、改进栽培技术、提高农业机械化等措施；同时还需推广新型农田作业机具和设施农业技术装备，如新型畜禽、水产规模化养殖设施与设备，新型高效施肥、施药、农作物加工机械与设备，以及新型农产品产地处理技术装备。

6. 提高农产品质量标准和农产品竞争力

在2015年菲律宾农业部提出了将重点提高农产品质量标准和农产品竞争力；创造积极的商业环境，提高农民收入。具体工作：一是继续筹建农产品市场，减少农产品损失，减少中间环节，增加农民收入；二是推动玉米和甘蔗集群发展，提高两种作物的机械化率；三是推动信贷在农业领域的普及，提高资本使用率；四是推动棉兰老地区的农业发展，鼓励私营企业和个人参与政府推出的地区发展计划。

7. 农业基础设施发展和物流

农业地区需要基础设施发展和物流，以改善与城市/家庭和出口市场的联系。因此，加快农业基础设施，包括道路交通、农田水利灌溉设施、农业用电系统等的建设都是菲律宾发展农业的基础。2017年菲律宾推出“大建特建”的大规模基础设施投资计划，计划在6年内投资8.4万亿比索（约合1.16万亿元人民币），在全国进行基础设施建设①。

三、重大工程项目

1. 菲律宾农村发展项目（PRDP）②

菲律宾政府投入209.25亿比索开展了为期6年的菲律宾农村发展项目，项目将与地方政府和私营企业合作，通过改善从生产区域到市场的基础设施，提高农产品运输效率；通过提高生产力，使粮食安全和饮用水健康状况得到改善；减少产后损失；通过对优先商品价值链战略部分的投资及加强发展与地方政府间的合作，使企业获得更高的销售盈余；通过科技发展加强农业和渔业的现代化发展。该项目计划的目标是使家庭受益人在项目年度内实际农业收入至少增加5%；如果是企业发展的受益人，则其收入至少增加30%；年销售产量价值增长7%；农民和渔民数量增加20%等。

---

① 菲律宾推出“大建特建”基础设施建设计划［EB/OL］.［2017-05-31］. http://world.people.com.cn/n1/2017/0531/c1002-29307805.html.

② philipine rural development project［EB/OL］.［2019-12-05］http://prdp.da.gov.ph/about-us/major-components/.

2. 农业竞争力包容性伙伴关系（IPAC）项目[①]

该项目由菲律宾土地改革部执行，项目将帮助14个地区44个省的50个土地改革社区的小农户和农民组织，加强30万农民和650个农民组织与市场的联系，并与相关私营企业建立富有成效的伙伴关系，预计将为无地农民和妇女创造3万个就业机会。IPAC专注于发展农业企业的协同效应，从而实现椰子、可可、咖啡、木薯、油棕、蕉麻和橡胶等作物的可持续性生产。

第四节　农业科技发展规划与政策

一、农业科技发展规划

菲律宾政府非常重视国内农业发展，其基本国策是要培养本国农业实现自立；满足国民对农产品的需求；保持农产品出口创汇的优势；开发自然资源和人类资源，实现农业可持续发展；推行新理论，让人民知道合理利用现有资源，强调高附加值的农产品市场和加工增值[②]。在农业发展过程中充分发挥政府的智能，加强宏观管理，制定了一系列农业发展政策。早在1971年，马科斯政府就大力实施“稻谷九九丰收方案”。该方案的目标是争取每公顷水稻产量达到99袋（每袋44千克），这一方案由1966年推广高产水稻品种发展而来。菲律宾国际水稻研究所培育的水稻优良品种，需要有相当的水利、肥料条件相配合，并采用适宜的耕作技术，才能收到增产的效果。可是许多稻区农民，在财力、物力和技术上不具备这些条件。因此政府提出了“九九丰收”方案，组织各有关部门相互配合，一方面增加投资兴修水利工程，另一方面采取了一系列政策和办法，规定凡是参加“计划”的农民，按所要求的技术条件进行种植的，均可享受一定优惠的供销条件[③]。

1973年又颁布《第175号总统令》，在农村推行合作制，成立村社协会和合作社。始于20世纪60年代，以鼓励外资进入菲律宾农业领域，依托国际非营利组织、农业技术研发机构大兴农业技术革命，改善粮食品种与种植技术，提高农业机械化水平为目的的菲律宾“绿色革命”，在马科斯政府的极力推崇下，于20世纪70年代中期达到高潮。1984年，菲律宾农业部实施

① philippine government projects［EB/OL］.［2019-12-05］. https：//www. gov. ph/project-list.

② 王维．论东南亚三国农业技术推广方法［J］. 青海农技推广，2000（3）：59-60.

③ 王守儒．菲律宾“九九丰收”计划．世界农业，1981（12）：5-6.

了集约化稻米生产计划（IRPP），这是一项进口替代计划，扩大政府的畜禽养殖计划，特别是养猪和养牛。1986 年，农业部实施了政策和体制改革，释放农业市场，使农民能够享受更高的农产品价格；1990 年实施了水稻行动计划（RAP）和玉米增产计划（CPEP）。从 1987—2010 年，为进一步提高农业生产率，加快农业现代化，政府修改、颁布并不断推进“全面土地改革计划”。

2005—2013 年，国家通过“优先发展援助基金（PDAF）”，拨付部分资金给农业部以发展农业。2015 年，菲律宾农业部又启动了“农业可持续发展伙伴计划（PPSA）”，支持现有或新创的涉农公司，共同推动小农户发展，将咖啡、木薯、玉米、椰子和渔业列为首要发展领域。

2017 年农业部提出了 8 项提高菲律宾农业生产水平的模式：一是农业现代化，农业现代化和现代农业技术使用覆盖所有农作物，包括具有加工或增值的出口潜力农作物，如咖啡、可可、木薯、热带水果、橡胶等；同时，使农作物生产多样化；二是农业产业化，将农业视为一个产业；三是促进出口；四是促进和支持农场合并，以实现规模经济；五是加强基础建设，以促进农业发展和物流，改善农场与城市、城市与家庭的联系；六是增加农业预算和投资；七是农业部门争取获得参议院和众议院的帮助；八是政府通过农业部带头创造“大农业”。

此外，农业部还提出了 2017—2021 年菲律宾蕉麻、香蕉、咖啡、杧果、橡胶、甘蔗、蔬菜等十大高价值农作物的科技研发路线图，以提高农业生产计划及农业现代化。如在香蕉的研究计划中，提出到 2021 年，使棉兰老岛的卡文迪香蕉真菌病（Foc TR4）发生率降低 90%~95%；拉卡坦香蕉束顶病发生率从 70%降低到 20%；采用短期采摘的方式提高沙巴香蕉的生产能力达 36%。在天然橡胶方面，提出提高天然橡胶的胶乳产量，从 2010 年的 1.28 吨/公顷，提高到 2021 年的 1.92 吨/公顷；到 2021 年，扩大高产橡胶的种植面积，从 2010 年 8 000 公顷到 2021 年增加到 50 000 公顷以上。并对每一年这十大高价值作物的研发进行了具体的规划。

二、农业科技发展政策

1. 菲律宾农业发展指导性政策

目前，指导菲律宾农业发展的最重要的法律文件是 1997 年公布的第 8435 号共和国法《农业和渔业现代化法》。AFMA 设立的目的是提供整体农业政策框架和支持措施，提高农业竞争力和实现农业现代化。该法案计划将农业现代化的所有发展计划和农业政策措施结合在一起，涵盖广泛的农业领域，包括农业和渔业现代化计划、人力资源开发、研究开发和推广、农村非农就业、贸易和财政激励、生产和营销支持服务，基础设施（包括收获后的基础设施）、信贷、基本需求计划、灌溉培训、产品标准化和消费者安全。农业-工业现代化信贷和融资计划（AMCFP）也在AFMA支持下，为中小企业提供信贷援助，目的是使所有需要的人都能获得农业信贷，无论其经济状况如何①。战略性农业和渔业开发区是AFMA的重要实施工具之一，旨在将农业发展集中在预先确定的地区，并将城市发展从这些地区转移出去，所有适合农业的土地都要被统一规划，并保护它们不被转化为竞争性的用途，农业生产也应该最大化，并且不会造成不可逆转的环境问题②。法案旨在将政府资源集中在可对提高农业生产力和减少贫困人口产生最大影响的领域。战略性农业和渔业开发区覆盖了1 064万公顷，其中包括灌溉或可灌溉的农业用地，几乎所有地区都被归类为农用地③。

此外，在2009年由菲律宾国会参议院和众议院颁布了《为在菲律宾发展和促进有机农业及其他目的而制定的法案》，即《有机农业法》（2010年）（第10068号共和国法），将其作为国家政策进行宣布，旨在促进、传播，及进一步发展和实施菲律宾的有机农业实践经验；并随后发布了《有机农业法的实施细则》，以促进、宣传和进一步发展和实施菲律宾的有机农业。菲律宾将逐步改善和丰富土壤肥力，提高农业生产力；减少对环境的污染和破坏，防止自然资源的消耗；并对农民使用有机肥料如堆肥、杀虫剂和其他农业投入开展教育和宣传，以促进有机农业体系的发展④。

2. 菲律宾基本农业公共政策

菲律宾国内农业相关政策措施主要包括价格支持政策、投入补贴政策、信贷政策、农业保险制度和对基础设施发展的支持政策。为了使农民在价格波动严重时免受影响，保证公平投资回报及鼓励市场和提高后期市场销量，菲律宾主要针对大米制定了通过支持价格、释放价格、政府采购和进口限制机制的价格支持政策。政府在向农民购买农产品时，采用了政府支持的价

① NAFC. AFMA review, final report, national agricultural and fisheries council [R]. 2007.

② Briones N D. Environmental sustainability issues in Philippine agriculture [J]. Asian Journal of Agriculture & Development, 2005 (2): 67-78.

③ SEPO. National land use policy: protecting prime agricultural lands [R]. Policy Brief, Senate Economic Planning Office, Philippines, 2014.

④ http://www.da.gov.ph/download/laws-and-privileges/republic-act-and-proclamations/.

格，通常是食品安全委员会建议一个支持价格，然后将其提交菲律宾总统，最后再交给农业部长批准①。

3. 现阶段政策

菲律宾现阶段的农业政策是在总统杜特尔特领导下完善的“10项社会经济发展议程”②。一是建立国家农业彩色指南图，是农业适应和减缓行动支持开发新的规划工具，根据土壤类型、气候条件和生物物理要求确定理想种植作物的地区，这一举措将帮助菲律宾农民和渔民以及包括私营企业在内的所有其他利益相关者参与适应气候的作物管理系统，同时确保政府可以对此进行科学干预。二是进行全国食品消费量化研究，通过全国性的调查来确定所有菲律宾人消费最多、需求量最大的食品和农产品，这一举措还将确定与国家人口增长相关的粮食消费率，使政府能够提前思考，并积极推行解决粮食问题的方案和项目。三是农业部门机构改革，开展全国范围内针对发展议程的所有官员和员工的工作职责认定和思维定位，以确保他们在农业和渔业方面的工作重点得到指导。四是进行密集的技术更新和共享，实行现代化和机械化程序，通过开展旨在提高农业生产力的各种技术进步来迎接新时期的挑战。五是为农民、渔民以及农业和渔业利益相关者提供一个便捷的融资方案，特别是建立一个为高风险地区提供作物保险贷款的方案。六是建设针对有效收获、储存和处理作业的设施。七是由政府发起并支持各种营销活动，在新的发展议程管理下，橡胶、油棕、香蕉、蕉麻、椰子和海产品等在国外市场具有高附加值的作物将获得政府的全力支持。八是实行国家畜牧业、奶业和家禽计划，对于一个拥有1.05亿人口的国家，菲律宾只有250万头牛，现有奶业产量只能提供国家所需求的1%。九是执行农业和渔业法律，建立以当地渔民本人为主的各种工作组。十是在菲律宾中小学对基本农业进行基础教育，旨在鼓励年轻人熟悉农业，并最终发展成为喜爱农业。

① DA. Background paper on agricultural policy framework in Philippines during 1995—2015 [R]. OECD Review of Agricultural Policies in the Philippines, 2015.

② 10项社会经济发展议程—杜特尔特总统领导的健全的农业和渔业计划 [EB/OL]. [2018-12-15]. http://www.da.gov.ph/.

第七章　菲律宾农业投资

第一节　菲律宾农业投资现状

一、菲律宾农业投资规模与领域

相对于经济规模，菲律宾的外国投资水平一直较低。受制于其国内的投资环境欠佳，外商直接投资增长乏力。菲律宾的外资主要集中在制造业、服务业、通信业及金融和地产业四大领域，这四大行业利用外资总和占全国利用外资的近 80%，农业、矿产业等利用外资较少。但是，作为农业国，菲律宾的粮食目前并不能满足自给，因此，菲律宾十分希望能借助农业发展较好国家的经验，在水稻、玉米、天然橡胶、香蕉、椰子产品开发，以及大棚技术、无公害蔬菜、新品种开发、沼气能源综合利用等方面得到资助。因此，菲律宾政府通过制定出台一系列优惠政策，制定专门的外资引入优惠条款，在出口退税、国内水费缴纳上给予优惠，如《综合投资法》（1987 年）、《外国投资法》（1991 年）、《经济特区法》（1995 年）及相关的总统令和行政命令。为了促进投资，菲律宾投资署根据《综合投资法》，每年颁布优先投资计划作为该法的补充，对在特定经济部门和地区的投资活动实施一系列的优惠措施。如第 1786 号总统令在投资方面规定：在出口加工区内登记的企业，自登记经营之日起 10 年内产生的亏损可以从其发生亏损后 6 年内应缴纳的收入税中扣除①。诸多优惠政策及相关政令有效地吸引了外国资本进入菲律宾。

二、菲律宾农业投资分析比较

从目前来看，菲律宾的农业投资主要分为两个方面：一是农业基础设施，二是农业生产及加工。菲律宾农业投资有来自国外的资金，也有国内的资金。外资主要来源于日本、美国、韩国、东盟、德国、中国、沙特阿拉伯等国家和

① 林丽玉．现行菲律宾外国直接投资政策的分析［D］．厦门大学，2008.

地区。2016年，菲律宾获得外国官方发展援助金额达156亿美元，其中优惠贷款金额122.1亿美元，占比78%；赠款金额33.9亿美元，占22%[①]。最大来源为日本政府，日本国际协力机构占官方开发援助承诺总额的36.06%；其次是世界银行的援助，占20.03%；亚洲开发银行的援助占19.12%。对菲律宾的主要援助领域包括交通基础设施、社会福利和社区发展、公共安全和灾害管理、经济治理、农业、水资源基础设施等。对菲律宾的援助既有改善民生、发展经济的硬项目，也有培训人员、实施可行性研究的软项目。

日本作为菲律宾的投资国之一，自20世纪80年代以来，日本对菲律宾的投资迅猛增加，成为仅次于美国的第二投资大国。2015年底，日本对菲律宾直接投资余额约为123.29亿美元。到2016年，日本已超过美国成为菲律宾海外投资国的第一国。日本在菲律宾的农业投资除了椰子、香蕉等种植业，也投入一些生物质能源项目。在2016年10月，日本和菲律宾达成了近10亿美元的农业投资项目，菲律宾则向日本出口香蕉、菠萝和鳄梨等。此外，菲律宾还在探索从日本长期借款，以资助国内农业机械化计划，并希望从日本购买农业设备，如收割后期设施、拖拉机和碾米机等。

中国对菲律宾的投资对比东盟其他国家来说相对较弱。2008—2015年受国际金融危机、美国“重返亚太”等不利因素的影响，中国对东盟农业投资的发展速度在某些年份回落较大，但整体呈现快速增长态势，这也势必影响到对菲律宾农业的投资[②]。据中国商务部、国家统计局、外汇管理局联合发布的《2018年度中国对外直接投资公报》数据显示（表7-1），2011年中国对菲律宾非金融类直接投资为2.67亿美元。然而到2012年，中国对菲律宾非金融类直接投资下滑至7 490万美元。到2013年进一步下滑至5 440万美元。尽管2014年有所恢复，上升为2.25亿美元。但到了2015年，上述数据再次降至3 142万美元。2015年，中国企业在菲律宾新签合同额13.16亿美元，完成营业额8.57亿美元，同比均增长35.6%；当年派出各类劳务人员1 255人，年末在菲律宾劳务人员1 665人。与其他国家相比，中国对菲律宾的投资仍然偏少。在2016年，中菲关系在两国领导人的努力下有所缓解，中国对菲律宾的投资金额增加至3 221万美元，2017年投资金额继续增加，达1.09亿美元，占中国对东盟投资流量总额的0.78%；直接投资存量达

① 商务部国际贸易经济合作研究院，中国驻菲律宾大使馆经济商务参赞处，商务部对外投资和经济合作司．对外投资合作国别（地区）指南——菲律宾（2017年版）.

② 胡殿毅，李红，汪晶晶，等．基于熵权TOPSIS法的东盟农业投资环境评价研究［J］．世界农业，2018（10）：60-68.

8.20 亿美元，占中国对东盟投资存量总额的 0.92%。因此，无论是从直接投资流量还是投资存量判断，近年中国对菲律宾的直接投资都堪称爆发性增长。当前，随着中国-东盟自贸区升级版和东盟国家互联互通总体规划步入实施，投资领域和投资便利化进一步扩大、加强，以及中菲两国的合作关系的进一步深入，中国对菲律宾农业投资的广度和深度也将进一步得到发展。

表 7-1　2010—2017 年中国对菲律宾直接投资情况　（单位：万美元）

项目	2010 年	2011 年	2012 年	2013 年	2014 年	2015 年	2016 年	2017 年
直接投资量	24 409	26 719	7 490	5 440	22 495	3 142	3 221	10 884
直接投资存量	38 734	49 427	59 314	69 238	75 994	43 200	71 893	81 960

数据来源：中华人民共和国国家统计局：2017 年度中国对外直接投资统计公报

总体而言，近年来中国对菲律宾直接投资的速度和加速度都很快，但是总体规模仍然偏小，投资力度还很不足，还有很大潜力可挖。例如，从投资流量来看，虽然亚洲仍然是 2017 年中国外资流量最主要的地区，总金额为 1 100.39 亿美元，占 69.52%，但主要是流向中国香港地区（投资流量为 911.53 亿美元，占当年中国对外投资总流量的 5.74%）。而 2017 年中国对东盟十国的投资流量为 141.19 亿美元，占对亚洲投资总量的 12.83%，占对全球投资总量的 8.92%。因此中国对菲律宾 2017 年的投资流量相对于中国对外投资中的占比很小。

从投资存量上看，截至 2017 年末中国对东盟十国的直接投资存量仅为 890.14 亿美元（表 7-2），在中国对外直接投资总额中所占比重仅 4.92%。而且，中国对东盟的投资高度集中在新加坡，占 50.07%；其次是印度尼西亚，占比 11.84%；而菲律宾仅占 0.92%；其他东盟国家老挝占 7.48%、缅甸占 6.21%、柬埔寨占 6.12%、泰国占 6.02%、越南占 5.57%、马来西亚占 5.52%、文莱占 0.25%。

表 7-2　2017 年末中国对东南亚十国直接投资情况

项目	菲律宾	柬埔寨	老挝	马来西亚	缅甸	泰国	文莱	新加坡	印度尼西亚	越南
流量（亿美元）	1.09	7.44	12.19	17.22	4.28	10.58	0.71	63.19	16.82	7.64
占比（%）	0.77	5.27	8.64	12.2	3.03	7.49	0.51	44.76	11.91	5.41
排名	9	7	4	3	8	5	10	1	2	6
存量（亿美元）	8.19	54.49	66.55	49.15	55.25	53.58	2.21	445.68	105.39	49.65
占比（%）	0.92	6.12	7.48	5.52	6.21	6.02	2.48	50.07	11.84	5.57
排名	10	5	3	8	4	6	9	1	2	7

数据来源：商务部，统计局，国家外汇管理局 . 2017 年度中国对外直接投资统计公报

中菲两国经济互补性强，都处在快速发展的时期，开展务实合作前景广阔，中国企业在很多菲律宾急需的产业投资领域都有一定优势。中国企业抓住两国关系改善的机遇，推动中菲合作向更大规模、更宽领域、更深层次发展，优化贸易结构，加大对菲投资力度，加强双方在经贸、投资、基础设施建设、农渔业、旅游等领域的合作。一是对接菲方经济发展规划，加强基础工业、加工制造业等领域的投资。二是与菲方分享农业现代化经验，在杂交水稻、农业机械、农药与化肥、农产品加工等领域开展合作，帮助菲方提高农业可持续发展能力。三是在交通运输、冷链物流、供应链管理等方面开展务实合作。四是积极拓展大数据、创意产业等新兴领域的合作①。

但是，菲律宾投资与合作也存在风险和不确定性。这主要是源于欧盟经济增长缓慢、美国政策的不确定性、其他世界主要经济体和发达国家的经济政策，以及菲律宾的货币政策不同步、资本流动的波动性增大、地缘政治的风险以及自然灾害方面的困扰②。

第二节　菲律宾农业投资环境

一、农业投资管理部门

菲律宾政府设立了不同的政府机构来管理外国投资，主要包括以下机构。

1. 外资政策制定机构

贸易与工业部（Department of Trade and Industry，DTI，简称“贸工部”）是菲律宾外资政策的制定机构，负责主管菲律宾的商业经济和贸易，制定国内外投资的管理、促进和保护政策，规范其经济秩序，支持中小企业的发展，负责对外经贸合作谈判，致力于创造有利于公平透明的竞争环境，以促使工业发展和投资贸易稳中有序。而菲律宾外资管理的另外两大机构——投资署（BOI）、经济区管理署（PEZA）均是其下属机构。

2. 外资法律政策实施机构

作为贸工部的两大下属机构，投资署和经济区管理署是贸工部制定外资

① 驻宿务总领馆经商室．解读 2017—2019 年菲律宾投资优先计划［EB/OL］．［2017-9-13］．http：//www. mofcom. gov. cn/article/i/dxfw/cj/201709/20170902647837. shtml.

② 菲经济发展署署长佩尼亚：菲律宾经济现状、结构调整、未来发展规划及愿景［EB/OL］．［2018-12-15］．http：//finance. sina. com. cn/roll/2017-02-28/doc-ifyavrsx5437386. shtml.

法律的执行机构，受贸工部的监督和指导。

投资署是外资法律的主要执行机构，其任务是负责管理本国的外国投资者、创造有利的投资环境促进菲律宾经济发展。该投资署的主席由贸易及工业部部长兼任，其他 6 名副主席分别来自贸工部副部长和政府机构、私营企业代表。其一方面要负责本国经济政策的制定，管理本国的投资秩序，协调和促进外国投资，另一方面还要负责审批投资优先计划规定内的项目。投资署的主要职权是制订年度投资优先计划，编写实行鼓励政策的经济领域清单，完善法典实施细则，负责投资者的优惠申请、管理、奖励、惩处，解决投资者之间和投资者与政府间有关法典相关条款实施的争议，检查企业的账簿以确定菲律宾国民所占比例，实施投资者的免税抵扣等优惠鼓励措施。菲律宾设立专门机构负责统筹管理菲律宾的外国投资，这样的设置清晰明确、定位准确，能够给外国投资者提供较为完善、精确的投资服务。

经济区管理署是根据《经济特区法》（1995 年）规定的管理外国投资者在经济特区投资的机构，是投资署的职能补充机构，只负责经济特区的管理和发展。其主要职权是推动经济特区的发展，吸引外国投资，制定和完善《经济特区法》的实施条例，执行相关条例管理和规定。

3. 外资登记注册机构

证券交易委员会（Securities and Exchange Commission，SEC）和贸易管理与消费者保护局（Bureau of Trade Regulation and Consumer Protection，BTRCP）都是外资企业的登记注册机构。二者分别负责不同性质的企业的登记注册，管理外资企业的日常经营活动。同时，证券交易委员会还具备对外资企业在菲律宾设立区域总部、地区总部、区域运营总部的许可权。

二、投资法律政策环境

菲律宾宪法中有关外国投资的法律规定主要为第 12 章第 2 条、第 3 条、第 11 条、第 12 条、第 21 条及第 16 章的第 11 条，这些条文对菲律宾的外国投资政策做了一些原则性的规定。宪法规定菲律宾所有的自然资源除农业土地外，不能为外国人所有，海域内的海洋资源由菲律宾国民独占享有使用权。国家根据其发展目标和优先计划，在法律的范围内管理其境内的外国投资，限制外国直接投资进入公共事业公司、大众传媒、广告业。

菲律宾外国直接投资政策主要体现在有关法规中，主要包括《综合投资法典》（1987 年）、《外国投资法》（1991 年）、《外国投资法修正案》（1991

年)、《采矿法》(1995年)、《经济特区法》(1995年)等①。

《综合投资法》(1987年)及其相关修改法案规定了有关在菲律宾外国和本国投资适用的激励措施的规定。该法是菲律宾投资的基本法，适用于来自国内和国外的投资。该法规定了投资政策，投资委员会的组成和职权，投资优惠，跨国公司在菲设立区域总部、区域运营总部及区域性仓库，特别投资居民签证，出口加工区企业的优惠。

《外国投资法》(1991年)及其相关修改法案主要涉及非鼓励性外国投资的进入及其经营管理，规定在菲律宾营业的公司的注册程序，保留给菲律宾国民的投资领域目录，土著菲律宾人的投资权利和其他一些相关规定。该法在减少外国投资的限制方面做了修改，减少了限制外国投资的领域。

《经济特区法》(1995年)是菲律宾国家为实现特定发展战略而制定法案，通过采取措施有效地吸引生产性外国直接投资，在经济特区内发展农业加工业、工业、旅游业、娱乐业、商业、银行、投资及金融中心、工业房地产、出口加工业、自由贸易区，该法还成立了菲律宾经济区管理署，运营、管理、维持和发展经济特区。

此外，菲律宾还发布了一些与投资直接相关的总统令及行政命令，如第1786号总统令在投资方面规定：在出口加工区内登记的企业，自登记经营之日起10年内产生的亏损可以从其发生亏损后6年内应缴纳的收入税中扣除。共和国第8366号法案则规定：从事房地产投资的企业，其享有表决权的股票中至少40%的比例由菲律宾国民拥有。

菲律宾是《关于解决国家与其他国家国民之间投资争端公约》(简称《华盛顿公约》)和《联合国承认和执行外国仲裁裁决公约》(简称《纽约公约》)的签约国，从而保障投资纠纷的解决和境外仲裁结果的执行②。

为促进投资，菲律宾投资署根据《综合投资法》(1987年)，每年颁布优先投资计划作为该法的补充，对在特定经济部门和地区的投资活动实施一系列的优惠措施。菲律宾政府将所有投资领域分为投资优先领域、限制投资领域和禁止投资领域。

(一) 优先投资领域

对于优先投资领域，菲律宾政府每年制订一个投资优先计划，列出政府鼓励投资的领域和可以享受的优惠条件，引导外资向国家指定行业投资。在

① 林丽玉．现行菲律宾外国直接投资政策的分析［D］．厦门：厦门大学，2008.

② 佚名．菲律宾投资与经贸风险分析报告［J］．国际融资，2011 (12)：61-63.

这些投资领域，外资可以享有100%的股权，并对那些高度优先项目提供广泛的优惠条件，包括减免所得税、免除进口设备及零部件的进口关税、免除进口码头税、免除出口税费等财政优惠，以及无限制使用托运设备、简化进出口通关程序等非财政优惠。目前的投资优先计划中鼓励投资的领域包括：医疗健康产品及服务、电子服务、汽车零部件生产、能源开发和利用、造船和航运、珠宝生产、时装生产、基础发展设施（包括商务园区、大众住房以及与铁路有关的大容量交通设施）；农业、渔业的生产和加工、信息与通信技术、旅游。2014年10月，菲律宾投资署（BOI）发布2014—2016年投资优先计划（IPP），将7大类、22个产业列为优先发展领域，主要分为以下几类：①先锋领域，在该领域内，外资企业可100%拥有股权。但投资署对其有特别限制，即该类企业应在30年之内或投资署所确定的更长时间内，将该企业过渡为菲律宾人所有，即菲人持股达到60%，如果企业产品100%用于出口，则不受此限制。②优先领域，如果不满足先锋领域的界定条件，则该项目属于优先领域。外资企业的持股比例一般情况下不超过40%，但如果出口量达到其产量的70%，则可以相应放宽。2015年4月，菲律宾投资署又发布了《2014—2016年投资优先计划（IPP）实施指南》，规定政府鼓励投资政策的具体准则。2017年3月，菲律宾杜特尔特总统签署了2017—2019年投资优先计划（IPP），该计划以杜特尔特总统的“10项社会经济发展议程”为纲领，并侧重于支持高技术附加值、技术转移和创造就业的制造类行业。

2017年投资优先计划的主题是“扩大和分散机会”，计划中被视为首选投资领域：制造业（包括农业加工）；农业、渔业和林业；战略服务（集成电路设计、创意产业、飞机维修、电动充电站、工业废弃物处理、电信等）；医疗服务（包括戒毒康复）；大众住房；地方政府参与的公私合作基础设施和物流项目；创新驱动项目；包容性商业模式（如农业和旅游行业中的大中型企业在其价值链里为小微型企业提供商业机会）；与环境或气候变化相关的项目；发电等能源行业。投资优先项目包括出口业务，包括生产和制造出口产品、对出口企业的支持和服务。2017—2019年菲律宾投资优先计划取消了对部分产业补贴的区域性限制。旧版投资优先计划中，仅民多洛、棉兰老岛穆斯林自治区和巴拉望的农产品加工产业享受补贴。为了刺激制造业发展，创造更多就业，新版投资优先计划中完全取消了这一类区域性限制。此外，还放宽了对旅游业补贴的区域性限制，马尼拉、麦克坦岛和长滩都被包

括在补贴范围之内，以刺激兴建更多的旅游设施①

（二）限制和禁止投资领域

菲律宾限制和禁止投资领域的规定主要是根据《外国投资法》而制定外商投资限制清单（即投资负面清单），菲律宾政府每两年更新一次负面清单，2012 年 10 月 31 日菲律宾总统通过签署第 98 号总统令颁布了现行的外商投资限制清单，列举了限制和禁止外商进入的领域。对于限制类行业，菲律宾政府主要是通过限制外国投资者的股权比例。在这些行业中，外资的持股比例原则上为 40%，最多不得超过 60%。

三、金融体系

菲律宾银行体系由中央银行、商业银行、储蓄银行、农村银行、政府特别银行组成。商业银行是银行体系的核心，总资产约占银行体系总资产的 90%。目前，菲律宾共有 38 家商业银行（其中外资银行 17 家）、70 家储蓄银行及 582 家农村和合作银行，各级营业网点超过 9 400 家，ATM 机超过 12 000 台。菲律宾国内主要商业银行有首都银行、菲律宾金融银行、菲岛银行、菲律宾国家银行等；主要外资银行有渣打银行、汇丰银行、花旗银行、美洲银行。从比例上看，外资银行参与菲律宾市场的程度居亚洲新兴市场国家前列，外资银行已成为菲律宾银行体系的重要组成部分②。菲律宾政府在 2013 年 5 月修订了《外资参股农村银行法》（第 10574 号共和国法案）和《农村银行法修正案》（1992 年的第 7353 号共和国法案），允许外国投资者收购或购买农村银行 60%的投票股权，解除了 20 年来阻碍农村银行发展的外资股权限制③。

国际货币基金组织（IMF）在 2010 年 4 月公布的菲律宾金融系统稳定性报告中指出，由于菲律宾银行业表现稳健，其金融系统在面对宏观经济风险上具有弹性。自 20 世纪 90 年代末爆发亚洲金融危机以来，良好的经济环境、银行重组和整合以及剥离不良资产等措施均有助于提高该国银行业的稳定性。压力测试结果显示，菲律宾五大商业银行在信贷、市场及流动性风险

---

① 解读 2017—2019 年菲律宾投资优先计划［EB/OL］.［2017-09-21］. http：//www.mofcom.gov.cn/article/i/dxfw/cj/201709/20170902647837.shtml.

② 商务部国际贸易经济合作研究院，中国驻菲律宾大使馆经济商务参赞处，商务部对外投资和经济合作司．对外投资合作国别（地区）指南——菲律宾（2018 年版）.

③ 商务部国际贸易经济合作研究院，中国驻菲律宾大使馆经济商务参赞处，商务部对外投资和经济合作司．对外投资合作国别（地区）指南——菲律宾（2018 年版）.

控制上具有弹性，但储蓄银行、农村银行的资产质量表现疲软，且准备金拨备也处于较低水平。

菲律宾现行外汇管理体制允许自由买卖，外汇收入和所得可以出售给授权代理行，也允许在银行体系之外进行交易，还允许在菲律宾境内外自由存储外币，并且可以自由用于任何目的。在菲律宾注册的外国企业可在菲律宾银行开设外汇账户，所有进出口商品的支付和结算方式均无须中央银行批准，投资利润可自由汇出，无任何限制。在菲律宾工作的外国人，其合法税后收入可全部转出①。

四、税收体系

菲律宾有关税收的法规主要是《国家内部收入法》《税收改革法案》(1997 年)，以及 2005 年 11 月 1 日开始实施的第 9377 号修正案。现行税制的主要税种有公司所得税、个人所得税、增值税、消费税和关税。公司所得税自 2009 年 1 月 1 日起由原来的 35%，下调到 30%，个人所得税一般为 5%~32%，进口产品缴纳 12%的增值税，对汽车、烟草、汽油、酒精等商品征收各自不等的消费税率。

菲律宾对国家鼓励投资的优先项目，以及在经济特区投资的项目给予如下税收优惠：新注册的优先项目企业或位于欠发达地区的企业将免除 6 年所得税，传统企业免除 4 年所得税。扩建或升级改造项目免税期为 3 年。新注册的优先企业如使用本地生产的原材料占 50%以上，或者进口和本地生产的固定设备价值与工人的比例不超过每人 1 万美元，或者营业前 3 年年外汇存款或收入达到 50 万美元以上，还将多享有 1 年免税奖励。在经济特区，企业可获得 4 年所得税免交期，最长可延至 8 年；进口资本货物、原材料等免征进口关税和其他税费。为促进农业发展，2010 年 4 月，菲律宾政府通过《有机农业法》，规定从事有机农业生产的农民可免交设备进口税和生产资料增值税，前 7 年免交收入税。

目前，菲律宾关税税率范围为 0~65%，平均关税为 7.07%，其中，农业 11.94%，采矿业 2.34%，制造业 6.24%。对部分进口产品仍征收 15%以上的高关税，对大米和原糖征收的进口关税分别高达 50%和 65%。根据《东盟自由贸易区协定》和《中国-东盟货物贸易协定》承诺，菲律宾自 2010 年 1 月 1 日起，对自东盟进口的绝大多数产品实行零关税；对自中国进口的

① 佚名．菲律宾投资与经贸风险分析报告［J］．国际融资，2011（12）：61-63.

6 360 个正常产品实行零关税，占自中国进口产品总数的 92.3%；在 2010 年前将自中国进口的敏感产品关税降至 20%，到 2010 年降为 0~5%；在 2015 年前将自中国进口的高敏感产品关税降到 50%。2010 年 5 月，为保证国内市场供应稳定，降低市场价格，菲律宾政府通过石油和钢铁产品零关税政策。2010 年 6 月，菲律宾贸工部决定对进口纸板采取为期 200 天的临时保障措施，税率为每吨 1 480 比索。此外，菲律宾对部分出口商品征收 20% 的关税，主要包括原木、木材、金属矿砂及其精矿、金、银、香蕉、椰子等①。

① 菲律宾投资与经贸风险分析报告［J］. 国际融资，2011（12）：66-69.

第八章　中菲热带农业合作

第一节　中菲农产品贸易状况

一、中菲贸易概况

从贸易合作历程来看，早在 15 世纪的时候，郑和就到访过菲律宾，开创了中菲之间丝绸、农业产品、手工业品的贸易历史。2012 年 4 月，由于黄岩岛南海领土的争端问题，使得中菲两国关系僵持，双方经贸活动均受到了影响，菲律宾对中国提出的“一带一路”倡议表现并不热心，由中国倡导建立的亚洲基础设施投资银行（简称亚投行，AIIB），菲律宾直到最后期限才决定加入。2016 年 6 月底，菲律宾新总统杜特尔特上任后，积极开展与中国的合作，中菲关系峰回路转。2016 年 10 月，杜特尔特总统访华取得了丰富成果，“一带一路”倡议下的中菲经贸合作进入一个新的时期①。

从贸易合作额来看，中国与菲律宾的贸易额从 1855 年的 219.8 万比索连续增长 10 年到 1864 年达到 827.3 万比索，此后双方贸易额剧降，到 1885 年仅 55.1 万比索，此后贸易额再度上升。1975 年 6 月 9 日，中菲两国在建立正式外交关系之际，共同签署了第一个政府间贸易协议，之后又签署了双边投资保护协议和避免双重征税协议。2005 年 4 月两国政府签署了《促进贸易和投资合作的谅解备忘录》。2006 年 6 月签署了《关于扩大和深化双边经济贸易合作的框架协议》。中菲经贸合作发展较快，1975 年中菲建交时双边贸易额只有 7 200 万美元②。2006—2016 年，中国与菲律宾之间的进出口贸易总额从 225 亿美元上升到 472 亿美元（表 8-1）。除了 2008 年金融危机导致进出口额有所下滑以外，中菲贸易一贯维持稳步增进。2015 年中菲贸易总

① 丁子涵．“一带一路”背景下中菲经贸关系分析［J］．合作经济与科技，2018（1）：66-68.

② 商务部国际贸易经济合作研究院，中国驻菲律宾大使馆经济商务参赞处，商务部对外投资和经济合作司．对外投资合作国别（地区）指南——菲律宾（2018 年版）.

额为456.79亿美元，比2014年同一时期增长了2.78%。其中，菲律宾自中国进口额266.77亿美元，同比下滑9.4%；向中国出口额190.02亿美元，同比增长9.4%，增加76.75亿美元。2016年，中菲双边贸易达到新高度，总值为472亿美元，同比增长3.5%①。2017年，中菲双边贸易总额为512.8亿美元，同比增长8.5%。其中中方出口额320.4亿美元，同比增长7.4%；进口额192.3亿美元，同比增长10.5%②。

表8-1　2006—2016年中菲贸易统计　（单位：亿美元）

项目	2006年	2007年	2008年	2009年	2010年	2011年	2012年	2013年	2014年	2015年	2016年	2017年
双边进出口总额	225	305	275	201	270	325	365	380	432	456	472	513
中国进口	150	230	190	123	165	180	200	180	220	190	174	192
中国出口	55	77	88	83	120	140	168	200	235	272	298	320
贸易逆差	95	143	102	40	45	40	32	-20	-15	-82	-124	-128

数据来源：中国商务部、中国海关统计，2018

从贸易合作商品类别来看，中国从菲律宾进口商品主要类别包括电机、电气、音像设备及其零部件；机械器具及零件；矿砂、矿渣及矿灰；铜及其制品；食用水果及坚果，柑橘类水果或甜瓜果皮；塑料及其制品；光学、照相、医疗或手术器械等；矿物燃料、矿物油、沥青、矿蜡；动物或植物油脂、油料；玻璃及玻璃制品③。中国对菲律宾出口商品主要类别包括电机、电气、音像设备及其零部件；机械器具及零件；钢铁；矿物燃料、矿物油、沥青、矿蜡；服装；塑料及其制品；钢铁制品；玩具、游戏和运动器材及其零部件；车辆及其零部件（铁道车辆或电车除外）；鞋靴、护具和类似品及其零件。

菲律宾从中国进口的商品结构中，大部分是机械产品；而出口到中国的商品中，除了机械产品还有一部分农产品。以2017年为例，中国从菲律宾进口的第一大类产品为电机、电气、音像设备及其零部件，2017年进口额为105.69亿美元，同比增长11.69%，占中国从菲律宾进口总额的54.93%；第二大类商品是机械器具及零件，进口额为37.47亿美元，同比减少1.51%，

① 丁子涵，“一带一路”背景下中菲经贸关系分析［J］，合作经济与科技，2018（1）：66-68.

② 商务部国际贸易经济合作研究院，中国驻菲律宾大使馆经济商务参赞处，商务部对外投资和经济合作司．对外投资合作国别（地区）指南——菲律宾（2018年版）.

③ 商务部国际贸易经济合作研究院，中国驻菲律宾大使馆经济商务参赞处，商务部对外投资和经济合作司．对外投资合作国别（地区）指南——菲律宾（2018年版）.

占总额的19.47%；第三大类商品为矿砂、矿渣及矿灰，占中国从菲律宾进口总额的8.10%，同比增长20.19%；食用水果及坚果，柑橘类水果或甜瓜果皮的进口额为5.31亿美元，占中国从菲律宾进口总额的2.76%，同比增长7.89%。中国对菲律宾出口的主要商品为电机、电气、音像设备及其零部件及机械器具及零件，其中电机、电气、音像设备及其零部件的出口额为48.18亿美元，占中国对菲律宾出口总额的15.03%；机械器具及零件的出口额为28.93亿美元，占9.02%；矿物燃料、矿物油、沥青、矿蜡等的出口额为23.74亿美元，占7.40%。

二、中菲农产品贸易格局

据联合国商品贸易统计数据库统计数据显示（表8-2），2010年以来，中菲农产品贸易规模呈现快速增长趋势，菲律宾对中国农产品出口额由2010年的4.16亿美元增加为2017年的7.83亿美元，是2010年的1.88倍，与此同时，菲律宾从中国进口的农产品金额由2010年的7.60亿美元增加为2017年的20.11亿美元，是2010年的2.65倍。菲律宾从中国进口农产品的规模远大于菲律宾出口到中国的农产品规模，且菲律宾对中国出口的增长速度远小于其从中国进口的增长速度，使得菲律宾农产品贸易亏损规模不断扩大，2016年达到最大值为12.92亿美元。

表8-2　中菲农产品贸易情况　（单位：亿美元）

年份	菲律宾对中国出口情况					菲律宾从中国进口情况					菲律宾贸易亏损
	活动物与动物产品	植物产品	动植物油脂及其分解物，调制食用油脂，动植物蜡	调制食品，饮料、酒类及醋，烟类及其制品	出口总计	活动物与动物产品	植物产品	动植物油脂及其分解物，调制食用油脂，动植物蜡	调制食品，饮料、酒类及醋，烟类及其制品	出口总计	
2010	0.05	2.48	1.10	0.52	4.16	1.14	2.87	0.01	3.59	7.60	3.44
2011	0.14	4.48	0.93	0.56	6.12	1.71	3.29	0.01	4.27	9.28	3.16
2012	0.22	3.60	0.31	0.85	4.98	2.81	3.62	0.01	5.32	11.77	6.79
2013	0.34	3.75	0.49	0.70	5.28	2.98	4.19	0.01	6.86	14.04	8.76
2014	0.36	6.51	0.19	0.67	7.73	3.77	3.50	0.02	7.00	14.29	6.56
2015	0.38	5.98	0.11	0.56	7.03	4.75	4.05	0.02	7.55	16.37	9.34
2016	0.42	5.11	0.22	0.53	6.26	5.13	5.00	0.01	9.04	19.18	12.92
2017	0.56	5.53	0.76	0.98	7.83	6.06	4.74	0.01	9.29	20.11	12.28

数据来源：联合国商品贸易（UN Comtrade）统计数据库，2018

菲律宾对中国出口大于从中国进口的农产品主要包括动植物油脂及其分解物、调制食用油脂、动植物蜡；其他农产品包括活动物与动物产品、植物产品、调制食品，饮料、酒类及醋，烟类及其制品其对中国出口额均小于从中国进口额。2017 年菲律宾对中国出口最多的前 10 类农产品：除大蕉外的鲜或干香蕉 4.11 亿美元，鲜或干菠萝 1.03 亿美元，未经改性的椰子油 6 137.24 万美元，未经加工的蔗糖 3 777.97 万美元，鲜鱼 2 306.77 万美元，冰鲜或冷藏的甲壳类渔产品 1 841.21 万美元，制作或保存的水果、坚果 1 466.66 万美元，未加工的椰子原油 1 051.98 万美元，食用坚果或干椰子 1 013.07 万美元，加工或腌制的菠萝 897.59 万美元。2017 年菲律宾从中国进口最多的前 10 类农产品：不含可可的糖果 16 521.69 万美元，加工的冷冻可食用丸子 16 440.75 万美元，鲜食苹果 15 252.60 万美元，冰冻鲭鱼 13 924.78 万美元，其他冷藏的鱼 9 484.18 万美元，果糖和果糖糖浆 8 932.12 万美元，加工的鱼肉（不含鱼片）8 733.46 万美元，新鲜或冷冻的蔬菜 7 619.63 万美元，冰鲜鲣鱼 5 671.25 万美元，葡萄糖及葡萄糖糖浆 5 485.67 万美元。

三、菲律宾对中国出口的农产品

从历年菲律宾和中国农产品贸易情况看，菲律宾对中国出口的农产品有 4 类：植物产品；调制食品，饮料、酒类及醋，烟类及其制品；动植物油脂及其分解物，调制食用油脂，动植物蜡；活动物与动物产品。其中动植物油脂及其分解物、调制食用油脂、动植物蜡的出口量呈逐渐减少的趋势；其他类的农产品均逐年增加。

植物产品是菲律宾对中国出口的最多的农产品。数据显示（表 8-3），2017 年菲律宾植物产品对中国的出口额为 5.53 亿美元，出口额远高于其他农产品。尤其是食用水果及坚果类产品，出口额高达 5.31 亿美元，比 2010 年此类农产品增加了 1.40 倍；其中鲜或干香蕉出口额为 4.11 亿美元，鲜或干的无花果、鳄梨、番石榴、杧果及山竹等 1.04 亿美元，坚果和干椰子 1 013.07 万美元，鲜食木瓜和西瓜等 86.99 万美元。活树及花卉类出口额为 1.81 万美元，编结用植物性材料出口额为 511.17 万美元，木炭出口额为 707.92 万美元，均比 2010 年的出口额高；其他的包括食用蔬菜、谷物、谷物加工品、油料、工业用或药用植物、饲料、植物汁液及萃取物、天然橡胶和树胶等较 2010 年的出口额低，其中天然橡胶和树胶仅 81.99 万美元，而 2010 年为 1 075.51 万美元，减少了 993.52 万美元。

表 8-3　菲律宾对中国出口的植物产品及其金额　（单位：万美元）

种类	2010 年	2011 年	2012 年	2013 年	2014 年	2015 年	2016 年	2017 年
活树及花卉	0.92	0.87	0.26	0.21	0.92	0.16	0.16	1.81
食用蔬菜	4.20	0.80	0.66	0.33	0.77	0.00	0.00	0.05
食用水果及坚果	22 141.94	40 902.25	32 739.87	33 491.23	62 411.54	57 739.85	49 246.92	53 131.25
咖啡、茶、马黛茶及香料	0.12	0.00	1.80	0.00	0.00	0.00	0.00	0.00
谷物	1.21	0.43	0.02	0.97	0.33	0.07	0.17	0.05
谷物、粮食粉、淀粉制品、糕点	29.57	0.00	10.08	0.11	1.43	0.14	1.13	0.88
油料、工业用或药用植物、稻草、秸秆及饲料	658.09	710.18	785.22	1 360.08	435.97	285.86	319.55	490.11
虫漆、植物胶、植物汁液及萃取物	417.18	366.80	329.99	292.57	347.65	357.86	263.56	367.63
编结用植物性材料	80.45	70.22	129.52	152.94	358.30	617.15	355.78	511.17
天然橡胶和树胶等	1 075.51	2 424.97	695.02	193.23	257.74	67.09	66.89	81.99
燃木、木屑	0.77	0.14	0.30	0.67	0.30	0.04	2.19	0.93
木炭	432.89	358.03	1 310.49	2 006.63	1 246.22	758.30	798.94	707.92
植物产品合计	24 842.84	44 834.68	36 003.22	37 498.99	65 061.16	59 826.53	51 055.30	55 293.78

数据来源：联合国商品贸易（UN Comtrade）统计数据库，2018

调制食品，如饮料、酒类及醋，烟类及其制品是菲律宾对中国出口的第二大类农产品（表 8-4），2017 年，此类农产品出口到中国的出口额为 9 824.52 万美元，比 2010 年的 5 188.83 万美元增加了 89.34%，其中糖及糖果类的出口增长速度最快，从 2010 年的 13.05 万美元，增加到 2017 年的 3 898.24 万美元，增加了 297.7 倍，但在 2013—2016 年，出口额是比较少的；其次是肉类及鱼类制品的出口，从 2010 年的 3.64 万美元增加到 2017 年的 125.90 万美元，增长了 33.6 倍；可可及其制品，蔬菜、水果、坚果等制品，杂项食品，饮料、酒及醋，烟草及其制品等产品的出口额都有所提高；而食品工业的残渣、废料，配制的动物饲料的出口额则有所减少。

表 8-4 菲律宾对中国出口的调制食品，饮料、酒类及醋，烟类及其制品

（单位：万美元）

种类	2010 年	2011 年	2012 年	2013 年	2014 年	2015 年	2016 年	2017 年
肉类及鱼类制品	3.64	5.24	4.27	1.47	26.48	2.35	32.96	125.90
糖及糖果	13.05	1 581.96	3 426.54	39.45	79.92	104.34	147.29	3 898.24
可可及其制品	24.79	9.36	15.13	8.04	15.12	36.39	35.66	32.30
制粉工业产品	628.29	882.57	855.96	938.13	765.55	636.72	673.17	706.10
蔬菜、水果、坚果等制品	1 332.09	2 571.45	2 647.85	3 014.28	3 432.88	3 925.56	3 674.91	4 038.46
杂项食品	299.95	389.19	365.70	458.88	448.94	458.52	446.79	331.39
饮料、酒类及醋	111.99	93.88	137.94	124.93	178.24	203.29	148.91	468.87
食品工业的残渣、废料，配制的动物饲料	2 758.15	64.82	994.40	2 322.58	1 782.48	221.23	67.91	174.79
烟类及其制品	16.86	25.91	65.86	102.71	3.05	6.07	28.14	48.48
合计	5 188.83	5 624.38	8 513.64	7 010.48	6 732.66	5 594.48	5 255.74	9 824.52

数据来源：联合国商品贸易（UN Comtrade）统计数据库，2018

四、菲律宾从中国进口的农产品

菲律宾从中国进口的农产品主要包括调制食品，饮料、酒类及醋，烟类及其制品；活动物与动物产品；植物产品；动植物油脂及其分解物、调制食用油脂、动植物蜡。其中动植物油脂及其分解物、调制食用油脂、动植物蜡的进口量每年的变化不大；其他的农产品进口量均是逐年增加，其中调制食品，饮料、酒类及醋，烟类及其制品是增幅最大的一类农产品。

2017 年菲律宾从中国进口的农产品进口额为 20.11 亿美元，同比上年增长 4.85%。在进口的农产品中，调制食品，饮料、酒类及醋，烟类及其制品是进口的最多的，2017 年此类农产品的进口额为 9.29 亿美元，同比增长 2.77%（表 8－5）；比 2010 年的 3.59 亿美元增加了 5.7 亿美元，增长 158.77%。其中糖及糖果的进口增长速度相对较快，从 2010 年的 7 162.07 万美元，增加到 2017 年的 34 085.97 万美元，增长 3.76 倍；其次是蔬菜、水果、坚果等制品从 2010 年的 5 913.69 万美元，增加到 2017 年的 17 804.37 万美元，增加了 2.01 倍；肉类及鱼类制品和杂项食品也是增长较快的农产品，分别比 2010 年增加了 1.09 倍、1.12 倍；可可及其制品、制粉工业产品、食品工业残渣、烟草及其制品等的进口增幅则不大。

表 8-5　菲律宾从中国进口的调制食品，饮料、酒类及醋，烟类及其制品

（单位：万美元）

种类	2010 年	2011 年	2012 年	2013 年	2014 年	2015 年	2016 年	2017 年
肉类及鱼类制品	4 870. 24	4 476. 11	6 239. 64	9 523. 33	8 101. 58	6 642. 80	7 113. 49	10 166. 97
糖及糖果	7 162. 07	8 891. 45	13 236. 89	20 892. 05	22 085. 65	29 316. 20	38 908. 45	34 085. 08
可可及其制品	1 176. 70	1 890. 13	2 374. 93	2 407. 95	2 958. 55	2 995. 78	3 059. 23	2 847. 51
制粉工业产品	1 756. 22	2 155. 00	2 215. 13	2 626. 91	3 034. 94	3 008. 17	3 235. 25	3 968. 74
蔬菜、水果、坚果等制品	5 913. 69	6 857. 23	8 625. 88	11 321. 99	10 993. 29	12 547. 54	13 873. 55	17 804. 37
杂项食品	6 694. 57	8 491. 58	10 441. 21	12 124. 28	14 367. 94	14 168. 03	14 977. 96	14 177. 29
饮料、酒类及醋	1 962. 19	2 630. 85	1 283. 61	1 215. 22	835. 10	1 418. 08	2 039. 75	1 972. 67
食品工业的残渣、废料，配制的动物饲料	2 030. 94	2 681. 86	2 988. 06	2 817. 90	2 501. 12	2 137. 66	1 929. 86	2 760. 09
烟类及其制品	4 336. 91	4 587. 45	5 826. 74	5 681. 54	5 159. 20	3 271. 44	5 257. 12	5 124. 16
合计	35 903. 52	42 661. 67	53 232. 08	68 611. 16	70 037. 38	75 505. 70	90 394. 66	92 906. 89

数据来源：联合国商品贸易（UN Comtrade）统计数据库，2018

活动物与动物产品是菲律宾从中国进口的第二大类农产品，2017 年进口额为 6. 06 亿美元，同比增长 18. 31%，比 2010 年的 1. 14 亿美元增加 4. 92 亿美元，增长 4. 32 倍（表 8-6）。此类农产品中，主要是从中国进口水、海产品，2017 年进口额为 5. 89 亿美元，同比增长 15. 30%，比 2010 年的 1. 11 亿美元增加 4. 78 亿美元；其次是动物源产品，2017 年进口额为 1 310. 81 万美元，同比增长 1 219. 37%，比 2010 年的 23. 27 万美元增加 1 287. 54 万美元，但其进口额从 2010—2017 年呈起伏状态，2015 年曾达到 1 229. 11 万美元；乳制品、鸡蛋、蜂蜜及其他食用动物产品也是进口量较多的农产品，这类产品 2017 年进口额为 462. 21 万美元。

表 8-6　菲律宾从中国进口的活动物与动物产品　（单位：万美元）

种类	2010 年	2011 年	2012 年	2013 年	2014 年	2015 年	2016 年	2017 年
活体动物	0. 06	0. 00	0. 02	0. 23	0. 09	0. 06	0. 17	0. 70
肉类和食用内脏	191. 95	128. 77	6. 26	0. 00	0. 00	0. 00	0. 00	0. 00
水、海产品	11 114. 70	16 571. 42	27 751. 71	29 464. 57	37 341. 57	46 237. 32	51 047. 89	58 859. 63
乳制品、鸡蛋、蜂蜜、食用动物产品	65. 75	191. 84	95. 74	103. 30	151. 13	72. 55	104. 16	462. 21
动物源产品	23. 27	183. 26	244. 38	230. 68	192. 30	1 229. 11	99. 35	1 310. 81
合计	11 395. 72	17 075. 28	28 098. 11	29 798. 78	37 685. 08	47 539. 04	51 251. 57	60 633. 35

数据来源：联合国商品贸易（UN Comtrade）统计数据库，2018

第二节 中菲热带农业科技合作现状

一、中菲农业科技合作的政策支持

中菲建交后，中菲农业合作不断加强，特别是20世纪90年代后期至今，多年的合作伴随着“一带一路”倡议的提出及区域共商共建不断深化，中菲农业合作进入新阶段。对于双方的农业合作，中国政府制定了一系列优惠政策，促进、鼓励与菲律宾开展农业合作。1999年，国务院印发《关于鼓励企业开展境外带料加工、装配业务的意见》，主要包括资金鼓励、简化手续、出口退税等政策，鼓励有条件的国有企业走出去。2005年财政部、商务部制定《对外经济技术合作专项资金管理办法》，通过提供专项资金来鼓励中国企业去境外投资、开展境外农、林和渔业合作，对外承包工程，对外劳务合作，境外高新技术研发平台，对外设计咨询等。

在双方政府都积极地吸引和鼓励对方到本国开展农业合作与开发投资的现实意愿下，双方政府签署多项协议以保障科技合作的开展。早在1978年中国和菲律宾就科技合作签订了《中国和菲律宾科技合作协定》，该协定表明双方通过交换有关的科学技术、资料和经验，进行科学技术合作。合作内容包含对互换的专业技术人员进行培训、考查和实习；邀请专业技术人员传授科学技术知识和经验；互相提供科学技术资料和科学试验用的种子、苗木、样品及其他材料；以及其他必要形式的科学技术合作①。1999年7月中菲签署了《关于加强中菲农业合作的意向书》和《向菲提供商业杂交水稻良种的谅解备忘录》。1999年9月中菲签署了《关于农业及有关领域合作协定》，并于2000年1月生效，用于指导中菲两国在农业上开展广泛深入的合作，使中菲农业合作有计划地开展。双方已于2000年7月4日在中国和2002年7月在菲律宾分别召开了中国-菲律宾农业联合委员会第一次和第二次工作组会议，每年双方互派农业代表团开展考察交流与合作，使中菲农业合作有计划地开展。2000年中菲建设“中菲农业技术中心”的政府间换文，由中方援建中菲农业技术中心，并向菲律宾提供价值2亿美元的杂交水稻良种和农业收割设备贷款；中菲农业技术中心于2003年3月在菲律宾竣工，已成为两国开展长期有效的农业合作的平台。2004年两国签署《中菲渔业

① 中国和菲律宾科技合作协定［EB/OL］.［2019-12-12］. https：//baike. baidu. com/item/.

合作谅解备忘录》。2007年两国农业部签署《关于扩大深化农渔业合作的协议备忘录》，并签署内容涉及中国企业在未来5~7年内斥资49亿美元投资菲律宾农业的协议；同年，广东省海洋与渔业局与菲律宾农业部签署《渔业合作备忘录》，进一步促进和深化我国与菲律宾在渔业领域的宽领域合作。2016年中国与菲律宾发表联合声明，双方承诺扩大在包括农业科技和基础设施、农业贸易、灌溉、适应和减缓气候变化、遵循动植物卫生标准等领域的合作；中方承诺支持菲方遵照各自国内法律提升粮食生产能力、培训农业技术人员、发展农渔业和能力建设；并签署了《中国农业部与菲律宾农业部农业合作行动计划（2017—2019）》。2017年4月24日中菲农业合作联合会第五次会议召开，2019年召开第六次中菲农业合作联合会，在第六次会议上，双方在工作层面磋商制定《中菲农业合作行动计划（2020—2022）》，引导中菲农业合作项目有序开展。2018年4月，中国与菲律宾签署了9项双边协议，其中包括中国政府将提供旨在加强菲律宾农业生产的援助资金协议，这些资金将用于菲律宾杂交水稻中心的现代化改造，从而提高该国水稻产量；该协议将由菲律宾农业部执行，涵盖菲律宾农业技术中心技术合作项目的第三阶段①。2018年11月，在习近平主席访菲律宾期间，中菲两国签署了多项双方协议，其中涉及农业方面的如《中华人民共和国农业农村部与菲律宾共和国合作社发展署关于加强农业合作社建设的谅解备忘录》《中华人民共和国海关总署与菲律宾共和国农业部关于菲律宾鲜食椰子输华植物检疫要求议定书》《中华人民共和国海关总署与菲律宾共和国农业部关于菲律宾冷冻水果输华检验检疫要求议定书》等。

在政府合作协议框架指引下，各部委、各省市、科研院所、企业等积极开展与菲律宾的农业科技合作，签署相关具体的农业合作项目协议，以保证中菲双方农业科技合作的顺利进行，推动双方农业合作与发展。比如，在1999年6月，中国农业部与菲律宾农业部签订了《关于中国帮助菲律宾发展杂交水稻的协定》。根据协定，菲华商联总会董事兼外交委员会主任林育庆代表喜特宁集团与中国国家杂交水稻技术研究中心主任、“中国杂交水稻之父”袁隆平共同合作组成菲律宾西岭农业科技有限公司，进行杂交水稻的试验与推广。该公司在菲律宾内湖省开辟50公顷的试验基地，在东纳卯省拥

① 菲律宾从中国获得农业技术援助资金［EB/OL］.［2018-04-18］. http://cebu.mofcom.gov.cn/article/jmxw/201804/20180402733887.shtml.

有 400 公顷的杂交水稻试验田[①]。2004 年 9 月 1 日中国和菲律宾在北京签署了《中国农业部和菲律宾农业部关于渔业合作的谅解备忘录》，决定设立渔业合作联合委员会，旨在将两国渔业合作纳入政府部门间合作框架，从而建立起两国渔业合作的新机制。根据该备忘录的要求，2005 年在菲律宾马尼拉举行了第一次中菲渔业联合委员会；2017 年在菲律宾马尼拉召开了第二次中菲渔业联合委员会，会议就双方国内渔业发展重点和管理政策进行了交流，讨论了中菲渔业合作重点领域、基本原则和政府支持措施，对 2017—2019 年中菲渔业合作项目建议等进行了友好协商，并就开展中菲渔业技术培训交流、支持中菲渔业企业间合作、发展海水养殖和水产品加工等达成初步共识[②]。2004 年 1 月 9 日，湖南农业大学与菲律宾中吕宋大学签署了《中国湖南农业大学与菲律宾中吕宋大学合作协议》，根据该合作协议，两所大学将在未来 5 年内，通过互派学者、举办学术论坛、交换出版物和教育管理模式研讨等方式进行教育资源交流，并在双方感兴趣的领域进行项目合作，以发挥互补优势，促进农业技术的研发和推广[③]。2005 年中国技术进出口公司（CNTIC）提供 1 亿美元的长期低息贷款给菲律宾椰子局（PCA），帮助其实施椰子商业发展计划，开发用于出口的椰子附加值产品；并签署了一份谅解备忘录以便于该项计划的实施。该项贷款大部分用于开发 40 万公顷的土地来种植椰子树，从而生产地用纤维、椰泥炭和其他高附加值椰子产品出口到中国，用于中国的抗沙漠化和抗土壤侵蚀。2006 年 11 月菲律宾农业部在广州与广东省科技厅和广东省农业科学院就广东—菲律宾农业科技合作签署了合作意向书；2007 年 1 月广东省农业科学院与菲律宾农业部在菲律宾签署 35 公顷示范基地合作协议[④]。

2006 年 9 月，江西省与菲律宾保和省签订了合作协议，双方同意在水稻、水果、蔬菜、畜禽和渔业的研究、生产、制种、育种及有机农业、可再生能源、农业机械、农产品加工等方面开展技术交流与合作。2016 年 10 月，

---

① 愿菲国农丰民富谷满仓［EB/OL］.［2002－07－02］. http：//www.qzwb.com/gb/content/2002-07/02/content_ 533624.htm.

② 第二次中菲渔业联委会在菲律宾马尼拉召开［EB/OL］.［2018－04－18］. http：//jiuban.moa.gov.cn/zwllm/zwdt/201704/t20170428_ 5587453.htm.

③ 中菲农业大学合作协议在马尼拉签订［EB/OL］.［2004-01-09］. http：//ph.mofcom.gov.cn/aarticle/jmxw/200401/20040100169260.html.

④ 中国广东-菲律宾农业科技合作项目［EB/OL］.［2012-01-17］. https：//www.crigdaas.com/index.php? s=/Home/App/detail/id/92.

江苏红旗种业股份公司与菲律宾西岭农业集团签署了战略合作协议，双方将发挥自身优势，在杂交稻研发、生产等方面进行高层次、长期的合作，共同开发菲律宾广阔的杂交稻市场①。2007 年菲律宾东部石油公司与中国广西农垦局签署了一项木薯合作协议，该协议金额为 600 万美元。菲律宾东部石油公司计划建立一座日生产能力为 10 万升的乙醇加工厂，根据该项协议，在菲律宾自产供应的木薯能满足协议中的双方木薯生产需求之前，该公司可从中国广西进口其启动生产所需的原料。2017 年 1 月 11 日，深圳深水网箱科技有限公司与菲律宾的巴拉望水产养殖有限公司签订协议，共同组建中菲渔业合作有限公司建设深水网箱养殖基地；同日，中菲渔业合作有限公司和广东江门振业水产有限公司和福建闽航贸易有限公司分别签订合作协议，拟建立包括罗非鱼在内的淡水鱼养殖示范基地、加工厂和鱼苗孵化基地；此次签订项目总投资超过 3 亿元人民币。2018 年 7 月，中国热带农业科学院与菲律宾原住民合作社共同建立了农业试验站，双方还签订了战略合作协议，初步达成了在纤维提取技术和纺织技术开展合作研究的意向②。2018 年 11 月 13 日，中国水产科学研究院南海水产研究所与菲律宾巴拉望可持续发展工作人员委员会（PCSDS）和菲律宾渔业和水产资源局（BFAR）民马罗巴区分局达成了开展海水养殖业科技合作与交流的合作意向并形成了合作谅解备忘录（MOU）；此次签署合作备忘录，是落实中菲领导人达成的农业合作共识和《中国农业部与菲律宾农业部农业合作行动计划（2017—2019）》的具体行动，也是作为 2017 年成功开展中菲渔业技术培训和考察交流活动、组织向菲律宾赠送 10 万尾东星斑鱼苗以及赴菲律宾开展现代渔业合作项目交流和推进等工作的积极延续，有利于加快推进中国—菲律宾在水产养殖技术、鱼病控制等领域的合作，带动菲律宾渔业的发展③。2019 年 12 月 18 日中膳集团代表与菲律宾投资委员会（BOI）进行菲律宾农业全产业链建设会谈，亚投联将山东寿光先进的蔬菜种植技术和福建先进的食用菌种植技术输出到菲律宾，提高产量和品质，旨在缓解当下菲律宾因气候、技术等因素导致的吃菜难、吃菜贵、市场需求不足、依赖进口等问题。其次，两个示范基地落地

---

① 红旗种业与菲企业签约合作［EB/OL］.［2016-10-24］. http：//www. zgjssw. gov. cn/shixian-chuanzhen/taizhou/201610/t20161024_ 3062597. shtml.

② 中国热科院在菲律宾建立农业试验站［EB/OL］.［2018-07-17］. http：//www. catas. cn/qgrdnykjxzw/contents/1215/128272. html.

③ 南海所与菲律宾巴拉望渔业相关部门签署合作谅解备忘录［EB/OL］.［2018-11-28］. http：//shuichan. jinnong. cn/n/2018/11/28/1826938463. shtml.

建成之后，将邀请当地农民、政府部门和相关合作伙伴来实地参观学习，以促进中菲农业合作，帮助提高菲律宾农业种植养殖技术，完善菲律宾农产品产业链，增加就业机会和农林收入，提高人民膳食健康和生活品质等。

此类诸多的合作协议、备忘录等有力地促进了双方的农业科技发展，进而加强农业产业发展。

二、中菲农业科技合作现状

（一）农作物优良品种技术合作成果显著

中国与菲律宾通过共建农业科技合作基地，在引进中国农作物品种的基础上加以改良，以筛选出适合菲律宾本地种植条件的品种。如 2006 年广东省农业科学院作物研究所在菲律宾建立了 35 公顷的农业科技合作基地，引进了中国农作物新品种 45 个，筛选出 25 个在产量、品质和抗性方面比当地同类品种有优势的优良品种，其中包括甜玉米、番茄、辣椒、南瓜、花椰菜等 16 个耐热且适合当地种植和消费习惯的优良品种，这些新品种已经在菲律宾吕宋岛和民德洛岛推广种植面积达 3 333 公顷①。中菲农业技术中心从中国引进 40 个杂交水稻组合，筛选和培育出了 5～7 个适合菲律宾的杂交水稻组合②。

（二）示范推广农作物面积逐步扩大，产量提升明显

中菲双方共建农业科技合作基地、农业示范中心，通过引进和选育适合菲律宾农业种植条件的农作物，并进一步开展示范种植，带动菲律宾农户进行种植，效果明显。中菲农业技术示范中心通过引进和培育适合菲律宾的杂交水稻组合，通过杂交水稻高产栽培技术的应用，促进了项目区的水稻增产，2008 年在菲律宾安排的各种类型的示范点 38 个，示范面积达 180 公顷，平均单产为 7.62 吨/公顷，示范最高产为 12.7 吨/公顷；并进行了农业机械的示范和推广，提高了劳动生产力，建立了多种类型的农机示范点 21 个，示范总面积 60 多公顷；用中国技术培育出的杂交水稻品种已占菲律宾杂交

---

① 中国广东-菲律宾农业科技合作项目［EB/OL］.［2012-01-17］. https：//www.crigdaas.com/index. php？ s =/Home/App/detail/id/92.

② 中菲农业技术示范中心［EB/OL］.［2013 - 06 - 20］. http：//www. cattc. org. cn/casedetail. aspx/2566.

水稻播种面积的一半以上，使菲律宾农业经济年增长率从2%提高到4%以上[①]。广东省农业科学院2006年派遣专家在菲律宾邦邦牙省建立试验基地，两造示范品种表现良好；2007年和2008年进一步扩大试验规模，扩大玉米主产区坎达巴（Candaba）和邦邦牙农业大学两个示范点的面积共计30亩；在菲律宾吕宋岛和民德洛岛推广新品种新技术面积3 333公顷。另外，在基地培训当地农业从业人员1 000多人次[②]。

（三）农业科技人才的培养得到进一步的发展

自中菲双方开展农业科技合作与交流以来，农业科技人才的培训是其中的重点，中国根据菲律宾农业发展及其农业科技发展需求，结合国内农业发展及科技人才的现实情况，采用多种方式为菲律宾开展农业科技人才的培养。

一是开展农业科技人才培训，包括举办各类型的短期或长期的培训班，培训内容包括杂交水稻种子培育、水稻栽培、水稻施肥技术、水稻管理经验、农业生物技术、蔬菜种植、农业信息化技术等，同时还组织菲律宾农业官员及相关技术人员参观我国的农业生产。此外，中菲双方还就农业科研人员的继续教育加深合作，中国通过在菲律宾设立各类研究所，通过技术引进的方式向菲律宾输送科研成果和专业型人才；或通过留学的方式，为菲律宾培训专业型科研人才。例如，2018年10月，2018年菲律宾蚕桑生产与管理研修班在华南农业大学举办，来自菲律宾农业部纤维产业发展管理局的19名学员参加了本次为期14天的研修班，并赴广州的相关企业、科研机构进行考察交流[③]。2017年菲律宾水产养殖技术研修班在中国水产科学研究院淡水渔业研究中心开班，来自菲律宾农业部渔业与水生资源局的14名学员参加培训[④]。2019年5月中国热带农业科学院举办了2018年菲律宾橡胶生产与管理研修班，来自菲律宾的20名学员对橡胶栽培、育种、施肥、病虫害防治、割胶、加工等方面进行了集中的专业学习，并考察了中国热带农业科学

① 中菲农业技术示范中心［EB/OL］.［2013-06-20］. http：//www. cattc. org. cn/casedetail. aspx/2566.

② 中国广东-菲律宾农业科技合作项目［EB/OL］.［2012-01-17］. https：//www.crigdaas.com/index. php？ s=/Home/App/detail/id/92.

③ “2018年菲律宾蚕桑生产与管理研修班”在华南农业大学举行开班典礼［EB/OL］.［2018-10-19］. www. eol. cn/guangdong/guaungdongxiaoyuan/201810/t20181019_ 1629391. shtml.

④ 非洲法语国家及菲律宾两期研修班在淡水中心结业［EB/OL］.［2017-08-31］. https：//www.ffrc.cn/info/1071/2455. htm.

院的橡胶树种苗繁育基地、林下间作示范区、种质资源圃，以及云南农垦集团的西盟橡胶公司橡胶园和加工厂，为未来中菲双方在热带高效农业和海洋渔业等领域的合作搭建了交流的桥梁①。

二是通过在菲律宾建立的农业技术中心或基地对菲律宾当地的农业技术人员及农户直接开展培训。如在中菲农业技术中心，早在 2008 年就开展了为期 110 天的“杂交水稻和农业机械技术培训班”，中国先后派遣 7 名高级杂交水稻专家赴菲律宾授课，传授杂交稻科研和生产方面的实用技术，菲方选拔了 30 名农业技术人员参训，覆盖 11 个行政区、16 个水稻生产大省②。广东省农业科学院与菲律宾共建的农业科技示范基地，也开展了对当地农户的技术培训。

（四）农村生态能源利用合作初见成效

2002 年 11 月，中国农业部与东盟秘书处签署了《中华人民共和国农业部与东南亚国家联盟秘书处农业合作谅解备忘录》，农村能源技术交流与合作是其中的重要内容。2006 年 11 月 3 日，中国-东盟农村能源论坛暨技术交流会在广西南宁举行，来自中国和东盟 8 个成员国及东盟秘书处的官员代表，共同探讨农村能源领域的技术交流与合作。这是中国农业部与东盟秘书处签署农业合作谅解备忘录以来，在农业领域举办的首次能源论坛。中国与菲律宾的农村生态能源利用合作已取得初步成效。例如，广西在菲律宾开展的中菲合作现代农业示范园建设中，向菲律宾大力普及广西沼气实用技术。广西农垦集团等企业在菲律宾开展木薯和甘蔗良种繁育，以技术合作为先导，建立木薯和甘蔗种植基地，开展木薯和糖业深加工项目和燃料乙醇项目③。

（五）农作物防灾减灾合作全面展开

一是区域气象灾害的监测。2016 年，在首届中国—东盟气象合作论坛签署了《中国-东盟气象合作南宁倡议》，完善了中国与东盟国家的区域气象合作机制，其中的重点合作内容就是加强季节气候预测与气候服务，特别是

① 2018 年菲律宾橡胶生产与管理研修班结业［EB/OL］.［2019-05-16］. http：//www.catas.cn/contents/5/136306.html.

② 中国援菲“杂交水稻和农业机械技术培训班”正式启动［EB/OL］.［2008-08-07］. http：//ph.mofcom.gov.cn/aarticle/jmxw/200808/20080805712570.html.

③ 吴崇伯 . 东盟国家绿色清洁能源发展及其与我国的合作［J］. 广西财经学院学报，2010，23（5）：1-5.

在全球气候服务框架下与农业有关的服务合作①；2018 年，广西南宁举办了东盟国家灾害天气预警技术培训班，旨在指导减少气象灾害对农业生产的破坏。

二是针对农作物病虫害防治展开积极合作。2011 年，科技部启动重大专项——中国-东盟重大农业外来有害生物预警与防控平台，华南和云南地区联合菲律宾、老挝、柬埔寨、越南、泰国、缅甸等国家共同搭建东盟农业有害生物入侵预警与防控平台，对东盟农业有害生物的基础数据库、风险评估、口岸监测等关键技术环节展开联合研究攻关；2016 年中国相继举办了东盟国家农作物病虫害综合防治研修班、东盟国家主要农作物病虫害综合防治技术国际培训班，旨在为东盟国家水稻、玉米、木薯、椰子、天然橡胶等主要农作物病虫害综合防治技术提供的理论与实践②。

三、中菲农业科技合作的重要会议及项目

（一）中菲农业合作联委会会议

中菲双方于 2001 年成立农业联委会机制，双方共同确定优先合作领域，共同务实执行合作项目，此后每隔 2 年召开一次中菲农业合作联委会会议，会议将过去中菲双方的农业合作成效进行回顾总结，讨论并制订下一步中菲双方农业领域的合作计划。在 2008 年召开了第四次会议后，一直到 2017 年才召开第五次会议。

2017 年 4 月 25 日在马尼拉召开中菲农业合作联委会第五次会议，中国农业部副部长屈冬玉率团参加，这是中菲农业合作联委会会议自 2010 年暂停后首次举行。会议充分肯定了 2016 年 10 月菲律宾总统杜特尔特访华期间两国签署的《中国农业部与菲律宾农业部农业合作行动计划（2017—2019）》实施进展，双方一致认为，在两国共同努力下，双方在能力建设、水产养殖、水稻玉米种植、农渔产品加工和农机合作等各个领域都取得了积极进展。双方同意在中菲农技中心三期、农业产学研一体化合作、蚕桑业发展、产后机械化开发、农业投资与农产品贸易、橡胶研究推广等领域进一步加强务实合作。中方承诺将在三年内为菲方培训 100 名以上的农业技术及管

① 郭超然．中国与东盟农业科技合作的成效、问题与建议［J］．天津农业科学，2019，25（10）：73-77.

② 郭超然．中国与东盟农业科技合作的成效、问题与建议［J］．天津农业科学，2019，25（10）：73-77.

理人员①。

2019 年 7 月 15 日在北京召开中菲农业合作联委会第六次会议，农业农村部总畜牧师马有祥出席会议回顾了第五次中菲农业合作联委会以来《中国农业部与菲律宾农业部农业合作行动计划（2017—2019）》的执行进展，中菲双方一致认为两国农业合作行动计划的执行，务实地促进了两国农业交流，取得了较好的社会效益和经济效益，推动了两国农业和经济的发展。双方同意进一步发挥中菲农业合作联委会的指导作用，在工作层面磋商制定《中国农业部与菲律宾农业部农业合作行动计划（2020—2022）》，拟在能力建设、农业科技合作、农业贸易与投资合作、农产品精深加工与特种农业机械、橡胶研究等 5 个领域展开进一步合作，引导中菲农业合作项目有序开展。双方同意在行动计划框架下设立农业科技联合工作组，在遵循各自国内程序和法规的条件下加强交流与协调，并签署了会议纪要。双方商定中菲农业合作联合工作组第七次会议将于 2021 年上半年在马尼拉召开②。

（二）中菲渔业合作联委会会议

中菲渔业合作联委会会议是根据在 2004 年 9 月两国农业部签署的《中国农业部和菲律宾农业部关于渔业合作的谅解备忘录》要求而召开的会议，2005 年在马尼拉举行第一次联委会会议。在会上双方就渔业捕捞、海水养殖、水产品加工、科技交流、利用中国贷款建设菲律宾渔业设施等方面合作进行了磋商，并达成了一些原则性共识。本次会议的召开标志着两国在渔业合作上迈出了重要的一步，为双方今后开展渔业合作创造了条件③。第二次中菲渔业合作联委会会议的召开是在 2017 年 4 月，在会议上，就双方国内渔业发展重点和管理政策进行了交流，讨论了中菲渔业合作重点领域、基本原则和政府支持措施，对 2017—2019 年中菲渔业合作项目建议等进行了友好协商，并就开展中菲渔业技术培训交流、支持中菲渔业企业间合作、发展海水养殖和水产品加工等达成初步共识；在本次会议上，为回应菲律宾渔民的培训及养殖需求，中方向菲方提交了中菲渔业技术培训与交流备忘录建议

① 中菲农业合作联委会会议中断 7 年后重启［EB/OL］.［2017-04-25］. http://www.xinhuanet.com/2017-04/25/c_1120873336.htm.

② 马有祥出席中菲农业联合工作组第六次会议［EB/OL］.［2019-07-16］. http://www.gjs.moa.gov.cn/dsbhz/201907/t20190718_6321120.htm.

③ 第一届中国菲律宾渔业合作联委会会议和第三届中国菲律宾农业联委会会议在马尼拉成功召开［EB/OL］.［2005-04-08］. http://ph.mofcom.gov.cn/aarticle/jmxw/200504/20050400038726.html.

草案，并表示愿从 2017—2019 年，每年向菲渔民捐赠 10 万尾东星斑鱼苗①。

2019 年 7 月中菲渔业合作联委会第三次会议在北京召开，双方高度评价了中菲渔业联委会第二次会议以来中菲渔业合作取得的成就，并就中方继续向菲方赠送东星斑等鱼苗、渔业技术培训和交流、南海渔业资源养护合作、渔业资源开发、水产养殖、水产品冷储加工和市场贸易、海洋藻类科技与产业合作、打击非法捕捞（IUU 捕捞）、中菲南海问题磋商机制渔业事务工作组等内容进行了深入交流，达成了广泛共识。双方同意，将在优势互补、互利共赢的基础上，继续推动开展渔业务实合作，造福两国人民②。

（三）中菲农业技术示范中心③

中菲农业技术示范中心由中国政府无偿投入 500 万美元于 2003 年建成并投入。2003—2008 年，中国又投入 100 万美元并派遣农业专家与菲律宾在杂交水稻和农机领域开展了技术合作。该中心位于菲律宾新怡诗夏省姆妞斯科学城。2003 年 6 月，袁隆平农业高科技股份有限公司派遣 9 名常驻农业专家赴中菲农业技术示范中心与菲方共同建设一个中国技术展示、培训中心和中国农业机械使用维修服务中心。

通过发展中国与菲律宾的杂交水稻、农机技术等方面的合作，解决菲律宾乃至全世界粮食安全问题。中国和菲律宾农业部水稻研究所、中吕宋大学分别建立了长期合作关系，合作领域主要包括水稻常规稻和杂交稻的栽培、育种、植保、生产、加工技术，以及农场种植制度、经营生产模式机械化作业等各个领域。在合作中，由中方负责中方专家派遣、杂交水稻的种子、农机设备及各类技术的提供，菲方负责菲方专家选聘、配套各种场地、人员安排等工作。

中菲农业技术示范中心建立了完整的具备独立研发和推广功能的农业技术中心，总建筑面积达 6 550 米^2，拥有 217 件套机械设备；引进和培育出了 5~7 个合适菲律宾的杂交水稻组合；摸索出了一整套杂交水稻机械化栽培的管理模式；通过杂交水稻高产栽培技术的应用，促进了项目区的水稻增产，2008 年中国在菲律宾安排的各种类型的示范点 38 个，示范面积达 180 公顷，

① 第二次中菲渔业联委会在菲律宾马尼拉召开［EB/OL］.［2017-04-28］. http://www.moa.gov.cn/zwllm/zwdt/201704/t20170428_ 5587453. htm.

② 中菲渔业联合委员会第三次会议在北京召开［EB/OL］.［2019-07-18］. http://finance.sina.com.cn/roll/2019-07-18/doc-ihytcerm4527596. shtml.

③ 中菲农业技术示范中心［EB/OL］.［2013-06-20］. http://www.cattc.org.cn/casedetail.aspx/2566.

平均单产为7.62吨/公顷，示范最高产为12.7吨/公顷；进行了农业机械的示范和推广，提高了劳动生产力，建立了多种类型的农机示范点21个，示范总面积60多公顷。

（四）中菲农业科技合作示范基地①

中菲农业科技示范基地是由广东省与菲律宾合作共建的农业科技示范基地。广东省与菲律宾毗邻，在自然气候、农业耕作方式、栽培作物种类、品种特性要求以及消费饮食文化等方面都有相似之处。建立以广东省先进农业技术为依托、菲律宾国内市场为导向的外向型农业生产体系，将有利于促进广东省农业结构调整和科技成果的转化，探索和走出一条中国与菲律宾之间的“两个资源、两个市场”的外向型农业发展道路，同时增进两国在科技、文化及经济等领域的交流与合作，最终实现互惠互利、共同发展的目标。中菲农业科技合作示范基地利用广东省的农业科技优势和产品优势，在菲律宾建立甜玉米、番茄、辣椒等主要经济作物产业化生产试验示范基地，通过筛选适合当地种植的优良品种，研究相应的无公害配套栽培等技术，同时开展技术培训，逐步将广东省乃至中国的优良品种和其他科技产品推向东南亚各国市场。

中菲农业科技合作示范基地主要开展的内容：在菲律宾建立农业科技示范基地，输出中国现有的新品种、新技术、新产品等，并进行筛选与示范；以试验示范基地为纽带，联合中菲两国科研机构、大学或企业等，利用当地优良品种资源及各自优势，共同研究和开发新品种及其栽培、保鲜、加工等关键技术，并推广应用；通过示范基地的带头作用，进一步建立辐射示范区，扩大新品种、新产品及新技术的推广应用，同时建立技术咨询、信息共享及产品市场销售服务体系等，逐步在菲律宾、马来西亚等国形成产业化体系；促成广东-东盟各层面相关人员的互访，进行人员技术培训，加强人才的引进、交流及培养等，为提高中菲农业科技合作的水平、质量及今后的发展提供人员保障。

① 中国广东-菲律宾农业科技合作项目［EB/OL］.［2012-01-17］. https：//www.crigdaas.com/index.php? s=/Home/App/detail/id/92.

第三节　中菲热带农业合作展望

一、合作的互补性

菲律宾有着丰富的旅游、矿产和农副产品资源，中国市场巨大，两国在这些方面可以实现优势互补，合作潜力巨大。

中国与菲律宾两国是一衣带水的邻邦，毗邻中国台湾和福建省厦门市的南部，与我国隔海相望，两国之间水程短，交通便捷，具有明显的农业贸易合作优势①。菲律宾与中国的广东、海南、福建、广西等地的各种新鲜水果、蔬菜、肉、蛋等农产品运输和销售过程短、成本低，造成的贸易损失小。从地理位置互补性条件上看，中国与菲律宾隔水相望的区位优势给双边开展农业合作带来广阔的合作前景。

菲律宾国土面积 29.8 千米^2，农业用地占国土面积的 40.87%，约 1 244 万公顷，其中耕地面积约 559 万公顷，其他土地面积约 933.7 万公顷。菲律宾的大部分地区土壤肥沃，宜于作物生长。虽然土壤种类较多，各种作物对土壤条件的要求各异，但一般均能适应，冲积土是最肥沃的耕作土壤，约占全国土地面积的 15%。尽管中国是世界上国土面积第三大的国家，耕地面积排在世界第四位，但是中国人口数量众多，导致了耕地面积的人均占有量非常小。在中国由于近年来耕地和土壤污染过多，导致耕地面积不断减少，同时耕地质量也在持续下降。中国和菲律宾农业合作可以弥补中国农业发展中面临的耕地资源的短缺问题。

菲律宾是传统的农业生产国家，但是其国内的粮食生产，包括水稻、玉米等长期以来都无法实现自给自足。然而在热带农产品生产上，特别是热带水果（包括香蕉、杧果、椰子等）常年都以出口为主，是菲律宾国内出口创汇的主要农产品。而中国的热带农产品需求市场巨大，这也为双方开展农产品贸易提供了巨大的市场潜力。菲律宾的渔业为其出口提供足够的创汇水产品，对菲律宾国家的经济发展有着重要作用。但是近年来，为获得巨大的利润，非法捕鱼在菲律宾屡禁不绝，调查显示，由于过度和非法捕鱼等因素，菲律宾水域的金枪鱼、石斑鱼等鱼类正在消失，甚至已经灭绝。专家预测，在不久的将来菲律宾渔业资源将出现匮乏。只有发展现代渔业，坚持生态优

① 杨玉梅．浅谈中国与菲律宾的关系［J］．郑和研究，2000（2）：39-53.

先、养捕结合，才能不断提升海洋渔业可持续发展能力。而中国的渔业养殖技术已经比较成熟，将中国的渔业养殖技术和资金带到菲律宾，发展其渔业养殖，能够实现与菲律宾的资源互补和共赢。

此外，自从中国实施改革开放政策以来，中国农业机械化制造业得到迅速发展，在技术和生产设备上具有明显的优势，中国制造厂商每年都有大量的出口订单。由中国政府提供的主要来自江苏的农机产品包括播种、插秧、植保、收割、碾米、烘干、农产品加工等过程中涉及的农机设备，以及水稻生产机械化、加工及相配套的农业机械，诸如柴油机、拖拉机、水泵等，另外还提供了涉及农机产品维修、测试等大量的专用设备，从 2003 年就开始在菲律宾国内经过试验、示范、可靠性与适应性的考核后在菲律宾大面积推广使用。

二、中菲热带农业合作有利因素分析

中国是个农业大国，而距离中国 1 000 千米的菲律宾有着丰富的农副产品资源，两国在农业合作方面有着非常大的机遇。菲律宾总统杜特尔特上台之后的首次访华，为中菲农业合作掀开新篇章。2016 年 10 月，在菲律宾总统杜特尔特访问中国期间，两国元首共同见证了中菲在经贸、投资、产能、农业、新闻、质检、旅游、禁毒、金融、海警、基础设施建设等领域共 13 个双边合作文件的签署①。2018 年中国和菲律宾两国元首签署了《共建“一带一路”合作谅解备忘录》，一致决定建立中菲全面战略合作关系，双方深化“一带一路”倡议同菲律宾发展战略对接，加强基础设施建设、电信、农业等领域合作。两国在经济和社会上已达成重要共识，在布局和战略对接上，不断全面深化中菲两国贸易合作，从双方贸易合作规模与水平上不断提出新的要求，并且政府也出台配套的支持政策。现阶段，中国与菲律宾在农业、电信、科技等领域的基础设施建设合作取得了历史性的突破，为中国和菲律宾在农业、工业、金融等领域投资提供了新的历史机遇。

三、中菲热带农业合作不利因素分析

（一）菲律宾国内的政治性风险

一是菲律宾有着长期的殖民历史，政党和民众普遍推崇西方文化，国内

① 白舒婕．聚焦中菲农业合作［J］．新农村商报．2016-10-26，A03.

的亲西方势力对于中国开展农业合作并不积极，代表菲律宾民族主义的部分政党对中菲合作也持消极态度，并不友好；中菲合作常常被泛政治化，客观上造成中国企业及华人在菲律宾的环境存在极大的安全隐患。

二是中菲海洋争端在南海岛礁问题上发生多次长时间对峙，虽然这种紧张的外交关系在 2016 年 6 月随着杜特尔特总统上台执政而迅速化解。但是，后续因菲执政党的更迭，南海问题仍是隐忧。在外交关系持续紧张的敏感时期，在菲律宾的华人会遭遇口头骚扰或辱骂，而且部分当地企业可能会拒绝为华裔消费者服务。加剧时期，经常发生菲律宾民族主义人士针对中国驻外使团的小规模示威、游行或静坐活动，但是这些示威等活动总体上比较和平。

三是政商环境比较恶劣，菲律宾有自己独特的政治文化，其庇护制度和家族政治最终导致家族利益或团体利益远高于国家利益。菲律宾的统治阶层由四大政治家族构成，他们在执政期大多为追求家族利益，导致腐败行为泛滥、官僚主义横行、行政效率低下，致使整体政商环境较恶劣，对中国涉农企业在菲律宾的投资和人身安全有较大风险①。

（二）菲律宾国内的社会性风险

菲律宾治安状况较脆弱，华人常常是受害程度比较严重的群体，时有绑架和枪击华人案件发生。贩毒和非法枪支泛滥也是社会治安恶化的主要因素，杜特尔特总统上台后对贩毒组织的严厉打击使社会治安情况略有好转。据菲警方 2018 年统计，登记合法枪支 120 万支，未登记的非法枪支不少于 60 万支，如此状况严重威胁社会公众安全。中菲虽然同属亚洲国家，但是由于地域、民族、语言、文化的不同，在风俗禁忌和宗教方面仍然存在很大差异。特别是因为各宗教的教义和禁忌等内容不同，有时会引发矛盾和暴力冲突事件②。由于菲律宾“即时消费”的生活方式的影响，居民储蓄率极低，也导致其农业生产效率低下，影响了农业技术的推广传播。

（三）菲律宾国内金融环境波动较大

菲律宾的汇率波动较大。在经历了 1997 年东南亚金融危机后，菲律宾金融体系得到一定程度的健全，但受经济规模和结构的制约，菲律宾汇市波

① 安娜．菲律宾中资企业及华人面临的安全风险及防范对策［J］．辽宁警察学院学报，2019（9）：87-90.

② 安娜．菲律宾中资企业及华人面临的安全风险及防范对策［J］．辽宁警察学院学报，2019（9）：87-90.

动加大。2007 年菲律宾比索兑美元升值幅度达 19%，成为亚洲表现最强劲的货币，2008 年比索却又大幅贬值，一度创下 2 年来最低纪录。因此中国企业在菲律宾开展经营活动要注意规避汇率风险。

（四）农业基础设施建设不完善

菲律宾的水利、交通、灌溉、通信、电力等基础设施较差，水库和农田水利灌溉体系匮乏，交通运输能力有限和成本过高。由于财政能力的限制，菲律宾国家难以提供必要的基础设施建设投资，完全依靠中国农业合作机构和企业投资，造成农业资源开发成本过高的问题。

四、农业合作存在的问题

（一）合作政策保障力度不够

受菲律宾国内政策、环境等影响，中菲农业科技合作的长效机制尚未形成。菲律宾国内政策的变动性、法律体系的不完善等给中方在菲律宾开展农业科技活动带来很大的风险，也影响到中国对菲律宾投资合作的积极性。而中国方面，对于“走出去”企业给予的国内政策的支持相对较少，特别是在专项资金支持方面。政策和资金支持对中菲双方的农业科技合作产生一定影响。

（二）科技合作模式单一且层次低

目前，中国与菲律宾的农业科技合作主要有 3 种形式：一是农业技术的展示与交流，如建立农业示范基地；二是中国对菲律宾的技术援助，如中国向菲律宾派遣农业技术顾问专家；三是在中国或菲律宾举办短期的农业技术应用培训班。双方的农业技术交流与合作还停留在低端基础应用性研究层面，如种质资源交换、优良作物品种引进等；而合作模式主要以技术引进为主，是为了提高粮食生产能力、解决粮食安全的问题。对于一些前沿和颠覆性的农业技术的研发，如农业生物技术、动植物天然免疫技术、农产品食物营养组学、热带农产品采后保鲜与深加工等没有深入开展。此外，这些合作形式受地域制约较大，形成的影响力相对有限；而且这些合作形式由于缺乏统一管理和有序规划，难免会出现资源分配不均甚至资源浪费等现象。

（三）合作缺乏统筹协调机制

中菲的农业科技合作一般都是根据菲律宾的需要提出合作意向和建议，菲律宾方面常处于被动一方。其次是国内对于菲律宾的农业科技合作，涉及多个政府职能部门，各职能部门、中央和地方政府都与菲律宾开展有农业科技合作项目，由于缺乏合理的协调统筹，势必会造成一些合作项目的重复，从而造成科技资源配置的浪费。

（四）合作项目缺乏系统性和持续性

合作项目的可持续性和系统性不强，菲律宾的农业技术人才的培训难以有效满足菲律宾国内对农业技术人员的需要。在一些合作项目中，由于资金的限制，可持续性也不强，后期没有当地政府的支持和企业的市场运作，在项目结束之后难以继续运作下去。菲律宾国内农业基础设施落后、农业技术人员素质低、农业技术管理技术匮乏、农业技术创新经费紧缺，导致其在短时间内难以实现农业技术水平的提升；而中国单方面的技术输出不利于双方农业科技合作的可持续发展。

五、中菲热带农业合作的建议

农业是中菲两国的基础产业，中菲农业优势互补，两国在农业方面的合作前景广阔，潜力巨大。菲律宾农业资源丰富，光热水等自然条件充沛，可耕地面积占国土面积的47%，大部分地区土壤肥沃，宜于作物生长。农业人口占总人口的68%，其中一半劳力从事农业。由于多年来农业生产技术水平较低，加上人口增长过快，菲律宾粮食负担不断加重。农业仍处于自然经济状况，栽培管理粗放，水利设施不齐全，机械作业程度低，科学种植水平不高，规模化经营程度更低。

（一）加强中菲农业合作政策支持和宏观指导

随着“一带一路”倡议的推进和中国—东盟自由贸易区建设的升级，中国与东盟国家基础设施实施互利互通，经贸投资等领域的合作日益深化，中国与东盟区域，澜湄、大湄公河次区域等政府和民间层次的交流合作频繁，以广西、云南等省区为代表的地方政府层面与老挝、柬埔寨、缅甸等国家区域层面经贸合作逐渐形成了常态化的机制。然而，由于政治与地理因素的制约，中国与菲律宾无论是在国家层面还是地方政府层面的合作机制建设方面不仅落后于澜湄区域国家，也落后于新加坡、马来西亚等其他东盟国家。特别是农业合作方面，不仅面临着社会政治与经济方面的风险，而且由于投资周期长，面临的自然风险更大，更急需政府公共政策的支持，国家与地方政府间合作机制建设尤其迫切，中国与菲律宾农业部门签署有合作备忘录，明确了农业合作的重点领域。仍需在中菲农业合作联委会机制框架下，探索双方在动植物检验检疫、农业投资便利化、农业技术转移与产权保护等合作机制，同时鼓励与菲律宾农业合作基础较好、资源互补性强、投资意愿强烈等的地方政府和农业企业与菲律宾地方农业省市建立长期合作机制，通过支持中菲农产品展销、经贸投资论坛等形式扩大双边农业合作交流。

（二）制订针对菲律宾的国家级农业科技交流规划，建立高层次协调机制

两国的农业科技交流合作机构分散，彼此孤立。在广泛调查整理中菲农业合作项目基础上，建立农业科技交流信息共享平台与联盟。中央和地方职能部门统筹协调，制订一个兼具科学性、前瞻性及可操作性的总体方案，编制中长期规划，建立农业科技合作信息共享数据库，实时更新数据信息，并反馈中央和地方职能部门，及时对方案进行微调。同时，加强监督管理工作，及时发现合作中的问题单位、问题项目并加以调整，避免重复、无序的竞争和建设。

（三）继续重视对农业科技交流合作骨干人才的培养并保持其稳定性

尽管经过多年的努力与积累，中菲双方已经培养、锻炼了一批农业科技交流合作人员，但与未来的发展和需求相比，无论是在数量还是质量上都还远远不够。为此，需要建立人才的长效选拔、训练、激励、留任、更替与保障机制。一方面，派遣一批技术人员在菲律宾长期工作乃至成为高级管理者；另一方面，继续通过政府、大学、科研机构、企业等带动、影响与培养一批能熟悉中文、愿意从事相关农业科技创业、研究、推广和应用的菲律宾本土工作与管理人员，为中菲农业科技的长期交流合作搭建互通桥梁。

（四）确定合作的重点领域，提升合作层次

从国家层面统筹协调双方合作的重点领域、拓宽农业合作领域、不断提升双方合作层次水平；充分发挥双方的比较优势，发展现代化农业，提升农业产品的科技附加值。创新对菲律宾农业科技交流合作的途径、形式，鼓励国内企业特别是有实力的私人企业参与，甚至还可以拓展同西方跨国农业企业、科研机构的合作，扩大在同属大农业范畴的林、牧、渔业等领域的经营。菲律宾需要抓住“一带一路”倡议的契机，充分运用“一带一路”带来的经济、政治、文化、科技方面的政策优惠，加大农业方面的科研合作以及资金投入，深化双方合作层次。

（五）推进中菲农业科技与经贸投资合作

中国虽然农业资源不足，但农业生产相对发达，特别是在天然橡胶、木薯、香蕉、杧果、椰子、菠萝等热带作物种植、水稻种植、家禽养殖及病虫害防治方面具备一定的人才和技术优势，拥有大量的适用技术和丰富经验，通过合作经营的方式，将中国的农业技术和经营管理经验同菲律宾的自然条件结合，然后逐步扩大到其他领域，必能加快两国经济技术合作的发展。

目前，随着中菲两国关系的破冰缓和，菲律宾为吸引外资进入农业领域，制定了许多优惠的土地租赁制度及农业税收、进口农机具税收减免等政策，这为中菲两国开展农业合作提供了良好的机遇和环境。由于菲律宾是世界上数一数二的椰子生产国，但椰子产业并没有得到很好的开发，椰子加工产业很有发展潜力，因此，两国在热带水果（尤其是椰子）领域的合作，更是机遇难得。此外，菲律宾地处热带，农作物病虫害、草害、鼠害十分严重，使用植保防治手段挽回作物损失潜力巨大；而菲律宾环保意识浓厚，注重高效、低毒、低残留农药使用，这也为我国生物农药的出口提供了机遇。

参考文献

安娜 . 2019. 菲律宾中资企业及华人面临的安全风险及防范对策 [J]. 辽宁警察学院学报 (9): 87-90.

白舒婕 . 2016. 聚焦中菲农业合作 [J]. 新农村商报 . 10-26, A03.

曾以禹，吴柏海 . 2013. 部分国家 REDD+国家战略文件背景分析 [J]. 林业经济 (6): 83-89.

陈丽霞 . 2014. 菲律宾粮食供给概况及其影响因素分析 [J]. 东南亚纵横 (6): 13-16.

陈宁 . 1994. 东盟国家化肥的使用与生产 [J]. 世界农业 (1): 39-40.

陈祖荫 . 1983. 菲律宾的养猪业和肉食加工业 [J]. 食品科学 (2): 39-44.

成良计 . 2005. 菲律宾水稻生产及其发展战略研究 [J]. 杂交水稻 (1): 63-67.

仇志军 . 2015. 菲律宾为何迟迟未能实现大米自给 [J]. 中国稻米, 21 (5): 50-52.

邓云斐 . 2016. 杜特尔特上台以来菲律宾政治、经济政策的新变化 [J]. 东南亚南亚研究 (4): 12-18+106.

丁士军，史俊宏 . 2013. 全球化中的大国农业——英国农业 [M]. 北京: 中国农业出版社.

丁子涵 . 2018. "一带一路" 背景下中菲经贸关系分析 [J]. 合作经济与科技 (1): 66-68.

非洲法语国家及菲律宾两期研修班在淡水中心结业 [EB/OL].[2017-08-31]. https: //www. ffrc. cn/info/1071/2455. htm.

菲经济发展署署长佩尼亚: 菲律宾经济现状、结构调整、未来发展规划及愿景 [EB/OL].[2018-12-15]. http: //finance. sina. com. cn/roll/2017-02-28/doc-ifyavrsx5437386. shtml.

菲律宾邦邦牙省农业大学 [EB/OL].[2018-12-15]. http: //www. psau.edu. ph/.

菲律宾从中国获得农业技术援助资金［EB/OL].［2018-04-18]. http：//cebu. mofcom. gov. cn/article/jmxw/201804/20180402733887.shtml.

菲律宾达拉农业大学［EB/OL].［2018-12-15]. http：//www. tca. edu.ph/.

菲律宾大学介绍［EB/OL].［2018-12-15]. https：//www. up. edu. ph.

菲律宾灌溉系统明年将改革［EB/OL].［2016-12-22]. https：//weibo. com/2143038283/Eniq9qBy8？type=comment#_ rnd1579420340817.

菲律宾国际水稻研究所水稻育种研究员、农学博士叶国友围绕亚洲大米做主题演讲．［2018-10-09]. http：//hlj. sina. com. cn/news/ljyw/2018-10-09/detail-ifxeuwws2428238. shtml.

菲律宾国际水稻研究所水稻育种研究员、农学博士叶国友围绕亚洲大米做主题演讲［EB/OL].［2018-10-09]. http：//hlj. sina. com. cn/news/ljyw/2018-10-09/detail-ifxeuwws2428238. shtml.

菲律宾国家水产养殖部门概况［EB/OL].［2018-12-15]. http：//www. fao. org/fishery/countrysector/naso_ philippines/zh.

菲律宾加强灌溉系统建设［EB/OL].［2003-10-08]. http：//ph. mofcom. gov. cn/aarticle/jmxw/200310/20031000133282. html.

菲律宾将出台畜禽乳业发展计划［EB/OL].［2018-12-15]. http：//www. sohu. com/a/157588615_ 611523.

菲律宾进口猪肉冲击当地养猪业［EB/OL].［2018-12-15]. http：//www. zhujiage. com. cn/article/201112/97571. html.

菲律宾考虑控制大米和猪肉价格［EB/OL].［2018-12-15]. https：//news. mysteel. com/18/0926/09/CAA216F9A2D198B7. html.

菲律宾林业统计报告，2017.

菲律宾农业部提出5~10年实现农业机械化［EB/OL].［2012-07-02]. http://ph. mofcom. gov. cn/aarticle/jmxw/201207/20120708208318.html.

菲律宾农业机械化政策法规［EB/OL].［2013-08-24]. https：//news. cnhnb. com/sannong/detail/5991/.

菲律宾农业生产资料市场及开拓建议［EB/OL].［2011-05-09]. http：//ph. mofcom. gov. cn/article/law/201105/20110507538649. shtml.

菲律宾蔬菜产业发展现状及对周边地区的影响［EB/OL].［2018-12-09]. http：//news. 21food. cn/35/332745. html.

菲律宾水稻研究所介绍［EB/OL].［2018-12-15]. https：//www.

philrice.gov. ph.
菲律宾天然橡胶研究所 [EB/OL]. [2018 - 12 - 15]. http://prri.da.gov. ph/.
菲律宾推出"大建特建"基础设施建设计划 [EB/OL].[2017-05-31]. http://world. people. com. cn/n1/2017/0531/c1002-29307805. html.
菲律宾椰子研究署 [EB/OL].[2018-12-15]. http://pca. da. gov. ph/coconutrde/.
菲律宾制糖业发展状况浅析 [EB/OL].[2018-12-15]. http://world. people. com. cn/n/2015/0714/c157278-27301842. html.
谷景志 . 2013. 美国、日本、菲律宾 3 国农业巨灾保险法律制度比较 [J]. 世界农业 (12): 81-84.
郭超然 . 2019. 中国与东盟农业科技合作的成效、问题与建议 [J]. 天津农业科学, 25 (10): 73-77.
郭大维 . 菲律宾肉类需求供给分析 . https://www. docin. com/p - 1968096136. html.
国际水稻研究所介绍 [EB/OL].[2018-12-15]. http://www. irri. org.
何小燕 . 2012. 多样化农场经营推动菲律宾农业进步 [J]. 粮油市场报, 10 月 11 日, 第 B04 版.
红旗种业与菲企业签约合作 [EB/OL].[2016-10-24]. http://www. zgjssw. gov. cn/shixianchuanzhen/taizhou/201610/t20161024 _ 3062597. shtml.
胡殿毅, 李红, 汪晶晶, 等 . 2018. 基于熵权 TOPSIS 法的东盟农业投资环境评价研究 [J]. 世界农业 (10): 60-68.
黄韬, 黄耀东 . 2017. 菲律宾: 2016 年回顾与 2017 年展望 [J]. 东南亚纵横 (2): 37-41.
黄艳译 . 2011. 菲律宾三宝颜椰子研究中心培育新品种 . 世界热带农业信息 (10): 24.
江文基, 杜巧霞 . 菲律宾渔业管理制度及水产品进口管制措施 [J]. WTO 论坛: 96-101.
蒋炳奎 . 1991. 菲律宾的农业机械化 [J]. 东南亚研究 (4): 19-26.
蒋细定 . 1991. 菲律宾工业发展的问题与展望 [J]. 南洋问题研究 (2): 1-10.
蒋细定 . 1992. 菲律宾国家农业研究系统 [J]. 南洋问题研究 (4):

88-95.
蒋细定 . 1981. 战后菲律宾农业生产的发展趋势 [J]. 南洋问题研究 (1): 37-44.
解读 2017—2019 年菲律宾投资优先计划 [EB/OL].[2018-12-15]. http: //www. mofcom. gov. cn/article/i/dxfw/cj/201709/20170902647837. shtml.
冷凯君, 陈金波, 刘莉芝, 等 . 2017. 农产品价格波动对居民食品消费行为的影响研究 [J]. 商业经济研究 (13): 103-106.
李超民 . 2006. 菲律宾农作物保险的经验与启示 [J]. 中国农业会计 (6): 46-48.
李春艳, 韩福光, 郑锦荣 . 2011. 菲律宾农作物资源状况调研报告 [J]. 广东农业科学 (S1): 33-37.
李海英, 刘定富 . 2013. 菲律宾转基因玉米的发展及对玉米产业的影响 [J]. 中国种业 (6): 21-22.
李慧玲 . "2018 年菲律宾蚕桑生产与管理研修班" 在华南农业大学举行开班典礼 [EB/OL].[2018-10-19]. https: //www. eol. cn/guangdong/guaungdongxiaoyuan/201810/t20181019_ 1629391. shtml.
李攀 . 2018. 从政府主导到政府引导——政策性农业保险法律制度完善研究 [D]. 武汉华中农业大学.
李圣军 . 2013. 新时期农产品消费特点及发展趋势 [J]. AO 农业展望 (5): 65-69.
李涛 . 2012. 菲律宾概论 [M]. 广州: 世界图书出版广东有限公司.
林丽玉 . 2008. 现行菲律宾外国直接投资政策的分析 [D]. 厦门: 厦门大学.
林勇新 . 2015. 菲律宾渔业发展态势研究 [J]. 南海学刊, 1 (1): 105-110.
刘冰 . 2007. 杂交水稻技术在东南亚地区推广的研究 [D]. 长沙: 湖南农业大学.
刘昌宁 . 2017. 中国农业对国民经济的影响分析 [J]. 农业工程与能源 (3): 171.
刘锐 . 1983. 菲律宾的灌溉系统 [J]. 农业工程技术 (6): 34.
刘思慧 . 1999. 菲律宾生物多样性现状及其保护策略 [J]. 世界林业研究 (4): 68-71.

刘晓辉 . 2003. 菲律宾泰国发展水牛奶业的现状及经验［J］. 中国牧业通讯（16）：25-27.

马有祥出席中菲农业联合工作组第六次会议［EB/OL］.［2019-07-16］. http：//www. gjs. moa. gov. cn/dsbhz/201907/t20190718_ 6321120. htm.

马铮 . 2015. 东南亚南亚农机前景向好［J］. 农机市场（9）：59-60.

明俊超，闵宽洪，袁新华，等 . 2012. 菲律宾水产养殖产业发展概况［J］. 安徽农学通报，18（11）：172-176.

南海所与菲律宾巴拉望渔业相关部门签署合作谅解备忘录［EB/OL］.［2018-11-28］. http：//shuichan. jinnong. cn/n/2018/11/28/1826938463. shtml.

农业部新闻办公室 . 第二次中菲渔业联委会在菲律宾马尼拉召开［EB/OL］.［2017-04-28］. http：//www. moa. gov. cn/zwllm/zwdt/201704/t20170428_ 5587453. htm.

Proceso T D. 2005. 菲律宾大型稻作灌溉系统的发展与管理［C］. 2005 东南亚大型稻作灌溉系统的未来研讨会文集：109-113.

Ray N G. 2015. 菲律宾造纸工业报告［J］. 中华纸业，36（7）：42-43.

培训中心 . 2018 年菲律宾橡胶生产与管理研修班结业［EB/OL］.［2019-05-16］. http：//www. catas. cn/contents/5/136306. html.

乔俊果 . 2011. 菲律宾海洋产业发展态势［J］. 亚太经济（4）：71-76.

三宝颜研究中心［EB/OL］.［2019-12-01］. http：//www. pca. da. gov. ph/coconutrde/index. php/research-centers/zamboanga-research-center.

商务部国际贸易经济合作研究院，中国驻菲律宾大使馆经济商务参赞处，商务部对外投资和经济合作司 . 对外投资合作国别（地区）指南——菲律宾（2017 年版）.

商务部国际贸易经济合作研究院，中国驻菲律宾大使馆经济商务参赞处，商务部对外投资和经济合作司 . 对外投资合作国别（地区）指南——菲律宾（2018 年版）.

沈红芳，汪慕恒 . 1978. 一九七七年菲律宾经济概况［J］. 南洋问题研究（3）：141-151.

沈红芳 . 2002. 菲律宾农业开发战略浅析［J］. 东南亚研究（2）：17-22.

沈红芳 . 2012. 改朝换代后的菲律宾经济：2011 年回顾与展望［J］. 南洋问题研究（2）：1-10.

世界生态农业典范——菲律宾玛雅农场［EB/OL］.［2018-12-15］. http：//baijiahao. baidu. com/s？ id = 1601060754370144307&wfr = spider& for=pc.

郜伟东 . 2007. 东南亚畜禽业［J］. 中国牧业通讯（9）：76-77.

唐珂 . 2014. 法国农业［M］. 北京：中国农业出版社.

王海，盛根龙，张桂兰 . 1999. 关于赴菲律宾农业考察的报告［J］. 江西农业经济（5）：21-22+20.

王威 . 1989. 逐步好转的菲律宾经济［J］. 世界知识（18）：21-22.

王维 . 2000. 论东南亚三国农业技术推广方法［J］. 青海农技推广（3）：59-60.

王正谱 . 1994. 影响农业合作社发展的因素——菲律宾农业合作社发展的经验［J］. 农村合作经济经营管理（7）：43-44+39.

王志刚，姚一源 . 2012. 菲律宾有机农业的内生发展及其经验启示［J］. 农村经济与科技，23（6）：162-164.

王子昌 . 2002. "橱窗" 的色彩：2001 年菲律宾的政治经济形势与菲律宾研究［J］. 东南亚研究（1）：25-31.

未来 10 年菲政府将斥资 3 700 亿比索更新灌溉系统［EB/OL］.［2016-12-23］. http：//ph. mofcom. gov. cn/article/jmxw/201612/20161202333226. shtml.

文双雅 . 2018. 菲律宾农业基本状况及政策［J］. 农业工程，8（7）：142-145.

吴崇伯 . 2010. 东盟国家绿色清洁能源发展及其与我国的合作［J］. 广西财经学院学报，23（5）：1-5.

吴金平，鞠海龙 . 2013. 2012 年菲律宾政治、经济与外交形势回顾［J］. 东南亚研究（2）：23-28.

吴沛良，封岩 . 1995. 泰菲两国农业推广的特点［J］. 世界农业（6）：14-15.

吴守蓉，张臻 . 2015. 亚洲部分国家林权制度改革实践与启示［J］. 世界林业研究，28（1）：73-79.

肖宏儒，梁建，吴崇友，等 . 2007. 菲律宾农业机械化现状与发展趋势［J］. 农业装备技术（6）：8-9.

熊琦 . 2017. 菲律宾陷入"中等收入陷阱"的原因探析［J］. 南洋问题研究（3）：94-104.

许多 . 1996. 菲律宾的农业机械化及政策简介［J］. 山东农机化（6）：26.
薛德榕 . 1984. 菲律宾农业教育、科研和推广见闻［J］. 高等农业教育（2）：67-70.
薛德榕 . 1986. 菲律宾生态农业见闻［J］. 农村生态环境（3）：50-52.
杨逢珉，顾彦 . 2009. 菲律宾农产品贸易政策浅析［J］. 经济研究导刊（31）：162-166.
杨林，牛盾 . 2000. 菲律宾的农业机械化［J］. 农业技术与装备（1）：21-22.
杨舒 . 2018. 为全球水稻育种指引方向［N］. 光明日报，04-27（8）.
杨维中 . 1998. 1997—1998 年菲律宾的经济形势与展望［J］. 东南亚研究（6）：15-18+14.
杨维中 . 2000. 1999—2000 年菲律宾经济的发展与展望［J］. 南洋资料译丛（4）：60-64.
杨玉梅 . 2000. 浅谈中国与菲律宾的关系［J］. 郑和研究（2）：39-53.
姚壬元 . 2010. 菲律宾政策性农作物保险的做法及其启示［J］. 保险职业学院学报，24（2）：63-67.
佚名 . 10 个基本基础政策—杜特尔特总统领导的健全的农业和渔业计划［EB/OL］.［2018-12-15］. http：//www. da. gov. ph/.
佚名 . 2017 年菲律宾人口数量，亚洲人口增长率第一（预计人口 1. 1 亿人）［EB/OL］.［2018 - 12 - 15］. https：//www. phb123. com/city/renkou/8685. html.
佚名 . IRRI 和 CSIRO 合作开发保护稻米作物免遭毁灭性疾病的新方法［EB/OL］.［2019 - 12 - 05］. https：//www. irri. org/news - and - events/news/irri - and - csiro - collaborate - new - ways - protect - rice - crops - devastating-diseases.
佚名 . 第一届中国菲律宾渔业合作联委会会议和第三届中国菲律宾农业联委会会议在马尼拉成功召开［EB/OL］.［2005 - 04 - 08］. http：//ph. mofcom. gov. cn/aarticle/jmxw/200504/20050400038726. html.
佚名 . 1974. 独立后菲律宾经济发展概况，南洋经济研究（3）：1-2.
佚名 . 菲律宾 2017 年经济增长 6. 7%［EB/OL］. http：//baijiahao.baidu.com/s？ id = 1590396822869531567&wfr = spider&for = pc. 2018-1-23.
佚名 . 1998. 菲律宾农业近况［J］. 东南亚南亚信息（21）：2-3.

佚名 . 1998. 菲律宾农业机械化情况的考察报告——赴菲农机考察组 [J]. 农业机械化与电气化（3）：43-44.

佚名 . 菲律宾提高农业机械化水平 [EB/OL].[2017-09-9]. http：//www. ccpit. org/Contents/Channel _ 4114/2017/0919/880477/content _ 880477.htm.

佚名 . 2011. 菲律宾投资与经贸风险分析报告 [J]. 国际融资（12）：66-69.

佚名 . 2009. 菲律宾选育出水稻抗旱新品种 [J]. 江苏农村经济（4）：13.

佚名 . 2016. 菲律宾政府推动可可种植业 [J]. 世界热带农业信息（2）：24.

佚名 . 2002. 美、加、日、菲农业保险立法简介 [J]. 中国减灾（2）：25-28.

渔业水产资源署 [EB/OL].[2018-12-15]. https：//www. bfar. da. gov. ph/index. jsp.

愿菲国农丰民富谷满仓 [EB/OL].[2002-07-02]. http：//www. qzwb. com/gb/content/2002-07/02/content_ 533624. htm.

张效朴 . 1996. 菲律宾的农业一瞥 [J]. 土壤（4）：224-225.

郑国富 . 2018. 菲律宾农产品贸易现状及发展路径探析 [J]. 农业展望（2）：79-83.

郑建初 . 1995. 菲律宾北部山区水稻生产 [J]. 世界农业（9）：16-17.

中菲农业大学合作协议在马尼拉签订 [EB/OL].[2004-01-09]. http：//ph. mofcom. gov. cn/aarticle/jmxw/200401/20040100169260. html.

中菲农业技术示范中心 [EB/OL].[2013-06-20]. http：//www. cattc. org.cn/casedetail. aspx/2566.

中菲农业联委会会议中断 7 年后重启 [EB/OL].[2017-04-25]. http：//www. xinhuanet. com/2017-04/25/c_ 1120873336. htm.

中菲渔业联合委员会第三次会议在北京召开 [EB/OL].[2019-07-18]. http：//finance. sina. com. cn/roll/2019-07-18/doc-ihytcerm4527596. shtml.

中国广东-菲律宾农业科技合作项目 [EB/OL].[2012-01-17]. https：//www. crigdaas. com/index. php？ s=/Home/App/detail/id/92.

中国和菲律宾科技合作协定［EB/OL］.［2019－12－12］. https：//baike. baidu. com/item/.

中国热科院在菲律宾建立农业试验站［EB/OL］.［2018－07－17］. http：//www. catas. cn/qgrdnykjxzw/contents/1215/128272. html.

中国援菲“杂交水稻和农业机械技术培训班”正式启动［EB/OL］.［2008－08－07 ］. http：//ph. mofcom. gov. cn/aarticle/jmxw/200808/20080805712570. html.

中国政府贷款支持的菲律宾赤口河泵站灌溉项目开工［EB/OL］.［2018-06-08］. https：//baijiahao. baidu. com/s？id＝1602713478717212042&wfr＝spider&for＝pc.

朱会义，刘高焕 . 2003. 菲律宾农业研究的分级化管理及其政策启示［J］. 中国农业科技导报，5（1）：75-79.

驻菲律宾经商参处 . 菲律宾的大米危机［EB/OL］.［2018-12-15］. http：//ph. mofcom. gov. cn/article/jmxw/201809/20180902783431. shtml.

驻菲律宾经商参处 . 2015 年菲律宾经济形势及 2016 年展望 .［EB/OL］.［2016- 05 - 16］. http：//ph. mofcom. gov. cn/article/law/201605/20160501319042. shtml.

驻菲律宾经商参处 . 杜特尔特上任一年：菲旅游业收入突破 2200 亿比索［EB/OL］.［2018 － 12 － 15］. http：//ph. mofcom. gov. cn/article/jmxw/201707/20170702615231. shtml. 2017-7-25.

驻宿务总领馆经商室 . 2015 年菲律宾对外贸易情况及 2016 年展望［EB/OL］.［2018－12－15］. http：//www. mofcom. gov. cn/article/i/dxfw/cj/201608/20160801376394. shtml.

驻宿务总领馆经商室 . 解读 2017-2019 年菲律宾投资优先计划［EB/OL］.［2017－9－13］. http：//www. mofcom. gov. cn/article/i/dxfw/cj/201709/20170902647837. shtml.

About Department of Agriculture of hilippines［EB/OL］.［2019－12－20］. http：//www. da. gov. ph/history/.

BrionesN D. Environmental sustainability issues in Philippine agriculture［J］. Asian Journal of Agriculture & Development，2005（2）：67-78.

DA. Background paper on agricultural policy framework in Philippines during 1995—2015［R］. OECD Review of Agricultural Policies in the Philippines，2015.

Effects of Conservation Pits Applied With Organo-inorganic Fertilizers on the Growth and Yield of Rubber [EB/OL]. [2019-12-05]. http://prri.da.gov.ph/effects-of-conservation-pits-applied-with-organo-inorganic-fertilizers-on-the-growth-and-yield-of-rubber/.

Growth and Yield Performance of Rubber Trees Applied with Different Fertilizer Rates [EB/OL]. [2019-12-05]. http://prri.da.gov.ph/growth-and-yield-performance-of-rubber-trees-applied-with-different-fertilizer-rates/.

NAFC. 2007. AFMA review, final report, national agricultural and fisheries council [R].

Perfecto G. Corpuz, William Verzami. 2012. 菲律宾农业生物技术年报（2011年）[J]. 生物技术进展, 2（5）: 366-376.

Phenotypic Diversity of Small-Scale Hevea Germplasm Grown in PRRI Nursery at their Juvenile Stage [EB/OL]. [2019-12-05]. http://prri.da.gov.ph/phenotypic-diversity-of-small-scale-hevea-germplasm-grown-in-prri-nursery-at-their-juvenile-stage-completed/.

Philipine rural development project [EB/OL]. [2019-12-05]. http://prdp.da.gov.ph/about-us/major-components/.

Philippine government projects [EB/OL]. [2019-12-05]. https://www.gov.ph/project-list.

SEPO. 2014. National land use policy: protecting prime agricultural lands [R]. Policy Brief, Senate Economic Planning Office, Philippines.

附表　菲律宾的行政区划

单位：个

区域	大区	首府	地理位置	省	市	镇	村（或社）
吕宋 Luzon	NCR－国家首都区 National Capital Region	马尼拉 Manila	马尼拉湾和湾内胡所组成的地峡中，菲律宾最大的冲积平原	—	16	1	1 710
	CAR－科迪勒拉行政区 Cordillera Administrative Region	碧瑶 Baguio	菲律宾西部的吕宋岛中部	6	2	75	1 177
	I－伊洛戈斯 Ilocos Region	圣费尔南多 San Fernando①	菲律宾西部的吕宋岛西北	4	9	116	3 267
	Ⅱ－卡加延河谷 Cagayan valley	土格加劳 Tuguegarao	菲律宾西部的吕宋岛东部，基本覆盖在卡加延河的河谷地带	5	4	89	2 311
	Ⅲ－中吕宋 Central luzon	圣费尔南多 San Fernando②	菲律宾西部的吕宋岛中部	7	14	116	3 102
	Ⅳ－甲拉巴松 Calabarzon	卡兰巴 Calamba	菲律宾西部吕宋岛	5	20	122	4 019
	民马罗巴 Minmaropa Region	卡拉潘 Calapan	菲律宾西部的吕宋岛上	5	2	71	1 460
	Ⅴ－比科尔 Bicol Region	黎牙实比 Legaspi	菲律宾西部吕宋岛	6	7	107	3 471
维萨亚 Visayas	Ⅵ－西维萨亚 Western Visayas	伊洛伊洛 Legaspi	菲律宾中部的维萨亚群岛西部	6	16	117	4 051
	Ⅶ－中维萨亚 Central Visayas	宿务 Cebu	菲律宾中部的维萨亚群岛中部	4	16	116	3 003
	Ⅷ－东维萨亚 Eastern Visayas	塔克洛班 Tacloban	米沙鄢群岛最东边的莱特岛、萨马岛和比利兰岛	6	7	136	4 390

（续表）

区域	大区	首府	地理位置	省	市	镇	村（或社）
棉兰老 Mindanao	Ⅸ-三宝颜半岛 Zamboanga peninsul	帕加迪安 Pagadian	棉兰老岛西部衍生出的一个半岛	3	5	67	1 904
	Ⅹ-北棉兰老 Northern mindanao	卡加延-德奥罗 Cagayan de Oro	棉兰老岛	5	9	84	2 022
	Ⅺ-达沃区 Davao Region	达沃 Davao	棉兰老岛东部，临菲律宾海和大堡湾	5	6	43	1 162
	Ⅻ-南北哥苏库萨将区 Soccsksargen	科罗纳达尔 Koronadal	棉兰老岛的中部	4	5	45	1 195
	ⅩⅢ-卡拉加 Caraga	武端 Butuan	棉兰老岛东北部和附近的岛屿	5	6	67	1 311
	棉兰老穆斯林自治区 ARMM	哥打巴托 Cotabato	菲律宾南部的一个穆斯林自治大区	5	2	116	2 490
菲律宾 Philippines		大马尼拉 Metro Manila		81	146	1 488	42 045

注：①是拉乌尼翁省（La Union）的圣费尔南多市；

②是邦板牙省（Pampanga）的圣费尔南多市；

（数据来源：截至 2019 年 12 月 31 日菲律宾标准地理代码 https：//psa. gov. ph/classification/psgc/downloads/SUMWEBPROV-DEC2019-CODED-HUC-FINAL. pdf）